Nazismo, Derecho, Estado

F. Javier Blázquez Ruiz
(Coordinador)

NAZISMO, DERECHO, ESTADO

Prólogo de F. J. Muñoz Conde
Ramón Campderrich Bravo
José Luis Pérez Triviño
F. Javier Blázquez Ruiz
José Antonio Santos
Claudio Hernández
Evaristo Prieto Navarro
María José García Salgado
Filippo Ruschi
Cristina Sánchez Muñoz

Editorial Dykinson

Madrid, 2014

Editorial DYKINSON, S.L.
Meléndez Valdés, 61 - 28015 Madrid
Teléfono (+34) 915442846 - (+34) 915442869
e-mail: info@dykinson.com
http://www.dykinson.es
http://www.dykinson.com

ISBN: 978-84-9085-125-8
Depósito Legal: M-26488-2014
Consejo Editorial véase www.dykinson.com/quienessomos

Para Suzanne Schames Bondy
por haber sabido afrontar tantas
adversidades en su vida.
Por su familia judía que no pudo
volver de Auschwitz

ÍNDICE

PRÓLOGO

Hace ya algún tiempo, Javier Blázquez, me pidió amablemente que escribiera un prólogo para este libro que él coordina y en el que se recoge una serie de artículos sobre Nazismo, Derecho y Estado, la mayoría de ellos de carácter teórico general y en algún caso referido al principal teórico del Derecho nazi, el politólogo Carl Schmitt.

En realidad, mis conocimientos sobre esta materia se refieren sobre todo a la investigación que emprendí hace ya quince años, a raíz del Premio Humboldt de Investigación en Ciencias Jurídicas que me concedió la Fundación Alexander von Humboldt en 1999, sobre el pasado nacionalsocialista de uno de los mejores cultivadores de la Dogmática jurídico-penal alemana de la primera mitad del siglo XX, el catedrático de Derecho penal de la Universidad de Múnich, Edmund Mezger, quien, como tuve ocasión de descubrir, desde 1933 a 1945 se destacó como uno de los principales valedores y legitimadores del Derecho penal nacionalsocialista.

Y no sólo en los trabajos teóricos que publicó en aquella época, en los que desarrolló conceptos como la "culpa por la conducción de vida" o la "ceguera jurídica", para justificar el castigo con la pena del delito doloso (a veces la de muerte) a los que cometieran "delitos odiosos" (*crimina odiosa*), como, según él, el aborto, el "ultraje a la raza" y la realización de actos homosexuales, sino también como autor, junto con su colega muniqués Franx Exner, en 1943-1944, de un Proyecto para el tratamiento de los que él llamaba "extraños a la comunidad" (*Gemeinschaftsfremde*), en el que proponía el exterminio (*Ausmerzung*) mediante esterilización e internamiento en campos de concentración de asociales, vagos, delincuentes, homosexuales, etc.

Para mí fue realmente una sorpresa descubrir que el gran dogmático del Derecho penal, en cuyo Tratado de Derecho penal (1931-

1933) excelentemente traducido por José Arturo Rodríguez Muñoz en 1935, había aprendido, como casi todos los penalistas de mi generación y de la generación anterior, los fundamentos de la actual Teoría del Delito, había llegado a colaborar con el régimen nacionalsocialista y a legitimar las peores aberraciones y violaciones de derechos humanos que ese régimen cometió utilizando precisamente el arsenal teórico penal que le suministraba tan prestigioso dogmático.

Pero mi sorpresa fue aún mayor cuando ya desde las primeras ediciones de mi libro sobre él (*Edmund Mezger y el Derecho penal de su tiempo,* 1ª de., Valencia, 2000; 4ª ed., Valencia, 2004), empecé a recibir ataques brutales e injuriosos de quienes se manifestaban directos discípulos de sus enseñanzas dogmáticas (¿también de su ideología?) y consideraban que poco menos había manchado con mi libro la reputación y la dignidad de este penalista.

Tampoco dejo de sorprenderme, incluso hoy en día aún me sorprende, el silencio que durante más de cincuenta años se había hecho sobre el pasado nacionalsocialista de quien tras la Segunda Guerra Mundial se destacó sobre todo por su polémica con otro penalista alemán, Hans Welzel, sobre el concepto ontológico de acción y la posición sistemática del dolo en la estructura de la teoría del delito; una, sin duda, en su caso, necesaria maniobra de distracción para ocultar su vergonzoso colaboracionismo con el régimen nacionalsocialista.

Posteriormente descubrí que incluso en 1944, tras la aprobación de su Proyecto de tratamiento de los "extraños a la comunidad", llegó a visitar, con expresa autorización de las SS, campos de concentración para observar *in situ* el "tratamiento" al que eran sometidos en dichos campos, concretamente en el de Dachau, las personas allí internadas; que era Decano de la Facultad de Derecho en el momento de la terminación de la Segunda Guerra Mundial, que fue sometido a un proceso de desnazificación, que estuvo algún tiempo acusado en el Proceso a los Juristas nazis en Núremberg, etc, etc.

Y aún más sorprendente fue todavía ver cómo tras toda esta odisea, regresó a su cátedra, escribió un resumen de su Tratado que se convirtió en la obra estándar en la que se formaron multitud de jóvenes juristas alemanes hasta bien entrados los años setenta, recibió un Libro Homenaje, polemizó con Welzel sobre el concepto ontológico de acción, fue Vicepresidente de la Comisión para la reforma del Derecho penal y murió en la paz del Señor en 1962, sin que se sepa que se hubiese arrepentido o al menos en algún momento admitido o confesado su vergonzoso pasado nazi, y sin que nadie, ni entonces ni hasta que publiqué mi libro sobre él, lo hubiera recordado, sabido o mencionado (para más detalles sobre todo esto, me remito a mi libro *Edmund Mezger y el Derecho penal de su tiempo* antes citado, y sobre todo a los capítulos de la cuarta edición, en los que se recogen, las pruebas documentales de su visita al campo de concentración de Dachau en 1944, que titulo "Bajada a los infiernos", y su posterior regreso a su cátedra de Derecho penal, que titulo "Y al tercer año resucitó").

Tras la experiencia habida en esta investigación cada vez estoy más convencido de que recordar el pasado de cualquier importante jurista y su comportamiento en los tiempos turbulentos de los regímenes totalitarios que hubo en Europa durante el siglo XX (también, no lo olvidemos, en España), y analizar las construcciones jurídicas que realizaron para legitimarlos, es un ejercicio saludable que debe ser siempre bienvenido, porque en todo caso sirve para desmitificar y poner en el contexto político en el que surgieron ideas y personas que estudiadas fuera de este contexto pueden parecer inocuas o incluso asumibles en los tiempos actuales.

No puedo entrar ahora en más detalles sobre los trabajos contenidos en este libro, por el que felicito a Javier Blázquez, y que estoy seguro contribuirían a esclarecer el papel que tuvieron algunos juristas y sus elucubraciones teóricas en la legitimación de uno de los regímenes políticos más brutales e inhumanos que conoce la Historia.

FRANCISCO MUÑOZ CONDE

Módena, 23 de abril de 2014

INTRODUCCIÓN

1. Es fácil de constatar a través de la amplia y diversa historiografía existente cómo la interpretación y valoración del régimen nacionalsocialista, desde cualquier perspectiva que se plantee, no resulta habitualmente tarea sencilla, si pretende ser mínimamente rigurosa. No cabe duda de que son muchos y muy diversos los factores históricos, ideológicos, políticos, sociales y económicos concurrentes. Y en la mayor parte de los casos se caracterizan, tal y como podremos comprobar en las páginas que siguen, por su notable complejidad.

De hecho las divergencias y controversias suscitadas entre diversas tendencias hermenéuticas a partir de los años ochenta –ya sean intencionalistas, estructuralistas, o de otra naturaleza–, son manifiestas[1], tal y como expone E. Prieto en el capítulo **Intenciones, Funciones y Estructuras: Bosquejo de una anatomía del Poder Nacionalsocialista**.

En cuanto a las interpretaciones minimizadoras o la denominada versión negacionista, tan sólo cabe afirmar explícitamente que no merecen recibir la más mínima atención, porque como afirmaba lúcidamente y de forma expresa Primo Levi "Es muy significativo: quien niega Auschwitz es precisamente quien estaría dispuesto a volver a hacerlo".

2. Quisiera indicar desde un principio que el objetivo principal de esta obra colectiva no es otro que examinar y analizar detenidamente diversas cuestiones relevantes relacionadas principalmente

---

[1] Kershaw, I., **The Nazi Dictatorship/La dictadura nazi. Problemas y perspectivas de interpretación**, Buenos Aires, S. XXI, 2004, pp.140 y ss.

con la estrecha imbricación entre **Nazismo, Derecho y Estado**. Me refiero a aspectos nucleares tales como los principios ideológicos que impregnaron la política nazi, los principales grupos dirigentes y su proveniencia, el concepto de Estado y la aviesa instrumentalización del Derecho, así como la fuerte concepción eugenésica y racista del nacionalsocialismo, la exaltación reverencial del **Volk** o el liderazgo carismático de Hitler.

Examinamos también la connivencia, responsabilidad y participación en el régimen nazi de juristas destacados como E. Mezger, C. Schmitt y Philipp Heck. Analizamos igualmente las actitudes de los ciudadanos alemanes y las motivaciones que acompañaron sus decisiones. Todo ello contextualizado en un marco de referencia en el que se entrecruzan las perspectivas históricas, sociológicas, jurídicas, así como diversos planeamientos provenientes de la politología.

Sólo así podremos aspirar a conocer los diversos factores y circunstancias que coadyuvaron a la devastación originada por la Segunda Guerra Mundial, al cruento extermino de los judíos europeos, amén del asesinato vil de otros colectivos, como gitanos, homosexuales, eslavos, Testigos de Jehová, etc.

3. Conviene recordar a este respecto que tras la finalización de la Primera Guerra Mundial, las consecuencias del Tratado de Versalles no se hicieron esperar, tal y como había advertido Keynes en las negociaciones como representante del Reino Unido[2]. De hecho las condiciones económicas en concepto de "reparación de guerra", las exigencias territoriales y la reducción militar impuesta por los aliados, junto con la crisis institucional y política propias, más la intensa crisis económica mundial, agravaron ostensiblemente la situación que padecían los ciudadanos alemanes tras su histórica derrota.

Por otra parte la irrupción de la revolución bolchevique, la caída del régimen zarista y la posterior toma del poder en Rusia en Octubre de 1917, provocaron grandes repercusiones en el resto de Europa. De hecho un año después, en 1918, tuvieron lugar en Alemania y Austria varios conatos de revolución, a los que sucedieron diversos

[2] Keynes J. M., **The Economic Consequences of the Peace /Las consecuencias económicas de la paz,** Barcelona, Editorial Crítica, 1987.

movimientos de insurrección obreros. Estas iniciativas fueron abortadas por las fuerzas de orden público.

Frente a estos intensos cambios sociales tuvo lugar una firme reacción tanto de la burguesía asustada ante el ímpetu de los activistas, como en especial por parte de las clases conservadoras, que no sólo desarrollaron un fuerte sentimiento contrarrevolucionario sino que además se movilizaron activamente para defender las propiedades, mantener el orden social y preservar la religión[3].

A consecuencia de todo lo cual se gestó progresivamente un ambiente caracterizado por la incertidumbre y la inseguridad ante la abrupta ruptura del orden sociopolítico propuesto por el proyecto comunista. Ese ambiente impregnado de temor e inestabilidad incidió sin lugar a dudas en la toma de decisiones políticas del momento y redujo considerablemente las posibilidades de instaurar gobiernos democráticos.

Pues bien, de ese singular contexto político y social, convulso y resentido por el fracaso de la guerra, lastrado por las onerosas condiciones impuestas en concepto de "responsabilidad de la guerra", emergió el nacional socialismo que se convirtió enseguida en un movimiento popular que se asentó, al igual que el fascismo en Italia, como alternativa política, y que logró la adhesión y lealtad progresiva de gran parte de la población. Ambos proyectos proclamaban y defendían ser nacionalistas y socialistas simultáneamente. La motivación no ofrecía lugar a dudas.

El nacionalismo concitaba un sentimiento compartido como pueblo y pretendía convertirse en eje vertebrador de la dinámica política. Pero a su vez, cualquier partido que propusiera afrontar la situación que vivía Europa de forma radical y popular, tenía que presentarse también como socialista, de forma estratégica, con el fin de "neutralizar la atracción de los partidos que habían sido, por mucho tiempo, marxistas o sindicalistas"[4]

A partir de esos postulados, los principios y preceptos liberales fueron declarados no sólo negativos sino también contraproducentes por el culto dedicado a la individualidad así como por la defensa de una pluralidad disgregadora. Los consideraban responsables de la

---

3 Casanova, J., **Europa contra Europa. 1914-1945**, Barcelona, Crítica, 2011, p. 12.

4 Sabine, G., **A History of Political Theory /Historia de la Teoría Política**, México, F.C.E., 1987, p. 633.

inestabilidad política y culpables de la sumisión a un formalismo jurídico vacío. En última instancia y como causa de fondo, los dirigentes nazis denostaban su veneración así como la exaltación de la **racionalidad** proveniente históricamente del periodo de la Ilustración.

De ahí que las propuestas de resolución de la intensa crisis que padecía Alemania, debían incluir y adoptar unas pautas de comportamiento absolutamente contrarias a los principios y valores liberales sobre los que se asentaba la República de Weimar, en todos los ámbitos incluidos el constitucional, legal y administrativo, tal y como pone de manifiesto el Profesor Campderricht en el capítulo primero.

Así el nacionalsocialismo propugnó y puso en práctica a partir del momento de llegar al poder en enero de 1933, un modelo de gobierno jerárquico y totalitario, sin preservar la separación de poderes. No había lugar para los equilibrios y contrapesos defendidos por Montesquieu o Tocqueville, que tan sólo habían logrado generar inseguridad y provocar la perversa fragmentación en la sociedad germana.

Nada podía quedar ajeno a la jurisdicción de los dirigentes nazis, tampoco la economía ni la educación, ni la prensa. En el proyecto nacionalsocialista era la comunidad, la totalidad y no el individuo lo que resultaba determinante. La comunidad, y por tanto el pueblo alemán imbricado orgánicamente, apoyado en la fuerza derivada del instinto y fundido en el vitalismo de la raza.

Como consecuencia de ese planteamiento omniabarcante, el poder judicial perdió progresivamente su independencia. Los abogados debían jurar inexorablemente lealtad al Führer. Ni la igualdad ante la ley ni las garantías procesales iban a ser respetadas ya que fueron inmediatamente obliterdas y sustituídas por medidas arbitrarias y discrecionales.

Las leyes estaban presididas por su ostensible vaguedad, para permitir que las decisiones fueran eminentemente subjetivas. El Estado de Derecho pasaba a convertirse en un derecho de Estado, caracterizado por la quiebra y desmoronamiento de un sistema constitucional ordenado. Y el Estado serviría ahora como cauce político, en tanto que receptáculo, para cumplir el destino histórico del pueblo alemán.

No es de extrañar que de una u otra forma las fuerzas irracionales comenzasen a ser valoradas y reconocidas progresivamente como la base de la conducta humana y de la sociedad de masas emergentes. Y que vés de la correspondiente producción legislativa, y la progresiva exclusión jurídica y social a la que fueron sometidos los judíos hasta llegar finalmente al genocidio, ese siniestro documento de barbarie como diría W. Benjamin. El texto expone igualmente e intenta desvelar el proceso de construcción de la inusitada tesis –manifiestamente falaz– de la conspiración judía internacional, y evidencia de forma precisa la aviesa instrumentalización de los supuestos **Protocolos de los Sabios de Sión.**

En cuarto lugar Jose Antonio Santos en el capítulo **Filosofía del derecho penal, positivismo jurídico y *eugenesia* en la República de Weimar,** persigue como objetivo analizar los fundamentos filosófico-penales de la República de Weimar, en relación con el tema de la eugenesia en sentido amplio.

La exposición se estructura en cuatro apartados: la primera está destinada a analizar de manera sucinta el espíritu de la filosofía penal posterior a la segunda mitad del siglo XIX, así como a fijar conceptualmente algunas ideas y rasgos característicos relacionados con los conceptos de derecho y eugenesia. Además profundiza en el darwinismo social, la eugenesia y la higiene racial, enmarcados dentro del positivismo biológico y la antropología criminal.

En la segunda parte aborda en profundidad determinadas concepciones teórico-jurídicas de autores como Binding y Hoche, a la vez que su repercusión doctrinal tanto en el ámbito del derecho y de la medicina, asumiendo que supusieron, en buena medida, el ambiente propicio de lo que sucedería en el periodo inmediatamente posterior. En un tercer momento, el autor analiza, en clave histórica la eugenesia y la manipulación de las masas a través de la obra *Mi lucha* de Hitler. En la última parte, evalúa el devenir de los aspectos anteriormente mencionados, a modo de conclusión, unido a un intento de trazar los factores que propiciaron el paulatino declive moral de aquel periodo histórico.

En cuanto a la segunda parte de la obra, **Nazismo, Derecho y Estado,** incluye cinco capítulos y se inicia con una perspectiva histórica y contextualizadora en la que el Profesor Claudio Hernández lleva a cabo en **El régimen de los alemanes: historia de las actitudes sociopolíticas durante el nazismo,** un balance de los estudios dedicados a las actitudes de la población alemana durante el régimen nazi.

Para lo cual realiza un recorrido por la evolución que los investigadores experimentaron respecto de una interpretación que representaba una dictadura impuesta "desde arriba" mediante la represión, a otras visiones menos simplistas en que los alemanes corrientes cobraban protagonismo. En la segunda parte del texto, aborda el autor los últimos tramos de este recorrido, mostrando cómo los historiadores del nazismo han percibido el carácter complejo y dinámico de las actitudes exhibidas por la población. Finalmente, el capítulo se centra en el comportamiento de los alemanes de a pie ante la represión, así como en las diversas motivaciones que llevaron a muchos individuos a colaborar con el Estado en el castigo a los enemigos.

A continuación y en segundo lugar Evaristo Prieto en el capítulo **Intenciones, Funciones y Estructuras: Bosquejo de una anatomía del Poder Nacionalsocialista** explica cómo la historia del Nacionalsocialismo ha sido objeto de controversias interpretativas sin término. Las disputas se refieren, entre otros aspectos, al papel de Hitler en la conformación de sus políticas, al carácter ideológico y programático de las mismas, frente a su presunta improvisación, o al modelo de poder que alentó el régimen. En términos **generales**, las lecturas se alinean en torno al eje intencionalismo-funcionalismo.

El primero subraya el papel de los planes e intenciones de Hitler como catalizador de las acciones y sucesos históricos, mientras que el segundo se fija preferentemente en el modo en que la legitimidad carismática que aquél reclamaba socavó los presupuestos de la racionalidad legal-funcional de la máquina de gobierno burocrática. A la luz de este segundo paradigma, que el autor asume como más fecundo para la comprensión de la dominación nacionalsocialista y de su decantación violenta, el Profesor Prieto trata de dar cuenta del modo en que la racionalidad del poder resultó minada desde sus cimientos por una singular aleación entre la competencia policrática de las élites y la radicalización acumulativa de sus apuestas políticas.

En tercer lugar la Profesora María José Salgado analiza pormenorizadamente **La jurisprudencia de intereses antes y después del nacionalsocialismo,** centrándose en la figura de Philipp Heck. Como es bien sabido, históricamente la Jurisprudencia de intereses se basa en un método de interpretación y aplicación de normas que pretende que los jueces resuelvan los casos del modo más respetuoso posible con la resolución de conflictos que haya realizado previamente el legislador.

Para ello el juez deberá conocer, fundamentalmente mediante una interpretación histórica, el conflicto de intereses que subyace a toda norma, y deberá utilizar esa información para elaborar su sentencia, teniendo siempre presente que el judicial es un poder sometido al derecho y al legislador.

Pues bien cuando los nazis llegaron a ocupar el poder en Alemania, el padre de la Jurisprudencia de intereses, Philipp Heck, se empeñó en demostrar (en vano) que ésta seguía siendo un método jurídico plenamente válido. Pero para ello tuvo que "maquillar" algunos aspectos de su teoría difíciles de encajar con la cosmovisión nacionalsocialista (el concepto de interés y de conflicto de intereses, la neutralidad filosófica o el sometimiento del juez al derecho). De todo ello se da cuenta detallada en el presente capítulo.

En el capítulo octavo y bajo el rótulo **En el vientre de la ballena: Carl Schmitt y el nacionalsocialismo**, el Profesor de la Universidad de Florencia, Filippo Ruschi se propone releer su controvertida producción a la luz de su recorrido biográfico. No tanto para encontrar respuestas, sino más bien intentado contextualizar las preguntas. Y es que el extensísimo *corpus* schmittiano, auténtico monumento de la ciencia jurídica del siglo XX, relata experiencias, tormentos y, por supuesto, errores. Trazos, estos, que no pertenecen al jurista sino al hombre.

Estas consideraciones son particularmente valiosas cuando la atención se centra en un período especialmente polémico de la vida de Schmitt, los años que van desde 1933 hasta 1936: un lapso de tiempo circunscrito y que, sin embargo, ha marcado el camino intelectual de Schmitt hasta el punto de arrinconar el resto de su producción hacia un trasfondo desenfocado y originar una *querelle* aún extraordinariamente viva.

El capítulo noveno, finalmente, incluye la aportación de la Profesora Cristina Sánchez **Hannah Arendt: Hacia una fenomenología del totalitarismo** en el que analiza las tesis de Hannah Arendt sobre el totalitarismo alemán desarrolladas principalmente en su obra *Los orígenes del totalitarismo.* Precisa también las características de su planteamiento, diferenciado de otros análisis, en la medida en que resalta el énfasis de Arendt en señalar cómo el totalitarismo ha producido una "ruptura antropológica" que implica un cambio en la condición humana de la pluralidad, reflejada en el anti mundo de los campos de exterminio. Igualmente, incide en la radical novedad que representa el totalitarismo al introducir el terror como principio de actuación del gobierno.

Por último examina la relación existente entre las sociedades modernas de masas y la complicidad y aceptación de la población con el régimen totalitario. En este sentido expone la relevancia de los análisis arendtianos para escrutar los déficits políticos de nuestras sociedades presentes, en tanto que, como ella expone, los elementos que hicieron posible el totalitarismo, se hallaban ya presentes en la sociedad moderna. Cuestiones como la superfluidad de masas de población, la destrucción de los vínculos públicos, la privación de derechos o la banalidad del mal, que constituyen en ese sentido, la antesala del triunfo del totalitarismo.

Y ahora ya para concluir definitivamente estas páginas propedéuticas, quisiera evocar las elocuentes palabras de Ortega y Gasset escritas en 1934, es decir tan sólo un año después de la llegada de Hitler al poder, respecto a las cuales podría decirse que, en cierta medida, anticipan a modo de premonición la devastación generada por el poder nazi:

> "No hay adquisición humana que sea firme. Aun lo que nos parezca más logrado y consolidado puede desaparecer en pocas generaciones. Eso que lamamos "civilización" –todas esas comodidades físicas y morales, todos esos descansos, todos esos cobijos, todas esas virtudes y disciplinas habitualizadas ya, con que solemos contar y que en efecto constituyen su repertorio o sistema de seguridades que el hombre se fabricó como una balsa, en el naufrago inicial que es siempre el vivir–.
>
> Todas esas seguridades son inseguridades inseguras (...) que al menor descuido, escapan de entre las manos de los hombres y se desvanecen como fantasmas. La historia nos cuenta de innumerables retrocesos, de decadencias y degeneraciones. Pero no está dicho que no sean posibles retrocesos mucho más radicales que todos los conocidos, incluso el más radical de todos: la total vola-

tilización del hombre como hombre y su taciturno reingreso en la escala animal, en la plena y definitiva alteración"[11]

[11] Ortega y Gasset, J., **El Hombre y la Gente**, Madrid, 1957, p. 29. Por ese motivo no deberíamos olvidar las célebres palabras admonitorias de Primo Levi en su monografía. **Si esto es un hombre**, cuando advertía "Los que vivís seguros en vuestras casas caldeadas. Los que os encontráis, al volver por la tarde, la comida caliente y los rostros amigos:

Considerad si es un hombre
Quien trabaja en el fango
Quien no conoce la paz
Quien lucha por la mitad de un panecillo
Quien muere por un sí o por un no
Considerad si es una mujer
Quien no tiene cabellos ni nombre
Ni fuerzas para recordarlo
Vacía la mirada y frío el regazo
Como una rana invernal"
Pensad que esto ha sucedido
Os recomiendo estas palabras.
Grabadlas en vuestros corazones
Al estar en casa, al ir por la calle,
Al acostaros, al levantaros;
Repetídselas a vuestros hijos,
O que vuestra casa de derrumbe,
La enfermedad os imposibilite,
Vuestros descendientes os vuelvan el rostro", Barcelona, Muchnick Editores, 2001, p.13.

PODER, IDEOLOGÍA Y DERECHO EN EL RÉGIMEN NAZI: UNA VISIÓN DE CONJUNTO

Ramón Campderrich Bravo
Universidad de Barcelona

Sumario: 1. Introducción.- 2. Grupos decisivos y estructura de la vida política y social del régimen nacionalsocialista.- 3. El terror de Estado y la propaganda como instrumentos de poder.- 4. Objetivos y fines últimos del régimen nazi.- 5. Conclusiones

1. Introducción

Son dos las principales dificultades a las cuales se enfrenta toda persona que pretende ofrecer en unas pocas páginas una caracterización general del nazismo en la cual se exponga algo distinto a una sucesión de tópicos insustanciales.

En primer lugar, la extensión del asunto a tratar. Se debe tener presente que el tema del nazismo es muy amplio, pues incluye cuestiones como las causas de la formación y éxito del nazismo en el contexto de la crisis de la Europa posterior a la primera guerra mundial, las similitudes y diferencias con otros fascismos, el nazismo como movimiento político de extrema derecha antes de la toma del poder y el nazismo como régimen político una vez tomado el poder en Alemania. Ocuparse de todas estas cuestiones en un espacio breve y explicar al mismo tiempo algo sustancial y no meras vaguedades resulta casi imposible.

Por esta razón centraré mi aportación al presente libro colectivo a aquello que me parece más significativo de la experiencia del nazismo: el llamado Tercer Reich, es decir, el régimen político nazi imperante en Alemania entre 1933 y 1945 y hegemónico en Europa continental durante la segunda guerra mundial. Creo que está justificado concentrar la atención en dicho régimen, pues, al fin y al cabo, el nazismo no habría pasado de ser un fenómeno secundario interesante tan sólo para historiadores especialistas en la historia de la Alemania contemporánea de no haber conquistado el poder político estatal en los años treinta.

En segundo lugar, los horrores del régimen nazi, el mayor régimen criminal de toda la historia de la humanidad, no deben cegarnos hasta el punto de impedir analizar racionalmente con los instrumentos de las ciencias sociales en qué consistió el régimen nazi, a pesar de ser un orden político y social esencialmente irracional tanto en sus desmedidos objetivos como en sus crueles manifestaciones. A fin de cuentas, si el estudio, el análisis serio del nazismo no fuera posible no se contaría con la inabarcable bibliografía sobre el mismo hoy en día existente.

Hechas estas precisiones iniciales, paso ya al contenido propiamente dicho de mi exposición sobre el nazismo, o, dicho con mayor exactitud a la vista de las indicaciones anteriores, sobre el régimen nazi.

Se puede situar la fecha de inicio del régimen nazi en el día 30 de enero de 1933. En esa fecha, Hitler, el jefe del partido nazi, cuyo nombre completo era Partido Nacionalsocialista Obrero Alemán, en siglas NSDAP, y cuyo apoyo electoral le había convertido en julio de 1932 en el partido más votado del espectro político alemán con un 37,4% de los votos, fue nombrado canciller de un gobierno formado por una coalición de figuras y partidos políticos de la derecha autoritaria alemana. En unos pocos meses, la república parlamentaria liberal posterior a la primera guerra mundial que había sobrevivido a duras penas hasta entonces en Alemania, conocida con el nombre de República de Weimar, fue sustituida por una dictadura de partido único bajo el liderazgo del *Führer* Adolf Hitler.

> Es insoslayable hacer al menos una referencia sucinta a los cuatro factores explicativos fundamentales del ascenso al poder del movimiento nazi en el marco de la Gran Depresión de los años treinta.

El primero de esos factores fue el deseo de las organizaciones patronales alemanas de poner fin a las ventajas que los trabajadores habían obtenido del pacto Legien-Stinnes suscrito en 1918 con las organizaciones sindicales libres. Las organizaciones patronales consideraban que el único modo de resolver la crisis económica consistía en reducir costes salariales y suprimir las contribuciones empresariales para la financiación del seguro de desempleo y otras medidas asistenciales que por aquel entonces empezaban a ponerse en práctica.

Ante la previsible resistencia de las organizaciones sindicales, el partido socialdemócrata (S.P.D.) y el partido comunista (K.P.D.) a esta supuesta vía de resolución de la crisis, las organizaciones patronales estaban dispuestas a acabar con la democracia parlamentaria y su sistema de derechos fundamentales, si éste era el único modo de destruir el poder de las organizaciones sindicales y los partidos de izquierda.

El segundo de los factores que posibilitaron el acceso de Hitler a la cancillería fue el deseo nacionalista de recuperar el papel de gran potencia del continente europeo que Alemania había perdido con las imposiciones del Tratado de Versalles. Este tratado fijaba las condiciones de paz entre Alemania y las potencias aliadas (Gran Bretaña, Francia, Italia...) subsiguientes a la primera guerra mundial. El Tratado de Versalles impuso condiciones muy duras a la derrotada Alemania consistentes en pérdidas territoriales, limitaciones de efectivos militares y de armamento, y el pago de sumas muy elevadas en concepto de indemnización de guerra.

La opinión pública alemana nacionalista deseaba un gobierno fuerte dispuesto a destruir el estado de cosas establecido en el Tratado de Versalles, aunque eso significase prepararse para una futura guerra con una o varias potencias europeas. Al régimen político de la República de Weimar se le juzgaba demasiado débil para acometer un proyecto de este tipo.

El tercer factor vino dado por el enorme poder concentrado en las manos del presidente de la República, Paul von Hindenburg, uno de los jefes militares más importantes de la primera guerra mundial. En la República de Weimar existían dos figuras institucionales que no se deben confundir: el Presidente de la República y el canciller. El presidente era el jefe del estado y se elegía por sufragio universal directo por un período de siete años. El canciller era el jefe de gobierno y lo nombraba el Presidente. Este nombramiento debía ser posteriormente ratificado por la mayoría de los diputados del parlamento o *Reichstag*. El problema era que el presidente no tenía un papel simplemente simbólico, sino un poder efectivo decisivo. Ese poder se lo atribuía sobre todo el artículo 48.2 de la constitución de la República de Weimar.

Este precepto constitucional otorgaba al Presidente de la República el poder de dictar decretos en situaciones de emergencia, aunque ello implicase la suspensión o inaplicación de los derechos fundamentales más importantes. El precepto fue interpretado de tal forma que se consideró que la situación de crisis económica posterior al crack del 29 constituía también un supuesto de alteración o amenaza al orden y seguridad públicos y que los decretos del Presidente podían incluir regulaciones de carácter general y no sólo medidas puntuales. Esta interpretación abría la posibilidad de un gobierno de los asuntos públicos al margen del parlamento.

¿Cómo utilizaron este artículo 48.2 los sectores que deseaban un gobierno fuerte que prescindiera de ataduras parlamentarias? Muy sencillo: estos sectores convencían al Presidente de la República, Hindenburg, para que nombrase como canciller a un líder político que gozase de sus simpatías. Si la persona que Hindenburg había nombrado canciller no conseguía el apoyo de la mayoría del parlamento para la ratificación de su nombramiento o para la aprobación de los proyectos de ley de su gobierno, se disolvía el parlamento y se convocaban nuevas elecciones en un plazo de sesenta días.

Pero el Canciller nombrado por Hindenburg y su gobierno continuaban, claro está, en funciones durante todo ese tiempo. Podían tomar todas las medidas y disposiciones generales que estimasen oportunas sin necesidad de aprobación parlamentaria convenciendo al presidente Hindenburg para que adoptase los decretos con el contenido deseado en virtud del artículo 48.2. Así se podía gobernar prescindiendo del parlamento. Sin embargo, esta dinámica de gobierno a través de decretos presidenciales y continuas disoluciones del parlamento no resultaba a larga satisfactoria. Los sectores que habían promovido el abuso del artículo 48 querían establecer de una vez por todas un régimen dictatorial que pusiera fin a la democracia parlamentaria de masas.

> Su problema era que los partidos representativos de sus intereses y valores carecían del apoyo popular necesario para poner en pie la dictadura. Sabían perfectamente que no podían basarla tan sólo en la represión armada de una población que no se identificaba en absoluto con ellos. Y es en ese contexto cuando emerge el cuarto y último factor específico explicativo de la instauración del régimen nazi: el éxito electoral del partido nazi a partir de las elecciones de septiembre de 1930. El partido nazi pasó a ser desde entonces el mayor partido de masas de la derecha nacionalista y antisemita. Estaba ansioso por destruir la democracia parlamentaria, el movimiento obrero organizado y el orden internacional creado por el Tratado de Versalles. Su habilidad propagandística le había permitido obtener apoyos en todos los sectores de la población, si bien era el partido predilecto de los funcionarios de nivel medio y bajo, los artesanos, los pequeños propietarios agrícolas y los empleados en actividades del sector servicios.
>
> Con el éxito electoral nazi, los grupos que propugnaban la sustitución de la democracia parlamentaria por la dictadura creyeron ver la oportunidad de realizar sus proyectos contando con el apoyo popular prestado por el partido nazi. En consecuencia, representantes de las elites deseosas de acabar con la República de Weimar convencieron a Hindenburg para que nombrase a Hitler canciller de un nuevo gobierno de coalición nazi-conservadora.

Para poder hacerse una idea de lo que fue la dictadura instaurada en 1933 en Alemania y extendida como una mancha de aceite en los años siguientes a toda Europa continental, esto es, para saber en qué consistió el Tercer Reich, es preciso a mi juicio plantearse y dar respuesta a las siguientes tres cuestiones:

(1) ¿Cuáles fueron los protagonistas de ese régimen, es decir, qué grupos eran decisivos en la vida política y social del régimen?

(2) ¿Cuáles fueron los instrumentos de dominación con que contaba el régimen, esto es, los instrumentos de control social que posibilitaban la perpetuación del régimen nazi?

(3) ¿Qué objetivos últimos, qué fines últimos perseguía el régimen nazi? ¿Cuál era su proyecto político, si es que tenía alguno?

2. Grupos decisivos y estructura de la vida política y social del régimen nacionalsocialista

La mejor forma de responder a la primera de las cuestiones planteadas es partir de la clásica definición del régimen nazi como una 'policracia autoritaria', definición inspirada en el libro del gran jurista y politólogo alemán Franz Neumann publicado por vez primera en EE.UU. en los años cuarenta con el título *Behemoth. Pensamiento y acción en el nacionalsocialismo*[1].

El último de esos términos alude al carácter antidemocrático del régimen nazi, el cual ya he anticipado hace un momento. El denominado Tercer Reich fue, obviamente, una dictadura que prescindió de las instituciones de la democracia representativa canalizadoras de la voluntad popular. No permitió elecciones libres de ninguna clase, y si bien el *Reichstag* no llegó a ser suprimido, estuvo formado a partir de 1933 sólo por sujetos leales al nazismo, se reunía muy de tarde en tarde y desempeñaba casi exclusivamente el papel de escenario solemne para los discursos radiados de Hitler[2].

Mayor interés reviste en este momento esclarecer el primero de los términos que forman la expresión 'policracia autoritaria': 'policracia'. Con el término 'policracia' se quiere indicar que las directrices básicas de la política nazi eran, al menos hasta ya iniciada la segunda guerra mundial, el resultado del consenso entre los cuatro grupos dirigentes de la sociedad alemana de aquellos tiempos, cada uno de los cuales tenía su propia idiosincrasia y sus propios intereses.

Estos cuatro grupos eran los siguientes: los propietarios y gerentes de la gran industria alemana (ejemplos: los propietarios y gerentes de Thyssen– hasta su expropiación por los nazis en 1939–, Daimler-Benz, IG Farben, Siemens, Krupp...); los altos funcionarios de la administración civil; los mandos del ejército (se debe recordar que en Alemania el ejército había gozado de una gran autonomía frente a

---

[1] Neumann, F., *Behemoth. Pensamiento y acción en el nacionalsocialismo*, F.C.E., México D.F., 1943.

[2] La última sesión del *Reichstag* nazi tuvo lugar el día 26 de abril de 1942 y fue convocado con el exclusivo objeto de proporcionar a Hitler un escenario solemne para uno de sus más violentos discursos antisemitas en un momento de especial intensificación de la política de asesinato en masa de personas etiquetadas como judías (*vid.* Evans, R.J., *El Tercer Reich en guerra*, Península, Barcelona, 2011, p. 248).

la administración civil y por eso se decía que era un 'estado dentro del estado') y, finalmente, la recién llegada al poder en 1933, la jerarquía del partido nazi. Del partido nazi dependían, además, una serie de organizaciones auxiliares paramilitares con aspiraciones propias, entre las cuales destacaron las tristemente célebres SA (secciones de asalto) y SS (escuadrones de protección)[3].

Así pues, se puede decir en líneas generales que el régimen nazi mantuvo los grupos dirigentes ya establecidos, y añadió a la lista de los mismos los jerarcas del partido nazi y de sus organizaciones auxiliares más poderosas.

En suma, al menos hasta la invasión de la Unión Soviética en 1941, las decisiones más importantes del líder supremo del partido nazi y canciller de Alemania, Hitler, y las de sus subordinados inmediatos, solían contar con la connivencia, con el apoyo, explícito o tácito, de esos cuatro 'grupos de presión' que acabo de apuntar[4].

Esta característica 'policrática' del régimen nazi que he descrito someramente permite explicar la posición central y cada vez más fuerte e indiscutida ocupada por el líder carismático del régimen, por Hitler. El líder era el único punto común, en una situación en que se habían suprimido las instancias representativas de la democracia parlamentaria anterior a 1933 y su sistema de partidos, en el cual podían depositar su confianza unos grupos dirigentes muy distintos entre sí, cuyos intereses chocaban entre sí en muchas ocasiones.

El líder del régimen actuaba como árbitro o mediador entre los distintos grupos dirigentes, lo cual le confería un gigantesco poder.

---

[3] Muchos especialistas en el nazismo prefieren, no obstante, limitar el uso del término 'policracia' u otros similares, como 'poliarquía', a los grupos de poder dentro del aparato estatal y paraestatal del Tercer Reich, esto es, con exclusión de los magnates de la industria pesada alemana. Aquí se prefiere, sin embargo, incluir en la denotación del término 'policracia' a este último grupo de poder porque ofrece, en mi opinión, una imagen más acabada de la distribución del poder y la lucha por este en el seno del régimen hitleriano. Un ejemplo consagrado del uso restrictivo de la palabra 'policracia' o equivalentes lo constituye Broszat, M., *Der Staat Hitlers: Grundlegung und Entwicklung seiner inneren Verfassung*, varias ediciones.

[4] Naturalmente, me refiero a la posición que los distintos grupos ocupaban en el régimen, no a la posición de cada una de las personas pertenecientes a esos grupos. Por supuesto, a pesar del apoyo general prestado por esos grupos, algunos concretos individuos pertenecientes a los mismos podían llegar a enfrentarse con el régimen.

Sin embargo, no se debe olvidar que Hitler era ante todo el jefe del partido nazi; de ahí que el partido nazi y, dentro del partido, las SS, sobre todo durante los tres o cuatro últimos años de la segunda guerra mundial, fuesen convirtiéndose poco a poco en los dueños absolutos de la situación y llegasen incluso a hacer temer a los restantes grupos integrantes de la 'policracia autoritaria' nazi su propia desaparición[5].

La política económica del régimen nazi es un campo en el cual se hace patente todo lo que acabo de decir acerca de la estructura 'policrática' del régimen nazi. El régimen nazi practicó una fuerte intervención y reglamentación estatales de la economía, que estaba dirigida en lo fundamental a favorecer a la gran industria alemana, al partido nazi y al ejército, aunque también tuviera el efecto de superar la crisis económica de los años treinta y acabar con el desempleo generado por esta crisis.

En cuanto a su orientación general, la política económica nazi se decantó a partir de 1936 decididamente hacia el rearme, como preparación de una futura expansión militar por Europa. Tal orientación fue bien acogida por todo el mundo: por los propietarios y gerentes de la gran industria porque esperaban obtener sustanciosos beneficios de la venta al estado de armamento o de los distintos bienes necesarios para producir armas y mantener un ejército, es decir, esperaban beneficiarse del gasto público en armamento; igualmente fue bien acogida esa orientación por el ejército, ya que reforzaba su importancia y prestigio en la sociedad; y también fue bien acogida por la población en general, pues el régimen le vino a prometer la mejora de su nivel de vida como resultado del saqueo de las riquezas de Europa y la revancha frente a los vencedores de la primera guerra mundial, las cuales sólo eran posibles con unas fuerzas armadas poderosas.

Junto a esa orientación general de la política económica nazi, que beneficiaba en la práctica sobre todo a los grandes industriales y al

[5] A estos temores y a la perspectiva de la derrota total frente a los aliados obedeció el golpe de estado contra Hitler protagonizado por un sector de la Wehrmacht y algunos políticos y diplomáticos conservadores en julio de 1944. Los golpistas no contemplaban en su proyecto político el restablecimiento de la democracia, ni siquiera la rendición militar, sino un régimen autoritario depurado de nacionalsocialistas convencidos y una alianza con los aliados occidentales para proseguir la guerra con los soviéticos. Una vez fracasado el golpe, la Wehrmacht y el cuerpo diplomático alemán fueron purgados y completamente nazificados.

ejército, el régimen nazi adoptó un gran número de concretas medidas destinadas a incrementar la riqueza y el poder en las fábricas de los titulares de la industria privada alemana y a crear un conjunto de empresas industriales controladas por el partido nazi, como fueron los casos de la *Volkswagen* (literalmente, 'coche del pueblo'), dedicada a la fabricación de automóviles, y la *Hermann Göring Werke*, dedicada a la producción de acero.

Aunque no puedo detenerme aquí en estas medidas, conviene señalar dos de las más brutales. Por una parte, tenemos las llamadas 'arianización' y 'germanización' de negocios, las cuales consistían nada menos que en la expropiación sin indemnización de negocios judíos o de negocios no alemanes situados en los territorios ocupados por Alemania y su entrega a la industria alemana o al partido nazi; por otra parte, no se debe nunca dejar de recordar la supresión de los sindicatos libres decretada por el régimen nazi y su sustitución por un Frente del Trabajo con funciones de adoctrinamiento y control de los obreros.

Una de las misiones más singulares de este Frente del Trabajo fue controlar y planificar el ocio de los trabajadores por medio del programa 'A la Fuerza a través de la Alegría' –*Kraft durch Freude*–, el cual organizaba una serie de actividades (salidas al campo, competiciones deportivas, veladas en el teatro, conciertos...) para mantener constantemente vigilado, adoctrinado y alienado al trabajador.

3. El terror de Estado y la propaganda como instrumentos de Poder

Una vez que se ha trabado conocimiento de las fuerzas sociales protagonistas del régimen, de los grupos dirigentes del régimen, puedo ahora referirme a la segunda cuestión planteada al principio: ¿cuáles fueron los instrumentos de dominación, de control social, utilizados por el régimen? Esos instrumentos fueron el terror de estado y la propaganda.

El terror nazi fue el resultado de la liquidación de todo vestigio de las reglas del estado de derecho, en particular, del principio de legalidad de la actuación de los poderes públicos, del control judicial independiente de esa misma actuación y de la garantía de los derechos fundamentales.

Para hacerse una idea del terror nazi en tanto que instrumento de control social, creo que bastará con comentar brevemente algunas de las disposiciones normativas nazis más relevantes relacionadas con la represión política.

En primer lugar, se puede mencionar el Código Penal antigarantista redactado por los nazis en 1935. Este Código Penal preveía, entre otras lindezas, la aplicación retroactiva de las normas penales desfavorables al reo, la aplicación analógica de los tipos penales, la posibilidad de equiparar en cuanto a la dureza del castigo la tentativa a la consumación del delito y nuevos tipos delictivos de carácter político. Incluso se incitaba sin más al juez a castigar todo comportamiento sospechoso de revelar una falta de adhesión al régimen establecido. En efecto, el texto del artículo 2 del Código Penal nazi rezaba así:

> *Toda persona que comete un acto que la ley declara punible o* [se debe subrayar este "o", indicativo de una clara disyunción] *que merece ser castigado con arreglo a las concepciones fundamentales de una ley y al sentimiento sano del pueblo, debe ser castigada.*

En segundo lugar, conviene destacar las disposiciones que sirvieron de base jurídica durante los años treinta a los primeros campos de concentración: el decreto "para la protección del Pueblo y del Estado" de 28 de febrero de 1933, más conocido con el nombre de "decreto del incendio del *Reichstag*", y la ley sobre las funciones policiales de la Gestapo[6] y las SS de 10 de febrero de 1936.

El artículo 1 del decreto de 28 de febrero de 1933 disponía lo siguiente:

> *Los artículos 114, 115, 117, 118, 123, 124 y 153 de la constitución del Reich alemán* [se refiere a la constitución de la República de Weimar, que nunca fue expresamente derogada] *quedan hasta nueva orden sin vigor. Quedan, por tanto, autorizadas más allá de los límites legales válidos hasta este momento: las restricciones a la libertad personal, a la libertad de expresión, incluida la libertad de prensa, y al derecho de asociación y reunión; las intervenciones en el secreto de las comunicaciones postales, telegráficas y telefónicas; las órdenes de registro domiciliario y de secuestro de bienes, así como las restricciones a la propiedad.*

Por su parte, la ley de 10 de febrero de 1936 establecía que ninguna orden o asunto en manos de las SS o la Gestapo, la temible poli-

---

6 Acrónimo de la policía política secreta nazi (*Geheimstaatspolizei*).

cía política especial del régimen nazi dependiente del jefe de las SS, Himmler, estaban sometidos al control de los tribunales.

En virtud de estas dos disposiciones que acabamos de indicar, la Gestapo o las SS podían someter a quien quisieran a la llamada "custodia protectora" (*Schutzhaft*), es decir, podían enviarlo a un campo de concentración durante el tiempo que consideraran conveniente, aun en el caso de que la persona detenida por la Gestapo o las SS hubiera sido absuelta por los tribunales o hubiera ya cumplido la condena que se le hubiera impuesto.

Estas disposiciones ponen de manifiesto el terror característico del régimen nazi: la posibilidad real que pende sobre la cabeza de cualquiera que se atreva a mostrar la más mínima señal de descontento, el más nimio acto de rebelión o de crítica, de verse secuestrado y recluído en un campo de concentración por tiempo indefinido, aislado de amigos y parientes, sin esperanza de ninguna clase de ayuda y a merced de lo que decidan sus guardianes.

Aunque el terror fuese un instrumento de dominación imprescindible, lo cierto es que hasta el invierno de 1941 a 1942 el régimen nazi gozó de un notable apoyo popular[7]. Además de a los éxitos económicos y militares, este apoyo se debió a la hábil propaganda con la cual los líderes nazis manipulaban a la población.

La propaganda se nutría en sus contenidos de la ideología del partido nazi y empleaba a su servicio los modernos medios de comunicación de masas –prensa, radio, cine–, junto a los mítines públicos y ceremonias conmemorativas oficiales, los cuales se celebraban ante la presencia de miles y cientos de miles de personas movilizadas al efecto. El sistema educativo en todos sus niveles era también, como puede imaginar el lector, un poderoso vehículo de difusión de la ideología nazi volcado hacia el control psicológico de las futuras generaciones de alemanes.

---

[7] El racionamiento de productos básicos, los bombardeos de las ciudades alemanas y los continuos desastres militares en el este fueron enfriando el entusiasmo popular por el régimen y su líder. A partir de 1943, aparte el terror, el miedo a las represalias aliadas, en particular a las soviéticas, fue el elemento de cohesión principal que mantuvo la lealtad hacia el régimen entre la gente común. Los líderes nazis insistían una y otra vez en que la derrota en la guerra supondría la desaparición de Alemania y de los alemanes (*vid.* Kershaw, I., *The End. Hitler´s Germany, 1944-1945*, Allen Lane, Londres, 2011).

Los contenidos de la ideología nazi eran confusos y contradictorios; apelaban a ideas como el valor positivo de la violencia, el liderazgo, la virilidad y la obediencia ciega; combinaban lugares comunes de diversas corrientes políticas de la época, ya fueran de izquierdas o de derechas, con la afirmación de una identidad antimarxista, antisemita y anticapitalista; mezclaban la admiración por la tecnología y el desarrollo industrial con las ideas más tradicionalistas, como la exaltación de la mujer en tanto que ama de casa y madre de muchos hijos, de la vida rural o del pasado medieval.

Para simplificar, la ideología difundida por la propaganda nazi respondía a la pretensión de crear, con elementos retóricos muy variopintos, una especie de caos o maraña de ideas que resultara atractivo en sus ecos emotivos para una gente insegura y desorientada ante un futuro incierto.

No obstante las incoherencias de la ideología nazi, ésta poseía su núcleo irrenunciable. Ese núcleo irrenunciable estaba constituído esencialmente por dos ideas.

Primera idea: según los nazis, la vida social se debía fundar en las leyes de la biología, tal y como ellos las entendían. Para los nazis, la creencia en una pretendida esencia racial, genética, de las naciones, la cual resultaría amenazada por la mezcolanza entre gentes de distintas procedencias nacionales, era un verdadero artículo de fe. Sostenían que sólo podían formar parte plenamente de la sociedad alemana quienes reunían los presuntos caracteres biológicos propios de los alemanes 'arios'.

En cambio, quienes no los reunían debían ser marginados o expulsados de un modo u otro de la vida social alemana; este era el caso, en especial, de las personas catalogadas como judías. Tal fue la obsesión nazi respecto a este artículo de fe desde los comienzos del Tercer Reich, que las infaustas Leyes de Nüremberg, aprobadas en 1935, prohibieron el matrimonio entre judíos y no judíos y ordenaron el castigo penal de las relaciones sexuales no matrimoniales entre judíos y alemanes no judíos[8]. Sin duda alguna, toda esta concepción

[8] Las denominadas leyes de Nüremberg eran dos: la Ley de Ciudadanía del *Reich* –la cual distinguía entre ciudadanos del *Reich* y meros súbditos del *Reich*– y la Ley para Proteger la Sangre y el Honor Alemanes –que contenía las prohibiciones de contraer matrimonio y de mantener relaciones sexuales citadas en el cuerpo del texto–. Según la excéntrica reglamentación que desarrolló esas leyes, sería considerado

nazi de la nación 'biologizante' que tuvo el racismo nazi alcanzó unas consecuencias devastadoras, a las cuales me referiré en seguida.

Segunda idea: según los nazis, las decisiones del líder del partido y Canciller-Presidente[9], Adolf Hitler, no podían ser legítimamente discutidas por nadie, porque se fundaban en la existencia de un pretendido vínculo natural indisoluble entre Hitler y el pueblo alemán. Puesto que, conforme a la ideología nazi, la voluntad del líder se encontraba de un modo no racional fundida con el espíritu o esencia del pueblo alemán; dicho de otra manera, gozaba de una comunión inmediata con éste; las decisiones de Hitler sólo podían reflejar lo querido por el pueblo alemán y, por tanto, oponerse a estas decisiones equivalía a oponerse a los deseos del pueblo alemán.

4. Objetivos y fines últimos del régimen nazi

Todo lo que acabo de mostrar en respuesta a la cuestión sobre los grupos protagonistas de la vida política y social del régimen nazi y en respuesta a la cuestión sobre los instrumentos de control social en sus manos podría llevar a pensar que el nazismo carecía de proyecto político propio, de objetivos y fines últimos propios, y que su objetivo principal era favorecer, por medios brutales e insidiosos, los intereses de las elites tradicionales alemanas y promover el ascenso social y político de los dirigentes del partido nazi y las SS. Nada más alejado de la realidad: el partido nazi tenía un proyecto político propio, el más atroz hasta hoy engendrado por los hombres.

La definitiva puesta en práctica de ese proyecto se produjo durante la segunda guerra mundial (1939-1945) y ha sido etiquetado con el

---

'judío pleno' toda persona con tres o cuatro abuelos judíos (cuya cualidad de judíos venía, a su vez, determinada por profesar el judaísmo) y 'medio-judío' quien tuviera dos abuelos judíos, siempre que practicase la religión judía o se casase con un judío pleno o fuera hijo de padres judío y 'ario'. Determinadas categorías de alemanes 'judíos plenos' o 'medio-judíos' gozaron hasta bien avanzada la guerra de una condición privilegiada en comparación con el resto de los 'judíos plenos' y los 'medio-judíos': los veteranos de la primera guerra mundial condecorados y los casados con 'arios' en el momento de la entrada en vigor de las leyes de Nüremberg. Nótese cómo esta esperpéntica legislación transformaba en 'judíos' personas totalmente ajenas al judaísmo y cómo la presunta identidad 'racial' judía se entremezclaba con la religiosa.

9 Desde la muerte del presidente Hindenburg (agosto de 1934), Hitler acumuló en su persona ambos cargos.

nombre de 'imperialismo racial'[10]. El elemento clave de este proyecto era, como ya se habrá vislumbrado al hablar de la ideología nazi, un racismo extremo, especialmente, aunque no exclusivamente ni mucho menos, un antisemitismo extremo. El proyecto nazi del 'imperialismo racial' propugnaba el sometimiento absoluto y completo del continente europeo y sus pueblos a los intereses y al dominio de Alemania. Los nazis creían que todos los problemas, contradicciones y conflictos padecidos por la sociedad alemana de las últimas décadas quedarían solventados cuando los alemanes considerados 'arios' se vieran a sí mismos como miembros de una raza superior de señores, de amos, encargada de ejercer el dominio político y económico sobre toda Europa. El racismo debía estructurar el ejercicio de ese dominio sobre Europa.

El nazismo estableció una jerarquía racista de las poblaciones europeas, compuesta de una multiplicidad de escalones o grados que iban desde el grado o escalón superior, los alemanes considerados 'arios', hasta el escalón o grado más bajo, en el cual se colocaban a judíos y gitanos. A las poblaciones judías y gitanas se asimilaron otras categorías de personas por motivos eugenésicos, políticos o de darwinismo social: los deficientes y enfermos mentales graves[11], los comunistas[12], los delincuentes habituales, los mendigos, los Testigos

[10] Neumann, F., *op. cit.*, pp. 215 y ss.

[11] No pareciéndoles bastante la política de esterilización forzosa decretada desde los inicios mismos del Tercer Reich, los nazis pusieron en práctica nada más comenzar la segunda guerra mundial un programa secreto de asesinato sistemático de los enfermos mentales graves y discapacitados internados en residencias y hospitales en Alemania, conocido con el nombre de *Aktion T-4*. Los seleccionados para ser asesinados eran encerrados en camionetas y se les causaba la muerte mediante monóxido de carbono, justamente el gas empleado para matar judíos y gitanos en todos los campos de exterminio menos en Auschwitz (donde se empleó el pesticida *Zyklon-B*); no es de extrañar por ello que el personal que participó en la *Aktion T-4* pasara luego a trabajar en los campos de exterminio. Las protestas de algunos obispos y de los familiares de las víctimas condujeron a la cancelación del programa en agosto de 1941 para no debilitar el 'frente interno' (*vid.*, por ejemplo, Evans, R.J., *op. cit.*, pp. 111 y ss.).

[12] En relación con este colectivo de personas, conviene aludir a la llamada 'Orden de los Comisarios' de 6 de junio de 1941, dirigida por Hitler a sus generales y a las SS ante la inminente invasión de la Unión Soviética. Esta orden implicaba, en realidad, el mandato de asesinar a todos los funcionarios del PCUS, pues una simple insignia en la solapa de la chaqueta autorizaba al ejército alemán y a las SS a ejecutar una persona (*Vid.* Kershaw, I., *Hitler, 1936-1945*, Península, Barcelona, p. 355).

de Jehová y las personas homosexuales[13]. Todas estas personas constituían el grupo de seres humanos excluidos de la sociedad nazi cuyo destino final debía ser el internamiento en campos y el asesinato en masa.

Las poblaciones de la Europa ocupada fueron jerarquizadas: así, los holandeses o los noruegos eran calificados de 'asimilables' a los alemanes 'arios', mientras que polacos y rusos ocupaban el grado o escalón justo por encima de judíos, gitanos y asimilados.

Según la posición que cada individuo ocupase en la jerarquía racista podía ese individuo esperar un trato mejor o peor de las autoridades, podía gozar de algunos derechos o carecer de todo derecho, podía ser explotado más o menos despiadadamente, conservar la vida o ser asesinado.

Consecuencias de este racismo tan radical fueron la introducción de los campos de exterminio y la reintroducción de la esclavitud, del trabajo esclavo. Para quienes ocupaban el último escalón de la jerarquía racista, sobre todo para judíos y gitanos, se erigió una extensa

---

[13] Hubo un intento tardío de sistematización de las disposiciones ya existentes sobre el trato a dispensar al amplio y borroso colectivo de los 'extraños a la comunidad' (*Völksfremde* o *Gemeinschaftfremde*), entre quienes los nazis incluían a los delincuentes habituales o 'por tendencia', los Testigos de Jehová, los mendigos y las personas homosexuales: el proyecto de ley sobre el tratamiento de 'extraños a la comunidad' de 17 de marzo de 1944. El proyecto contemplaba la reclusión por tiempo indefinido en campos de concentración, la esterilización y castración coercitivas, el trabajo forzoso, las penas indeterminadas y de muerte y la vigilancia policial permanente. Todo un muestrario de horrores, en definitiva. Su escalofriante artículo 1 decía: "Es extraño a la comunidad: 1.-Quien, por su personalidad o forma de conducción de vida, especialmente por sus extraordinarios defectos de comprensión o de carácter es incapaz de cumplir con sus propias fuerzas las exigencias mínimas de la comunidad del pueblo. 2.-Quien: a) por su actitud de rechazo al trabajo o disoluta lleva una vida inútil, dilapidadora o desordenada y con ello molesta a otros o a la comunidad, o, por tendencia o inclinación a la mendicidad o el vagabundaje, al trabajo ocasional, pequeños hurtos, estafas u otros delitos menos graves, o en estado de embriaguez provoca disturbios o por estas razones infringe gravemente sus deberes asistenciales o b) por su carácter asocial o pendenciero perturba continuamente la paz de la generalidad o 3.-Quien por su personalidad o forma de conducción de vida revela que su mente está dirigida a la comisión de delitos graves (delincuentes enemigos de la comunidad y delincuentes por tendencia)." Este proyecto es bastante conocido entre los penalistas por haber contribuido en su redacción, para vergüenza suya, uno de los más brillantes especialistas alemanes en derecho penal: Edmund Mezger –1883-1962– (*vid.* Muñoz Conde, F., *Edmund Mezger y el derecho penal de su tiempo*, Tirant lo Blanch, Valencia, 2003).

red de campos de exterminio. El régimen decretó que estas personas no debían vivir y las asesinó en masa en esos campos, no sin antes haberlas explotado como mano de obra esclava[14]. Se calcula que el régimen nazi asesinó por este procedimiento entre 5,5 y 6 millones de judíos y unos 500.000 gitanos.

Pero, además, el nazismo sometió a un régimen de esclavitud, de trabajos forzados, a millones de personas, en especial, a rusos y polacos. A esta gente se la puso a trabajar por la fuerza en la agricultura, en obras públicas o al servicio de la industria alemana. Se supone que más de 5 millones de trabajadores forzados murieron como resultado de los malos tratos infligidos por sus amos alemanes.

Se habrá podido colegir de las anteriores observaciones que las poblaciones judías de Europa, o así etiquetadas, no fueron ni mucho menos las únicas víctimas del 'imperialismo racial' alemán. Sin embargo, sigue siendo cierto que los judíos europeos constituyeron el único colectivo humano formado por varios millones de personas condenado por el liderazgo nazi al exterminio completo.

La decisión de exterminar todos los judíos europeos no fue repentina ni se tomó en el vacío, sino que estuvo precedida por un proceso de progresiva exclusión social de los judíos cuyas etapas sucesivas fueron, a grandes rasgos, las siguientes: primero, definición, esto es, fijación de una serie de criterios más o menos arbitrarios para determinar quiénes debían ser etiquetados como judíos[15]; segundo, expulsión de la vida social, esto es, adopción de una retahíla de medidas discriminatorias cada vez más intensas con el objetivo de impedir a las personas definidas judías el ejercicio de cualquier profesión o actividad económica y el acceso a los servicios públicos; tercero, concentración de las personas judías en guetos o barrios sólo para judíos de ciudades polacas o de las zonas soviéticas ocupadas, guetos en donde las condiciones de vida eran espantosas a causa del hacinamiento, la falta de alimentos, la explotación laboral y las enfermedades; a la concentración en guetos siguió a partir de otoño de 1941,

---

14 Como es sabido, en cuanto los deportados judíos llegaban a los campos de exterminio, las autoridades de los campos procedían a un proceso de 'selección' en virtud del cual se reclutaba como trabajadores esclavos a un número relativamente reducido de personas, mientras la mayoría eran conducidas inmediatamente a las cámaras de gas (u otros lugares de aniquilación).

15 Véase *supra* nota 9.

aproximadamente, la aniquilación física 'industrializada' de las personas judías en campos de exterminio.

Por supuesto, el orden de sucesión de las etapas señalado es sólo un patrón ideal que, en la práctica, tuvo muchas excepciones. Por otra parte, centenares de miles de judíos polacos y rusos fueron asesinados sobre el terreno sin ser concentrados antes en guetos o en campos de exterminio por los llamados *Einsatzgruppen*, unidades móviles de exterminio pertenecientes a las SS caracterizadas por una brutalidad sin límites.

En defintiva, la naturaleza mortífera del régimen nazi no tiene parangón en la historia. Si sumamos los millones de víctimas de los campos de exterminio y del trabajo esclavo y las poblaciones civiles masacradas en ejecuciones sumarias durante el transcurso de la segunda guerra mundial, las autoridades alemanas asesinaron a más de 17 millones de personas en poco más de cinco años.

5. Conclusiones

Concluiré mi exposición con unas breves líneas dedicadas a esbozar el papel del derecho positivo en el régimen nazi, más allá de lo que ya ha sido dicho en relación con el terror nazi y con el 'imperialismo racial'. Respecto a este asunto, conviene distinguir entre el derecho privado y el derecho público. El derecho privado no experimentó, a grandes trazos, demasiados cambios en sus contenidos y su función con la implantación del régimen nazi, sino que conoció, al menos dentro de los límites del territorio alemán, una evolución parecida a la del derecho privado de otros estados occidentales, con la importantísima excepción de que los alemanes considerados judíos dejaron de poder contar con el derecho privado alemán para el reconocimiento de sus intereses económicos, profesionales y familiares.

Distinta era la situación del derecho público. Puesto que el derecho público tiene por objeto la regulación de la organización y acción de los poderes públicos en cuanto tales y de las relaciones entre éstos y los ciudadanos, la instauración del régimen nazi y su radicalización con el paso de los años le afectó profundamente, tan profundamente que cabe incluso afirmar que lo puso en peligro de extinción hacia los años de la segunda guerra mundial.

Los líderes del régimen nazi no podían ver en el derecho público más que un mero instrumento al servicio de sus propios intereses y objetivos por completo manipulable. Por consiguiente, la función que había inspirado la lenta formación del derecho público contemporáneo, la función de limitación y control del ejercicio del poder estatal, dejó de ser uno de los cometidos o fines del derecho aceptados en el régimen nazi.

El compromiso de respetar la esfera de intereses de cada ciudadano implicado por un derecho público que impone restricciones y controles a la acción estatal para proteger a los individuos frente al riesgo de ejercicio abusivo del poder estatal desapareció del panorama jurídico alemán bajo el nacionalsocialismo.

Por añadidura, dada la estructura de poder propia del Tercer Reich, tampoco podía el derecho público ser utilizado para regular la adopción de decisiones colectivas legítimas y su plasmación en textos normativos: la fuente última de legitimidad de las decisiones colectivas en el Tercer Reich no se identificaba con procesos democráticos previstos o autoridades tradicionales designadas en una constitución o en leyes, sino con la voluntad siempre cambiante según las circunstancias y, por tanto, imprevisible, de una concreta persona, el *Führer* Adolf Hitler, la cual podía manifestarse de cualquier manera, a través de las vías que el propio *Führer* escogiese.

Estas vías de manifestación de la voluntad vinculante del *Führer* podían ir desde la aclamación de disposiciones normativas en el *Reichstag* hasta las instrucciones directas, orales y secretas[16]. Una per-

---

[16] Un sector de la historiografía sobre el nazismo sostiene que la decisión de exterminar a todos los judíos europeos sin excepción fue adoptada mediante una orden de este tipo dirigida por Hitler a sus más inmediatos colaboradores en algún momento del año 1941 posterior al inicio de la invasión de la Unión Soviética. No se han encontrado todavía documentos escritos que contengan esta orden, pero su existencia podría deducirse de las copias del protocolo de Wannsee, que sí se conservan.

El protocolo de Wannsee es la denominación que reciben las actas de la reunión celebrada a orillas del lago Wannsee en enero de 1942 entre altos jerarcas del partido nazi, de los organismos de seguridad nazis y de los ministerios concernidos para organizar la planificación del exterminio total de la población judía europea y zanjar problemas de competencia entre las distintas autoridades del estado nazi en relación con la 'solución final del problema judío'. Resulta impresionante la lectura de la monografía de Mark Roseman sobre la reunión de Wannsee: el exterminio masivo de millones de seres humanos se planificó entonces como si fuera un problema burocrático más, sin escrúpulos morales de ninguna clase, aunque, eso sí, utilizando un sonalización del poder tan extrema es incompatible con cualquier derecho público no decorativo con pretensiones reguladoras reales.

En suma, el derecho público debía procurar no imponer restricciones al ejercicio del poder ni regular procedimientos concretos, estables y públicos de adopción de decisiones colectivas, todo ello según los dirigentes del régimen nazi. ¿Qué utilidad podía entonces tener el derecho público? Pues aparte de ocuparse de la regulación de cuestiones menores, de cuestiones de detalle, su función primordial debía ser propagandística.

El derecho público fue degenerando en un conjunto de disposiciones que en lugar de normas propiamente dichas contenían más bien autorizaciones genéricas, proclamas, eslóganes, declaraciones de fe en el régimen, pomposas fórmulas indescifrables y cosas por el estilo. Parece ser, por consiguiente, que estas disposiciones tenían por función predominante producir propaganda, en especial, propaganda para consumo de profesores, jueces, abogados y otros profesionales del derecho evitando al mismo tiempo coartar la libertad de acción de los agentes del estado[17].

> Esa degeneración afectó también inevitablemente a la doctrina 'científica', en consonancia con la progresiva reducción a propaganda del derecho público. Un buen ejemplo de ello lo constituye Carl Schmitt (1888-1985), ejemplo especialmente lamentable por sus indudables inteligencia y valía intelectual. Schmitt fue tal vez el jurista comprometido con el nazismo más prestigioso. Un breve repaso a la biografía político-intelectual del autor alemán durante los años del Tercer Reich pondrá de manifiesto su compromiso con el régimen nazi. Schmitt optó por colaborar activamente con dicho régimen casi desde sus comienzos.
>
> Más aún, se esforzó por conquistar posiciones de poder dentro de la jerarquía del mismo no sólo para ver satisfecha su ambición personal de ser el *Kronjurist* de Alemania, sino también por convicción ideológica como lo prueban multitud de artículos publicados en la prensa aprobatorios de la nueva legislación autoritaria y su

---

lenguaje eufemístico (*vid.* Roseman, M., *La villa, el lago, la reunión: la conferencia de Wannsee y la Solución Final*, R.B.A., Barcelona, 2002).

[17] ¿Se estará convirtiendo el derecho público español en algo parecido a causa de la actual crisis económica y las políticas de la Unión Europea y las organizaciones económico-financieras internacionales?

participación en la elaboración de las leyes para la coordinación de los *Länder* con el *Reich* (abril de 1933), las cuales suprimieron *de facto* la estructura federal del estado alemán.

Protegido en un principio de los jerarcas nazis Hermann Göring y Hans Frank, Schmitt fue acumulando cargos, sobre todo en el mundo académico y en la corporación profesional de juristas: miembro del Consejo de Estado prusiano, Catedrático en la Universidad de Berlín, miembro de la comisión de enseñanza superior competente en materia de nombramientos y ceses académicos, miembro prominente de la Academia para el Derecho Alemán, líder del Grupo Nacional de Profesores de Enseñanza Superior de la Liga de Juristas Alemanes Nacionalistas y director de la revista oficial de esta última organización, la *Deutsche Juristen-Zeitung*.

Schmitt, además, ingresó en el partido nazi el 1 de mayo de 1933. Se llegó incluso a hablar de un futuro nombramiento como Secretario de Estado (*Staatssekretär*) en el Ministerio de Justicia. Esta prometedora carrera se vio abruptamente interrumpida a resultas de una campaña de difamación orquestada en 1936 desde la revista de las SS *Das Schwarze Korps* por los juristas nazis, colegas de Schmitt en la universidad, Otto Koellreutter, August Eckhart y Reinhardt Höhn (los dos últimos colaboradores de Himmler). Schmitt tuvo que renunciar a la mayor parte de sus cargos, pero gracias al apoyo de Göring, conservó su puesto de Catedrático y cesó la campaña difamatoria contra su persona. Hasta la caída del nazismo, siguió con su vida de Profesor sin demasiados problemas dando clases y conferencias, organizando seminarios y publicando libros y artículos.

Durante todo el período nazi, antes y después de su relativa caída en desgracia en 1936, la actividad publicística de Schmitt fue febril, una prueba más de que el jurista de Plettenberg no se encontraba precisamente incómodo en el reino de la esvástica. Esa actividad atravesó dos fases. En una primera fase, coincidente con su época de ascensión en la jerarquía del régimen nazi, Schmitt se centró en temas de derecho público o relacionados con el derecho público y de filosofía del derecho. Las obras más destacadas de este período, todas ellas de muchísimo menor valor intelectual que aquellas publicadas en tiempos de la República de Weimar, fueron *Estado, Movimiento, Pueblo, Estructura del estado y hundimiento del Segundo Reich* y *Sobre los tres modos de pensar la ciencia jurídica*.

Las más ignominiosas fueron tres artículos, titulados respectivamente *El Führer protege el derecho* (justificación de los crímenes hitlerianos de la Noche de los Cuchillos Largos ocurridos en junio de 1934), *La constitución de la libertad* (alabanza alborozada de las Leyes de Nüremberg) y *La ciencia jurídica alemana en lucha contra el espíritu judío* (una especie de propuesta de "guetificación", si se me permite la expresión, de los libros escritos por judíos). El objetivo de todas estas publicaciones fue la legitimación política y jurídica del Tercer Reich, racismo antisemita nazi incluido.

En una segunda fase, sucesiva a su postergación política, Schmitt se dedicó con preferencia a cuestiones de derecho y relaciones internacionales, juzgando tal vez peligroso ocuparse de temas más comprometidos en los cuales las desavenencias entre las diferentes 'familias' del régimen podían ser mayores. Sin embargo, ni siquiera en las obras de esa época sobre derecho y relaciones internacionales, dejó Schmitt de mostrar su aprobación del régimen nazi, en este caso, del expansionismo militar de éste por Europa.

En efecto, la tesis schmittiana de los grandes espacios (*Groβräume*) expuesta en el libro varias veces editado en los años 1939 y 1941 y traducido a varios idiomas en esas mismas fechas *Orden jurídico-internacional del gran espacio con prohibición de intervención para las potencias extrañas al espacio* justificaba la posición imperial de la Alemania nazi en el continente europeo adquirida mediante el recurso a la fuerza militar en esos años.

Me gustaría finalizar mi aportación transcribiendo la reflexión que Arthur Kaufmann hace en torno al lenguaje jurídico-político empleado en la Alemania nazi basándose en una cita de Ernst Jandl, una reflexión muy ilustrativa de cuanto acabo de exponer sobre el régimen nazi y su derecho:

> *Ningún movimiento totalitario carece de su propio lenguaje y "tal lenguaje está fundado en la fraudulenta pretensión de anclar el dominio de una mayoría por una minoría directamente en los cerebros de quienes han de ser dominados hasta el punto de que el dominio sea vivido positivamente por estos últimos como una suerte de autodominio". Estamos aquí ante un abuso de las palabras a efectos de encubrir las verdaderas intenciones o manipular el sentido de las palabras mismas: sirva como ejemplo de esto la apropiación nazi de la palabra 'socialismo' en la denominación oficial del partido nacionalsocialista al mismo tiempo que se combate despiadadamente todo lo que realmente es 'socialismo' (...). El discurso racional*

no es apropiado para lo que pretendía [el nacionalsocialismo], *a saber, ocultar sus verdaderas intenciones y suscitar adhesiones irracionales, para de ese modo ejercer poder sobre las almas. Para ello, se requería un lenguaje que no fuera descifrable con claridad y que ofreciese siempre la posibilidad a quien lo controlase de rellenarlo con nuevos contenidos.*[18]

Bibliografía

Antón Mellón, J., *Nostalgia del futuro. La visión del mundo del fascismo clásico en sus textos*, en Antón Mellón, J. (coord.), *El fascismo clásico (1919-1945) y sus epígonos*, Tecnos, Madrid, 2012, pp. 71 y ss.

Arendt, H., *Los orígenes del totalitarismo*, Alianza Editorial, Madrid, 2006.

Broszat, M., *L´État hitlérien. L´origin et l´évolution des strucutures du IIIè Reich*, Fayard, París, 1985.

Burleigh, M., Wippermann, W., *The Racial State: Germany, 1933-1945*, Cambridge University Press, 1991.

Casali, L., *Fascismi: partito, società e stato nei documenti del fascismo, del nazionalsocialismo e del franchismo*, CLUEB, Bolonia, 1996.

Evans, R.J., *La llegada del Tercer Reich*, Península, Barcelona, 2005.

Evans, R.J., *El Tercer Reich en el poder*, Península, Barcelona, 2007.

Evans, R.J., *El Tercer Reich en guerra.*, Península, Barcelona, 2011.

Fraenkel, E., *The Dual State. A Contribution to the Theory of Dictatorship*, The Lawbook Exchange Ltd, Clark, Nueva Jersey, 2010 (reimpresión de la edición original en inglés de 1941).

Grawert, R., *Die nationalsozialistische Herrschaft*, en Isensee, J., Kirchhof, P., *Handbuch des Staatsrechts der Bundesrepublik Deutschland*, C.F. Müller Juristische Verlag, Heidelberg, 1987, Band I, pp. 144 y ss.

Griffin, R., *Modernismo y fascismo. La sensación de comienzo bajo Mussolini y Hitler*, Akal, Madrid, 2010.

Hilberg, R., *La destrucción de los judíos europeos*, Akal, Barcelona, 2005.

Kershaw, I., *Hitler, 1889-1936*, Península, Barcelona, 1999.

Kershaw, I., *Hitler, 1936-1945*, Península, Barcelona, 2000.

Kershaw, I., *Qu´est-ce que le nazisme? Problèmes et perspectives d´interpretation*, Gallimard, París, 1992.

La Torre, M., *La lucha contra el derecho subjetivo. Karl Larenz y la teoría nacionalsocialista del derecho*, Dykinson, Madrid, 2008.

Mosse, G.L., *La cultura europea del siglo XX*, Ariel, Barcelona, 1997.

[18] Kaufmann, A., *Rechtsphilosophie und Nationalsozialismus*, conferencia inaugural de las Jornadas de la Sección Alemana de la Asociación Internacional de Filosofía del Derecho y Filosofía Social celebradas los días 10 y 11 de octubre de 1982.

Mosse, G.L., *La nacionalización de las masas. Simbolismo político y movimientos de masas en Alemania desde las Guerras Napoleónicas al Tercer Reich*, Marcial Pons, Madrid, 2005.

Müller, I., *Hitlers Justice. The Courts of the Third Reich*, Harvard University Press, Cambridge, 1991.

Muñoz Conde, F., *Edmund Mezger y el Derecho Penal de su tiempo. Estudios sobre el Derecho Penal en el Nacionalsocialismo*, Tirant lo Blanch, Valencia, 2003.

Neumann, F., *Behemoth. Pensamiento y acción en el nacionalsocialismo*, F.C.E., México D.F., 1943.

Paxton, R.O., *Anatomía del fascismo*, Península, Barcelona, 2005.

Payne, S., *Historia del fascismo*, Planeta, Barcelona, 1995.

Roseman, M., *La villa, el lago, la reunión: la conferencia de Wannsee y la Solución Final*, R.B.A., Barcelona, 2002.

Rüthers, B., *Carl Schmitt en el Tercer Reich*, Universidad Externado de Colombia, Bogotá, 2004.

Stolleis, M., *Geschichte des öffentliche Rechts in Deutschland. Staats- und Verwaltungsrechtwissenschaft in Republik und Diktatur, 1914-1945*, C.H.Beck, Munich, 1999.

Traverso, E., *La violencia nazi. Una genealogía europea*, F.C.E., Buenos Aires, 2002.

OBEDIENCIA Y NAZISMO: PSICOLOGÍA, RACISMO Y MIEDO

José Luis Pérez Triviño
Prof. Titular de Filosofía del Derecho
Universitat Pompeu Fabra (Barcelona)

Sumario: 1. Introducción.- 2. Los aportes de la psicología en la explicación de la obediencia al nazismo.- 3. La manipulación racista y el proceso de deshumanización nazi.- 4. La guerra y su vinculación con el genocidio judío.- 5. Conclusiones

1. Introducción

Uno de los temas que más ha preocupado habitualmente a los juristas es el de la normatividad del Derecho: de qué forma éste influye o puede influir en la conducta de los ciudadanos; de qué manera las normas pueden modificar los incentivos de los destinatarios y así adecuar su comportamiento a lo exigido por las normas. La ética también se ha preocupado por el tema de la obligatoriedad de las normas morales. El presupuesto básico tanto del derecho como de la moral es la creencia que los individuos evalúan individual y racionalmente las normas y así establecen si tienen razones para obedecerlas.

Pero tanto desde el punto de vista jurídico como desde el moral se ha tendido a olvidar la importancia de los mecanismos sociales y mentales que pueden influir en los individuos tanto a la hora de captar el sentido y fuerza vinculante de las normas, como en el proceso de ponderar las razones a favor de su cumplimiento o incumplimiento. Esto se ha hecho especialmente evidente en aquellos casos en los que los individuos obedecen normas palmariamente injustas o cuyo cumplimiento conduce a producir lesiones severas en terceras personas. Dicho de otra manera, ¿qué mecanismos psicológicos y sociales operan en los individuos para que bajo el amparo de cumplir lo establecido en una norma realicen actos manifiestamente inmorales y que causan daños terribles en personas?

El episodio histórico que hizo surgir la necesidad de profundizar en los intrincados mecanismos psicológicos y sociales que llevan a la obediencia es obviamente el nazismo. Los presupuestos psicológicos elaborados por la Ilustración eran muy pobres y simplistas; por ejemplo tendían a enfatizar la importancia de la racionalidad de los individuos como el principal elemento determinante de la normatividad del Derecho o de la moral. Pero con estas bases no era suficiente para explicar los casos típicos de obediencia a las normas emanadas del nazismo. Esto lo vio perfectamente Jonathan Glover:

> "ahora tendemos a considerar pobre y mecánica la visión de la psicología humana propia de la Ilustración, e ingenua sus esperanzas de progreso social gracias a la expansión del humanitarismo y de la perspectiva científica... Uno de los objetivos de este libro es reemplazar una pobre y mecánica psicología de la ilustración por una algo más compleja, más cercana a la realidad". (Glover: 2001, 25)

En efecto, esta es una de las perplejidades que despierta el nazismo para la filosofía moral y jurídica ¿cómo explicar los masivos casos de aceptación y obediencia a normas manifiestamente inmorales? ¿Cómo pudieron los alemanes adoptar actitudes de obediencia ciega a órdenes que conducían al Holocausto? ¿Qué responsabilidad moral y jurídica atribuirles? Unos actuaron de manera directa en el genocidio. Otros no lo hicieron, pero fueron pasivos. Las circunstancias que surgieron del nazismo y de su persecución de los judíos provocó que muchos alemanes (aunque no todos) se encontraran en la tesitura de balancear por un lado, sus obligaciones morales hacia las víctimas de la persecución y por otro lado, las probables sanciones que podrían sufrir ellos mismos o sus familiares si eran descubiertos llevando acciones altruistas hacia los perseguidos. En estos casos surgía un inevitable conflicto de obligaciones morales de difícil solución.

Inmediatamente después de finalizada la guerra, se discutió el papel en general pasivo de una gran parte de la ciudadanía durante la persecución de judíos (y otros colectivos). Uno de los primeros en poner el dedo en la llaga fue Karl Jaspers en su conocida reflexión sobre la distinta culpa atribuible a los alemanes durante este episodio de su historia. En uno de los párrafos aborda la cuestión de los "espectadores", esto es, la actitud de aquellos alemanes que sabiendo lo que estaba ocurriendo con los judíos permanecieron pasivos como si el asunto no fuera con ellos.

> "cada uno de nosotros es culpable por no haber hecho nada. En la medida en que permaneció inactivo [...] Pero la pasividad sabe de su culpa moral por cada fracaso que reside en la negligencia, por no haber emprendido todas las acciones posibles, para proteger a los amenazados, para aliviar la injusticia, para oponerse. En ese sometimiento propio de la impotencia quedaba siempre un margen para una actividad que, aun cuando no sin peligro, sí que era efectiva cuando se desarrollaba con precaución" (Jaspers:1998, 87).

En lo que sigue trataré de exponer que hay tres etapas que conducen a un individuo corriente a ser un miembros activo o pasivo de una práctica genocida[1]. La primera tiene que ver con los diversos mecanismos psicológicos que pueden operar en los individuos en la obediencia a normas crueles (I). El segundo con la adopción del racismo como ideología, lo cual lleva a considerar a otro grupo como enemigo y potencial víctima (II). Y por último, ni la estructura psicológica ni el racismo son condiciones suficientes para que prenda la llama genocida. Aunque los genocidios son cualitativamente distintos de las guerras, la historia reciente nos señala que hay una conexión entre ellos. Sin guerra es difícil que estalle un genocidio. Y es que el miedo que se genera en ellas es la fase final que derriba las cortapisas morales del individuo corriente (III).

2. Los aportes de la psicología en la explicación de la obediencia al nazismo

Finalizada la Segunda Guerra Mundial y conocida la extensión de la tragedia que fue el Holocausto, emergió rápidamente la pregunta

---

[1] Utilizo aquí la expresión "genocida" para referirme de una forma laxa tanto a los que intervinieron directamente en las matanzas como a aquellos que las toleraron de forma entusiasta o aquiescente. He tratado este tema en Pérez Triviño, José Luis. "El Holocausto y la responsabilidad: altruismo limitado y dilemas trágicos." Doxa 29: 93–107.

por las motivaciones que llevaron a la población alemana a permitir y colaborar con el nazismo. La principal perplejidad fue causada por el comportamiento obediente o aquiesciente de una gran parte de la población alemana, lo cual los convertía en perpetradores o espectadores aquiescientes del genocidio. ¿Cómo pudo ser que Hitler recibiera tanto apoyo social? ¿Qué llevó a una gran mayoría de alemanes a afiliarse voluntariamente al partido nazi y a otros no tan comprometidos ideológicamente, a obedecer y a no rebelarse?

El temor pudo haber jugado un papel relevante pues el régimen no dudó en utilizar la coacción física, la propaganda, la amenaza y otros medios para suscitar adhesión y a la vez, disuadir a los potenciales rebeldes de realizar acciones de desobediencia. Pero, dada la extensión del entusiasmo nazi entre la población alemana, los órganos de poder del régimen no se vieron en la necesidad de utilizar frecuentemente estos medios para amedrentar. No les hizo falta. Por otro lado, y tal como lo muestran algunos testimonios, también era factible oponer algún grado de resistencia al régimen. Al menos no era forzoso afiliarse al partido nacional-socialista, aun cuando ello podía tener consecuencias negativas. Así por ejemplo lo narra el conocido historiador alemán especialista en el Tercer Reich, Joachim Fest, en un libro cuyo título es bien significativo: Yo no.

Por supuesto, en el contexto alemán de esa época otros factores pudieron haber jugado un papel relevante en la explicación de una obediencia tan generalizada y profunda. Uno de esos factores es el carisma del Führer.

La gran cuestión fue y sigue siendo explicar los mecanismos sociales y psicológicos que condujeron a individuos normales a obedecer bajo el gobierno nazi. Y con ello, se hacía referencia no sólo a los individuos comprometidos y propiamente aceptantes de la ideología nazi, sino más bien al ciudadano que antes de 1933 votaba a partidos de izquierdas o de centro, pero que con la llegada al poder de Hitler cambió no solo su voto, sino sus creencias políticas. Pasaron en muy poco espacio de tiempo de no ser racistas, a ser antisemitas; pasaron de mantener actitudes críticas a ser ciegos obedientes; pasaron de un cierto individualismo a comportarse según el grupo social mayoritario. Individuos que no participaron directamente en los asesinatos pero que sabían que estaba pasando con las víctimas del nazismo (o que se convirtieron en ciegos voluntarios). Algunos podían ser aceptantes del régimen, probablemente conversos que provenían de posiciones políticas más o menos alejadas del nazismo. Otros fueron los espectadores, ciudadanos que no comulgaban con el nazismo pero que en su mayoría no hizo nada para evitar las calamidades que aquellos cometieron.

Los psicólogos, principalmente, cuestionaron si no existía un substrato en la población alemana que les condujera a una obediencia o a una aquiescencia, si no existía un patrón psicológico más o menos común que explicara la asunción del racismo, la tendencia a las creencias fascistas y, en definitiva, su colaboracionismo más o menos robusto. De esa manera, comenzaron a pergeñarse hipótesis de carácter social y psicológico tendentes a ofrecer una respuesta comprehensiva. Así surgieron dos explicaciones que tuvieron un gran peso en la segunda mitad del siglo veinte: la hipótesis de la personalidad autoritaria y la hipótesis social a partir de los experimentos de Milgram y Zimbardo.

2.1. *La hipótesis de la personalidad autoritaria*

Una de las primeras hipótesis fue la de personalidad autoritaria elaborada por Theodor Adorno, que seguía un camino ya iniciado en los años treinta del siglo XX por Freud, pero en el que también estaban Maslow y Fromm. Para el primero, el carácter autoritario vendría dado por varios rasgos: 1) visión del mundo como una selva peligrosa, lleno de seres egoístas; b) visión jerárquica de la estructura social; c) alta valoración de signos externos de poder y estatus; d) valoración negativa de la simpatía y la generosidad (identificadas con inferioridad) y valoración positiva de la fuerza y la crueldad (identificadas con una naturaleza "superior"); e) fuerte inclinación a estereotipar a las personas como fuertes o débiles, superiores o inferiores; f) tendencia a la disciplina y el orden (Baumm;2008, 118).

Reich por su parte había tratado de explicar el éxito de Hitler apelando a la estructura del carácter de las clases baja y media alemanas. Según Fromm, y en la misma línea que lo expuesto anteriormente por Maslow, los rasgos centrales de la personalidad conservadora-autoritaria vendrían dados por un fuerte impulso emocional a someterse a líderes poderosos, símbolos de poder y fuerza, y una notable tendencia a identificarse con ellos para así a obtener seguridad (Sangrador Sánchez:2006, 134).

Pero la obra que adquirió una reputación incuestionable en la caracterización de la "personalidad autoritaria" fue la de Adorno y el grupo de Berkeley. Adorno buscaba la explicación del dominio nazi y de sus atrocidades en la presencia de un tipo especial de individuo, en personalidades con la tendencia a obedecer al más fuerte y en la arbitrariedad sin escrúpulos y con frecuencia cruel hacia los más débiles. El supuesto del que partían era claro: "las creencias y actitudes sociopolíticas de las personas constituyen una constelación actitudinal coherente en torno a una 'mentalidad' o 'espíritu' común, que sería expresión de profundas tendencias de la personalidad. Existiría así un síndrome, la personalidad autoritaria o potencialmente fascista, relacionada positivamente con la receptividad de las personas a la propaganda antidemocrática" (Baum: 2008, 117).

Es decir, que las tendencias más clara y profundamente autoritarias insertas en la mentalidad de algunos sujetos tales como el racismo, el etnocentrismo y las actitudes conservadoras serían expresiones de unas propensiones asentadas en la personalidad, en lo que estos autores denominaron fascismo potencial o personalidad potencialmente antidemocrática. Y esto podría ser medido con una escala, la escala F, que estaría compuesta por nueve elementos: convencionalismo, sumisión a la autoridad, agresividad autoritaria, anti-intracepción, superstición y estereotipia, poder y dureza, afán destructivo y cinismo, proyectividad y sexo.

Tal y como lo resume Sangrador, el estudio de Adorno concluía a partir de estos elementos y la escala F, que habría un estereotipo de sujeto con propensión clara al autoritarismo y al fascismo:

> "identificó al autoritario con una persona que, más que dar órdenes, gusta de seguirlas, busca conformidad, seguridad, estabilidad; es ansioso e inseguro cuando las circunstancias o los sucesos amenazan su modo de ver el mundo. Son personas muy intolerantes respecto a cualquier divergencia de lo que consideran normal (en el ámbito religioso, racial, histórico, nacional, cultural, lingüístico, etcétera.) Tienden a ser supersticiosos y a creer en interpretaciones de la historia que se ajustan a sus preexistentes definiciones de la realidad. Piensan de modo rígido hacia minorías, mujeres, homosexuales, etc. Tienden a ver el mundo de un modo dualista, dividido entre lo que está bien (su modo de ver las cosas) y lo que no. Dos patrones, la sumisión y la agresividad, les caracteriza, patrones que aunque pudieran parecer opuestos no lo son

en absoluto: la sumisión es hacia los superiores, la agresividad hacia quienes parezcan inferiores en algún sentido, o diferentes en algún aspecto. (Sangrador Sánchez: 2006, 137).

Como señala Sangrador, una parte importante de las ideas alcanzadas tras los experimentos se relacionaron con el psicoanálisis y de ahí se vincularon las causas de la personalidad autoritaria con las experiencias de la infancia. La conclusión que se obtuvo fue que los sujetos que obtenían más puntuación en la escala F eran individuos que habían recibido una educación muy rigurosa y estricta y en ocasiones, punitiva. Esto les generaba un resentimiento que debía ser reprimido ante la instancia paterna vista como un ente poderoso, y como consecuencia de esto, se podían generar "tendencias agresivas que, al ser reprimidas, acabarían desplazándose hacia blancos menos peligrosos: los grupos 'diferentes'" (Sangrador: 2006, 137).

Sin embargo, la teoría de la personalidad autoritaria ha recibido distintas críticas que debilitan su poder explicativo. Así, se señaló que la metodología utilizada no era suficientemente sistemática, y que en especial, la escala F, no era lo bastante neutral para caracterizar una personalidad conservadora. Y es que por ejemplo, las muestras de la escala F practicadas en países capitalistas con individuos de izquierdas ofrecían que estos no eran autoritarios. Lo cual llevaría a pensar que no había personalidades autoritarias en sociedades gobernadas por regímenes comunistas. Pero esto era difícil de sostener empíricamente. La razón estribaba es que los patrones que utilizaba estaban escorados y podían producir un rasgo de aquiescencia. Otros autores apuntaron que las muestras que se usaron no eran suficientemente representativas y que las pruebas proyectivas no eran científicas. Estudios posteriores elaborados por Eysenck y Rokeach trataban de mostrar que también podría existir un autoritarismo de izquierdas (Sangrador: 2006, 147).

Pero más allá de estas críticas metodológicas, la teoría de la personalidad autoritaria no parecía ser suficientemente explicativa. Tal explicación se ha usado frecuentemente para explicar la personalidad de Hitler y de alguno de sus principales secuaces, pues habían tenido una infancia con rasgos comunes a los que explicaban el autoritarismo y conservadurismo. Incluso, se ha usado para explicar la similitud entre las infancias y las posteriores personalidades de Hitler y Josef Stalin, aunque es palmariamente discutible extraer tal conclusión

(Overy: 2006, 37). Es decir, podría servir, y quizá con reservas, para explicar los supuestos de los perpetradores absolutos, pero no parece que explique el caso de los aceptantes pasivos o de los espectadores que fueron la inmensa mayoría de los alemanes. El Holocausto fue una empresa colectiva de enormes proporciones y con participación masiva de alemanes corrientes.

Esto llevó a otros psicólogos a partir de supuestos distintos alejados de preconcepciones basadas en rasgos puramente psicológicos. Dos de estos psicólogos fueron Staleny Milgram y Philip Zimbardo que buscaban explicar la participación y aquiescencia de individuos corrientes durante el nazismo.

El experimento de Milgram

Tras ser detenido en Argentina y llevado a Israel, Adolf Eichmann, uno de los principales artífices y diseñadores del sistema de transporte de judíos a los campos de exterminio fue juzgado en Jerusalén. Allí se encontraba para informar del juicio Hannah Arendt, una destacada filósofa judía que había huido en los años 30 de la Alemania nazi. Las crónicas del juicio aparecieron posteriormente bajo la forma de libro con un título que llamaría la atención y generaría una fuerte polémica: Eichmann en Jerusalén. Un informe sobre la banalidad del mal. ¿Cómo podía calificarse de banalidad los actos cometidos por uno de los principales organizadores del Holocausto? No deja de ser extraño, y para muchas víctimas incluso ofensivo. Pero es que para ella la contemplación de aquel ser envejecido, frágil, débil de voluntad y con un manifiesto aspecto de burócrata gris no reflejaba la idea que se había formado del miembro característico de las SS, como un monstruo sádico, como alguien visible e intrínsecamente malvado. Lo que sorprendía a Arendt es que un sujeto que parecía completamente normal incluso gris, pudiera haber cometido las barbaridades que se le atribuían. Era un burócrata, un ser banal, nada especial. Carente de un rasgo malvado visible o destacable.

Sin embargo, poco tiempo después saldría en su apoyo un psicólogo que gracias a un experimento pretendió mostrar que cualquier individuo, por normal o corriente que sea (dicho en sentido contrario: alejado de las visiones tradicionales del perturbado, sádico o depravado moral), puede mediante la obediencia a una autoridad cometer actos de crueldad indecibles. Según el experimento, este psicólogo llegó la conclusión de que:

> "Tras haber sido testigo de como cientos de personas corrientes se sometían a la autoridad en los experimentos que nosotros llevábamos a cabo, me es preciso concluir que la concepción de Arendt sobre la banalidad del mal se halla mucho más cerca de la verdad de lo que se pudiera uno imaginar. La persona normal que hacía llegar una descarga sobre la víctima, lo hacía por un sentido de obligación –por una concepción de sus deberes como sujeto de experimentación– y no por una tendencia peculiarmente agresiva" (Milgram: 1980, 19).

En efecto, en 1961, Stanley Milgram, un joven profesor de psicología de Yale de apenas 27 años, quería estudiar la obediencia a la autoridad. Partía de los presupuestos de Asch sobre la tendencia social hacia el conformismo. Su también famoso experimento con un grupo de individuos a los que tenían que contestar sobre la longitud de una serie de líneas pretendía ser un prueba consistente y sólida sobre la raíz social de muchos de los comportamientos humanos, pues un gran número de individuos adecuaba su respuesta a la ofrecida por la mayoría, a pesar de que las pruebas empíricas y su percepción personal fueran opuestas (Sutherland: 1996 61). El deseo de ser aceptado por los demás y el miedo a quedar aislado es una poderosa motivación que nos conduce al conformismo irreflexivo y posiblemente sea un vestigio de nuestra vida en tribus hace miles de años, donde la supervivencia individual se garantizaba única y exclusivamente si se pertenecía al grupo.

La hipótesis de la que partía Milgram era parecida pero las conclusiones que obtuvo fueron mucho más radicales: no solo había tendencias al conformismo sino a la obediencia ciega a órdenes crueles. La cuestión de partida era bien conocida ¿cómo fue posible que tantos alemanes participaran en el Holocausto, esto es, colaboraran con el exterminio de millones de personas? ¿Qué explicación podía darse al hecho de tanta gente corriente se convirtiera en perpetradores o espectadores entusiastas de la muerte colectiva de judíos y otras víctimas inocentes? La explicación basada en la "personalidad autoritaria" no era suficientemente convincente y no podía aplicarse sin más únicamente a los alemanes, por muy conservadora que hubiera sido esa sociedad.

Milgram como psicólogo social, creía que la respuesta a la obediencia se asentaba principalmente en la influencia de la situación, no en aspectos ligados a la personalidad. A su juicio, y no dejaba de ser una hipótesis controvertida, cualquier ciudadano racional sometido a una situación particularmente persuasiva podía olvidarse de su educación moral, de sus principios éticos y sociales y cometer actos dañinos contra otros seres humanos, si eran acciones en cumplimiento de una orden. Una de las conclusiones de Milgram sobre este punto fue:

> "Se ha solido ofrecer como explicación común el que las personas que hacían llegar esas descargas a la víctima eran en su nivel más violento, auténticos monstruos, la orla sádica de la sociedad. Mas si se tiene en cuenta que casi 2/3 de los participantes se ven incluidos en la categoría de sujetos obedientes, y que representaban personas corrientes tomadas de las clases obreras, profesionales y directivas, esa explicación se hace sumamente floja" (Milgram: 1980, 18).

Para poner a prueba su hipótesis, configuró uno de los experimentos más famosos en el ámbito de la psicología. Diseñó una «máquina de electrocutar» falsa pero muy convincente. Reclutó centenares de voluntarios y bajo la tutela de un psicólogo que aparentaba guiar el experimento, les ordenó administrar lo que creían que eran descargas eléctricas a un actor que fingía dolor. Así pues, en el experimento había tres actores: el psicólogo, el "profesor" que preguntaba (el voluntario al que se observaba el comportamiento) y el "estudiante" que debía contestar correctamente una serie de preguntas, pero que en realidad era un actor. En el experimento, el profesor realizaba una serie de preguntas al estudiante con el propósito de estudiar el efecto de los castigos en el aprendizaje. En el caso de que las respuestas fueran incorrectas, el profesor aplicaba una descarga eléctrica de 15 voltios. Aunque el "profesor" pensaba que estaba administrando descargas eléctricas, en realidad el estudiante simulaba el dolor que le producía la descarga eléctrica (Slater: 2006).

Pero eso era sólo el comienzo. El generador eléctrico tenía 30 niveles con un incremento de 15 voltios cada uno hasta llegar a 450. En cada nivel había una indicación del nivel de descarga del tipo "descarga suave" hasta "peligro: descarga severa".

Algunos "profesores" inquietos ante el desarrollo del experimento preguntaron al científico por la responsabilidad de los daños en el estudiante. Al recibir la respuesta de que estos la asumían completamente, la mayoría de ellos continuó administrando descargas.

¿Hasta dónde serían capaces de obedecer sus órdenes? ¿Cuál sería el porcentaje de ciudadanos normales que obedecería las instrucciones de descarga del investigador? ¿Cuántos se negarían?

El resultado fue que el 65% de los participantes llegaron al nivel máximo de descargas y ninguno bajó del nivel 300. En otro estudio similar llevado a cabo en Alemania, el porcentaje que alcanzó el máximo nivel de descarga fue el 85%.

En una variante del experimento cuando el profesor podía hablar por teléfono con el estudiante, el porcentaje de cumplimiento de órdenes bajó. No hubo apenas diferencias entre hombres y mujeres, aunque éstas mostraron estar más nerviosas.

Entre otras cosas, el experimento permitió concluir que existen varias dinámicas en la relación de autoridad que conducen al sorprendente resultado de que una mayoría de individuos llegara hasta los últimos extremos de producir un daño severo a un sujeto inocente. Estas dinámicas son: a) el vínculo causal entre el daño y el contacto corporal; b) la importancia de la relación de autoridad y de la pertenencia a un colectivo; c) la responsabilidad flotante; d) La trampa de la acción secuencial; e) el “antiantropomorfismo”.

a) El vínculo causal entre el daño y el contacto corporal

El experimento permitió mostrar la importancia de la relación entre el daño y el contacto corporal, en el sentido de que el nivel de obediencia suele aumentar cuando hay más distancia entre los ejecutores y las víctimas. Y la explicación para tal fenómeno parece residir en que la separación física del ejecutor respecto de la víctima permite al primero ahorrarse la agonía de presenciar el resultado de sus actos. En este sentido, parece haber una relación inversa entre la disposición hacia la crueldad y la proximidad de la víctima: es más fácil hacer daño a una persona a la que sólo vemos en la distancia, y todavía más fácil si no la podemos ver ni oír. Esto lo sabían muy los nazis: el establecimiento de los campos de exterminio fue debido en parte, a las quejas de soldados y voluntarios de los Einzatsgruppen de que los fusilamientos en los que participan y que suponían la muerte de hombres, pero también de mujeres y niños, les generaba mucho sufrimiento psicológico. Nada mejor para evitar esta consecuencia "indeseable" de los fusilamientos que crear los campos de exterminio: un sistema totalmente industrial y despersonalizado de acabar con la vida de las víctimas que aliviaba de sufrimiento emocional a los soldados y que además aumentaba radicalmente el ritmo del genocidio.

Otro factor importante para explicar el comportamiento de los individuos en el experimento de Milgram es la relación entre el ejecutor y el experimentador que tendía a excluir, a marginar, a desterrar a la víctima, convirtiéndola en un extraño (física y psicológicamente). Si en el caso anterior se hablaba de una separación física como un factor clave en la obediencia a las órdenes (injustas y crueles) de una autoridad, aquí se puede hablar de la importancia de la separación psicológica. Por eso no es nada extraño que en la guerra las autoridades militares arenguen a sus soldados con proclamas en las que los enemigos son tachados de seres inhumanos o de bestias sin sentimientos.

En el caso del Holocausto, algunos autores señalan la responsabilidad alemana por sostener creencias antisemitas desde tiempos inmemoriales. Esta es una de las tesis centrales del libro de Goldhagen. El antisemitismo y por lo tanto, la devaluación moral de los judíos no es algo que comenzara con los nazis. Ya existía desde siglos atrás, y lo único que hicieron los nazis fue acentuar el proceso de forma que el resultado final era despojar a los judíos de estatus humano y de caracterizarlos como animales (ratas, especialmente). Así resultaba más fácil acabar con ellos. No es lo mismo psicológica y moralmente matar a una rata que a un ser humano.

b) La importancia de la relación de autoridad y de la pertenencia a un colectivo

En un sistema organizado y jerarquizado de autoridades, el individuo puede tener dificultades para descubrir la singularidad moral de su acción. El subordinado observa al superior como la autoridad competente y natural, al cual se le delega la reflexión y la capacidad de tomar las decisiones últimas. Una de las sorpresas que supuso el experimento para Milgram fue que los sujetos no necesariamente perdían su sentido moral, sino que lo que se producía bajo el influjo de estar sometidos a una autoridad era una traslación de su atención. Su preocupación moral se transfiere hacia la autoridad: el sentido de sus actos es que se adecúen a las perspectivas de aquélla.

El mecanismo conducía a que muchos sujetos en el experimento llevaran a cabo una traslación de la responsabilidad:

> "El factor decisivo es la respuesta a la autoridad y no la respuesta a una orden concreta de administrar una descarga eléctrica. Las órdenes que tenían un origen fuera de la autoridad perdían toda su fuerza".

Como dice Milgram con un ejemplo perfectamente trasladable al Holocausto: "en tiempos de guerra un soldado no se pregunta si es bueno o malo bombardear una aldea: siente más bien orgullo o vergüenza, según cómo ha llevado a cabo la misión que le ha sido asignada" (Milgram:1980, 21).

El resultado de este proceso psicológico puede conducir a consecuencias morales nefastas: "La persona que, por convicción interna, detesta el robo, el asesinato, y la agresión puede encontrarse llevando a cabo estos actos con relativa facilidad cuando se lo ordena la autoridad. Un comportamiento impensable en un individuo que actúa a título personal lo puede llevar a cabo sin titubear cuando recibe órdenes" (Milgram).

c) La responsabilidad flotante

Un mecanismo que apareció en el desarrollo del experimento era el del sujeto que a la hora de justificar sus acciones respondía señalando que la responsabilidad correspondía a los organizadores del experimento; es decir, que él era simplemente un engranaje en un sistema complejo. Así pues parece, que el sujeto tiende a fragmentar el acto realizado y la responsabilidad atribuible se distribuye entre todos los participantes, de forma que evita enfrentarse al acto en su totalidad: Eichmann no mató judíos, él se veía a sí mismo solo como organizando los trenes que conducían a los judíos hacia los campos. Para Milgram, este mecanismo psicológico era especialmente relevante:"Es ésta posiblemente la característica más común de un mal socialmente organizado en la sociedad moderna" (Milgram: 1980, 23).

Muchos de los sujetos que participaron en el experimento se excusaban precisamente señalando que no eran responsables o parcialmente responsables, ya que no eran más que un eslabón intermedio dentro de la cadena, y además se encontraban alejados de las últimas consecuencias de la acción. Y para ejemplificar este proceso, Milgram vuelve a recurrir a Eichmann y el Holocausto:

> "El mismo Eichmann se sentía enfermo cuanto visitaba los campos de concentración, pero, para participar en un asesinato en masa, no tenía más que sentarse frente su mesa de trabajo y barajar documentos. Al mismo tiempo el hombre que en el campo de concentración soltaba el cyclon-B en las cámaras de gas podía muy bien justificar su conducta basándose en que a fin de cuentas él no hacía más que seguir órdenes de arriba" (Milgram: 1980, 23).

No debe perderse de vista la importancia de este resorte psicológico. Un famoso caso que se cita a menudo para dar cuenta de la responsabilidad en contextos grupales es el conocido como "caso Kitty Genovese". El 13 de marzo de 1964 Kitty Genovese fue brutalmente apuñalada en una calle de Queens (Nueva York). Treinta y ocho personas oyeron sus gritos de dolor y de petición de ayuda durante más de media hora. Pero sorprendentemente, ninguno de los vecinos que oyeron las llamadas de auxilio bajó a socorrerla. Ni siquiera llamaron a la policía. Nadie se sintió responsable. Al principio, no se prestó mucha importancia al crimen. Pero, a medida que trascendían las circunstancias del homicidio, la sociedad norteamericana quedó horrorizada. Posteriormente llamó la atención de psicólogos y filósofos morales, que empezaron a utilizar la expresión 'Síndrome Genovese' para hacer referencia a la difuminación del sentimiento de responsabilidad en grupos y colectivo.

En los juicios de Nüremberg donde se juzgó a los principales representantes de la organización nazi, desde Hermann Goering a varios ministros, generales y banqueros, ninguno de ellos se declaró culpable de las acciones de las que se les acusaba. La respuesta que daban para exonerarse de culpa era siempre la misma: la culpa era de Hitler, lo único que hacían ellos era obedecer sus órdenes. Por otro lado, otra eximente que argüían es que no sabían lo que hacían el resto de miembros del aparato de poder. La estructura creada impedía que ninguno se hiciera responsable de sus propios ni de aquellos que realizaban los otros.

d) La trampa de la acción secuencial

Otro de los procesos psicológicos que se descubrió en el experimento de Milgram es lo que podría denominarse como la trampa de la acción secuencial. Hay acciones que tienen un poder de succión: el grado en el que cada actor se encuentra obligado a continuar su acción tiende a aumentar en cada etapa. Los primeros pasos son fáciles y exigen poco escrutinio moral, pero los siguientes son más exigentes. Finalmente es imposible avanzar, pero también ha aumentado el precio por abandonar. Si el sujeto decide que no es permisible aplicar la siguiente descarga, entonces, como ésta es sólo ligeramente más intensa que la anterior ¿cuál es su justificación por haber aplicado la última? Negar la corrección del paso que esta a punto de dar implica que el paso anterior tampoco era correcto y esto debilita la posición moral del sujeto. El sujeto se va quedando atrapado por su compromiso gradual con el experimento. En el curso de la acción secuencial el actor se convierte en esclavo de sus acciones anteriores.

La resistencia a volver a evaluar y condenar la propia conducta anterior es un estímulo muy fuerte para seguir avanzando mucho después que el compromiso con la causa original haya casi desaparecido. Por eso, la frase de Dwight MacDonald no suena tan paradójica como puede parecer en una primera instancia: "Debemos temer más a la persona que obedece la ley que a quien la viola".

e) El "antiantropomorfismo"

Una tendencia primitiva en los seres humanos es aquella que consiste en atribuir a objetos o instituciones las cualidades de la especie humana. Pero también existe el proceso opuesto de atribuir cualidades impersonales a fuerzas o instituciones que son propiamente humanas. Así algunos sujetos niegan el carácter humano en el actuar de algunas instituciones. Esto es lo que Milgram observó en el experimento: "Así, cuando el experimentador le dice 'el experimento exige que prosiga usted', el sujeto siente que se encuentra aquí con un imperativo que va más allá de todo mandamiento meramente humano. No hace la pregunta aparentemente obvia: 'el experimento, ¿de quién? ¿por qué voy a seguir sirviendo en toda esta trama, cuando está sufriendo la víctima?"

Y es que el resorte moral que se dispara en estas circunstancias en las que actúan sujetos en un sofisticado esquema institucional es atribuir a éste una fuerza moral superior a su propia evaluación. Para éstos sujetos "los deseos de un hombre, el que ha forjado experimento, se ha convertido en parte de un esquema que ejerce sobre la mente del sujeto una fuerza que trasciende lo puramente personal. 'Hay que seguir adelante. Hay que seguir adelante' repetía uno de los sujetos. No acababa de darse cuenta de que era un hombre, igual que él, quien de hecho deseaba que se siguiera adelante. Para él, el agente humano había desaparecido del cuadro, y el 'experimentador' había adquirido una importancia impersonal basada en sí misma" (Milgram: 1980, 21).

En resumen, el experimento de Milgram parece desautorizar la tesis según la cual los monstruos se sitúan en los márgenes sádicos de una sociedad. Más bien, lo que muestra es que en ciertas circunstancias cualquier individuo puede ser un monstruo: dos tercios de los participantes en el experimento de Milgram caerían en la categoría de "sujetos obedientes", lo cual representa a las personas corrientes.

La hipótesis de Milgram sería, en definitiva, que los actos crueles no los cometen individuos crueles, sino personas corrientes. La crueldad no tiene mucha conexión con las características personales de los perpetradores, sino más bien con la relación de autoridad y subordinación: "es posible que sea esta la lección más fundamental en nuestro estudio: las personas más corrientes, por el mero hecho de realizar las tareas que les son encomendadas, y sin hostilidad particular a alguno de su parte, pueden convertirse en agentes de un proceso terriblemente destructivo. Más aún, incluso cuando los efectos destructivos de su obra aparezcan patentes, y se les pida que lleven a cabo acciones incompatibles con las normas fundamentales de la moralidad, son relativamente pocas las personas que cuentan con recursos suficientes para oponerse a la autoridad. En ese momento entran en acción toda una serie de inhibiciones contra la desobediencia a la autoridad, y hacen que la persona permanezca en su puesto" (Milgram: 1980, 19).

2.2. *El experimento de Zimbardo: El Stanford Prison Experiment (SPE)*

Diez años después de que Milgram realizara su experimento, otro psicólogo, esta vez de la costa oeste norteamericana llevaría a cabo otro experimento destinado a ser uno de los más famosos de la historia de la psicología: El Stanford Prison Experiment (SPE). Como en el caso del experimento de Milgram, Zimbardo quería probar de qué manera los individuos cambian sus patrones de conducta en ciertas circunstancias: si colocamos a gente buena en un lugar malo, ¿la persona triunfa o acaba siendo corrompida por el lugar?, ¿de qué manera cambiamos nuestro patrón de conducta individual cuando actuamos dentro de un colectivo? (Zimbardo:2008 47). Pero mientras Milgram se centró en la actuación bajo una autoridad, Zimbardo lo hizo en el comportamiento dentro de un grupo. La respuesta a la que llegó está ya presente en el título de su libro: El efecto Lucifer y también en su primer capítulo: la psicología del mal: transformación del carácter por la situación.

El SPE consistió en la construcción de una cárcel simulada en Palo Alto y en el internamiento en la misma de un grupo de voluntarios, la mitad como carceleros y la otra como presos, para analizar su comportamiento en esa situación de privación de libertad (Zimbardo:2008).

Los voluntarios firmaron un contrato con el investigador principal, Philip Zimbardo en el que se incluían, entre otras cláusulas, las siguientes:

- el experimento tendría una duración mínima de 5 días y máxima de 12;
- los seleccionados percibirían una remuneración de 15 dólares diarios;
- una vez encarcelados, los presos podrían abandonar la prisión de acuerdo con los procedimientos establecidos y, principalmente, por razones de salud;
- los carceleros debían organizar su trabajo en dos turnos;
- algunos de los derechos fundamentales de los presos deberían ser violados;

- el preso dispondría en todo momento de la ayuda médica y psiquiátrica necesaria;

El experimento pretendía dos objetivos centrales:

- estudiar el desarrollo de normas de control del comportamiento en una situación nueva: la creación de una coacción psicológica desprovista de coacción física;
- analizar la diferente percepción de la misma situación (la prisión) por personas que son, en principio, comparables y arbitrariamente asignadas para desempeñar roles diferentes.

La mayoría de los seleccionados eran estudiantes universitarios que fueron filtrados a partir de diversas entrevistas.

El reparto entre carceleros y prisioneros fue aleatorio. Estos últimos fueron detenidos por autoridades policiales simuladas y llevados a la cárcel ficticia situada en la propia Universidad de Stanford.

En la cárcel simulada cada preso tenía asignado un número. Los carceleros no tuvieron ningún tipo de adiestramiento específico. La indicación principal que recibieron fue que su tarea consistía en mantener el orden en la prisión y que para ello, podrían adoptar las medidas que considerasen oportunas, aunque éstas no deberían ser desproporcionadas.

El primer día transcurrió sin mayores novedades que en cualquier caso, los policías solventaron apelando a su autoridad. Las cosas cambiaron en el segundo día: se produjo un primer motín debido a los excesos de control por parte de los guardianes. La disconformidad adoptó la forma de de quitarse los gorros y arrancarse los números, y haciendo barricadas en las celdas.

La rebelión provocó una crisis entre los carceleros que empezaron a considerar la necesidad de aumentar el grado de dureza respecto los presos. Finalmente, se decidió poner fin a la rebelión mediante la imposición de tareas humillantes y la división de los presos entre los que aceptaron ciertos privilegios a cambio de sumisión y los que no aceptaban tal trato.

Uno de los presos, el 8612 comenzó a mostrar síntomas de ansiedad y ataques de ira que finalmente desembocaron en la petición de abandonar el experimento. Sin embargo, los investigadores pensaron que se trataba de una "comedia" con el objeto de abandonar la cárcel y por ello, denegaron su petición.

Este recluso interpretó la negativa como una declaración expresa de que, en contra de lo que se les había informado, los participantes no podían abandonar el experimento voluntariamente, sino únicamente cuando las autoridades lo permitiesen. Esta percepción se apoderó de los restantes presos que dejaron de percibir el proyecto como un experimento ; se sentían como "auténticos" reos recluidos por verdaderos carceleros.

Pero como el estado del recluso 8612 empeoraba, los investigadores decidieron ponerlo en libertad a las 48 horas de iniciarse el experimento.

Tras la liberación del preso 8612, algunos reclusos simularon síntomas psicológicos parecidos con la esperanza de conseguir idéntico resultado. Otros presos, en cambio, decidieron comportarse de forma correcta para lograr un trato más benigno por parte de los carceleros. Paralelamente, entre los carceleros empezó a correr el rumor de que los presos preparaban una huida en masa de la cárcel simulada, contando para ello con la ayuda del preso 8612 que buscaría refuerzos en el exterior. Los carceleros comunicaron estos rumores a las autoridades científicas, y éstas, en lugar de reaccionar como psicólogos ante el comportamiento de individuos en observación, se preocuparon por la seguridad de la propia cárcel.

A tal efecto, se reunieron con el alcalde y las autoridades policiales para diseñar una estrategia con la que responder a los planes de huida. Aunque finalmente la huida no tuvo lugar, los carceleros empezaron a tratar con más dureza física y psicológica a los reclusos. Ello propició la reacción violenta de éstos y, a su vez, la de los carceleros. Tal espiral derivó en un clima de violencia que llevó a las autoridades del experimento a detenerlo cuando sólo habían transcurrido seis días. En definitiva, en menos de una semana 24 personas jóvenes y absolutamente sanas y normales, se convirtieron en carceleros autoritarios y sádicos, mientras que los presos adoptaron actitudes de desvalimiento, sufriendo algunos de ellos anomalías y alteraciones psíquicas de diversa consideración.

¿Qué conclusiones obtuvo Zimbardo de su experimento? De modo parecido a Milgram, la hipótesis de la que partía Zimbardo es que el conocimiento que tenemos acerca de nosotros mismos, de nuestras creencias y capacidades de respuesta está de alguna manera distorsionada (o es parcial) en la medida en que tendemos a vivir en un ámbito muy reducido de circunstancias o relaciones sociales. Esto nos hace pensar que somos seres especiales. Pero lo cierto es que "el conocimiento que tenemos de nosotros mismos se basa únicamente en experiencias limitadas a situaciones familiares donde hay reglas, leyes, políticas y presiones que delimitan nuestra conducta... Pero ¿qué ocurre cuando nos hallamos en un entorno totalmente nuevo y desconocido donde nuestros viejos hábitos no bastan?" (Zimbardo: 2008 40).

El resultado al que llegó Zimbardo fue "podemos dar por sentado que la mayoría de las personas, en la mayoría de las ocasiones, son seres morales. Pero imaginemos que esta moralidad es como un cambio de marchas que en ocasiones se sitúa en punto muerto. Cuando ocurre esto, la moralidad se desconecta. Si el coche se encuentra en una pendiente, tanto él como el conductor se precipitan cuesta abajo. Dicho de otro modo, lo que determina el resultado es la naturaleza de las circunstancias, no la destreza o las intenciones del conductor" (Zimbardo: 2008 41).

Así pues, la conclusión que extrajo Zimbardo de su experimento no se alejaba de una de las resultantes del experimento de Milgram: los individuos pueden cambiar sus patrones de comportamiento fácilmente en función del lugar que ocupen en un entramado social. Y lo que es peor, pueden renunciar a su juicio moral personal en aras de cumplir las expectativas que un grupo haya puesto en él. Y para corroborar esto, Zimbardo se remite al genocidio de Rwanda, a las matanzas de tutsis por parte de los hutus. Según las entrevistas que se hicieron a los verdugos tras el conflictos, las hipótesis situacionales parecían verosímiles:"Matar es algo que desanima mucho si depende de ti la decisión, incluso matar a un animal. Pero si tienes que obedecer consignas de las autoridades, si te han mentalizado como es debido, si sientes que te mangonean, si ves que la matanza va a ser total, y sin consecuencias nefastas en el futuro, te apaciguas y serenas. Y sigues adelante sin más apuros" (Hatzfeld: 2000 54).

El fenómeno característico cuando la psicología individual cede el paso al dominio del grupo, es que se pierde capacidad de raciocinio, de examen crítico de las actuaciones propias:"El que estaba lanzado con el machete en la mano ya no atendía a nada. Se olvidaba de todo, y lo primero, de su nivel intelectual. Ese programa repetido nos ahorraba tener que pensar en lo que estábamos haciendo. Íbamos y veníamos, sin intercambiar una idea. Cazábamos porque ése era el programa de todos los días hasta que se acabase" (Hatzfeld: 2000 53).

Como señala Arteta "asusta pensar en el inmenso poder que ostenta el grupo sobre el cada uno de sus miembros" (Arteta: 2010 96). Ahora bien, ¿qué circunstancias son esas, cuál es el contexto que lleva a los individuos a convertirse en genocidas a despecho de su biografía de personas corrientes?

3. La manipulación racista

En la mayoría de los genocidios la acomodación de la conducta individual a la del grupo o a la autoridad no es casual o espontánea, sino que más bien es fruto de varios procesos que a su vez se dividen en etapas. El principal de estos procesos es el de cosificación o animalización del grupo víctima, que normalmente va ligado a una ideología racista. Esto fue muy evidente en el nazismo y en el genocidio ruandés. El segundo de los factores que desempeña un papel fundamental en la comprensión de fenómenos genocidas es la guerra. Y es que aunque conceptualmente los genocidios son fenómenos distintos de las guerras, lo cierto es que la mayoría de los genocidios, y el Holocausto no es una excepción, se han desarrollado en un contexto bélico. Estos dos elementos ayudan a explicar (aunque no de forma exhaustiva) porqué las tendencias a la obediencia a la autoridad o al seguimiento grupal son condiciones necesarias pero no suficientes para la comprensión de la deriva genocida de individuos corrientes.

El proceso de deshumanización que produce el racismo no es inmediato sino que por lo general se desarrolla en varias etapas que van desde la identificación de los grupos opuestos hasta la puesta en práctica del exterminio. Este proceso de deshumanización se suele desarrollar en 7 etapas: 1) definición del grupo víctima; 2) registro de las víctimas; 3) designación de las víctimas; 4) restricciones y confiscación de bienes; 5) exclusión; 6) aislamiento sistemático; 7) exterminio. De estas siete fases nos interesa principalmente las tres primera, aquellas en las que se identifica y estigmatiza al grupo rival y potencial víctima.

1. *Definición del grupo víctima*

La cuestión es que dividir individuos en grupos lleva casi necesariamente a la oposición y tendencialmente al enfrentamiento:"Lo enseña la observación cotidiana y lo prueban numerosos experimentos. Allí donde se forman grupos sean cuales fueran, sus miembros experimentan enseguida la presencia de fronteras reales que los separan de los otros grupos, incluso cuando no hay relación de sangre, historia común o semejanza anterior entre esos miembros. Establecidas las fronteras, brotan las comparaciones con otros grupos, y por regla general, esas comparaciones son favorables a los nuestros y hostiles a los de fuera. Aparece la nostredad (we-ness), la creencia en la superioridad de las ideas, cultura, religión del grupo propio (in-group) frente a las de los componentes de grupos ajenos (out-group) que no merecen el mismo respeto. No hay ningún nosotros sin el correspondiente ellos al que oponerse: somos lo que somos porque ellos no son lo que nosotros somos" (Arteta:2010 102).

El siguiente paso de esta identificación con un grupo es lo que Arteta denomina indiferencia a los demás: "una simplificación o deformación del otro a fuerza de encuadrarlo bajo alguna categoría de 'ello' –y son legión, desde el sexo hasta la etnia– que lo adscribe a alguna clase de 'ellos'. Así las cosas, y en caso de ser objeto de injusticia, se da la espalda al otro desde el prejuicio de que cualquier injuria que sufra es su destino o un suceso excusable" (Arteta: 2010 103).

En efecto, el primer paso en el exterminio es la definición del grupo víctima: es un requisito del genocidio definir esa categoría de personas que son tan radicalmente diferentes que deben ser exterminados. Para separar y crear grupos, no hace falta apoyarse en diferencias sustantivas entre grupos. Bastan diferencias menores. Como señala Ignatieff remitiéndose a Freud "nada fomenta tanto los sentimientos de extrañeza y hostilidad entre las personas como las diferencias menores. Me tienta abundar en esta idea, pues quizá de narcisismo de las diferencias menores podría proceder la hostilidad que en todas las sociedades humanas, lucha contra los sentimientos fraternales y acaba por imponerse al mandamiento de amarnos los unos a los otros" (Ignatieff: 1998, 71).

De esta manera se crean chivos expiatorios. El genocidio armenio no se puede entender sin el panturkismo, el genocidio camboyano sin el maoísmo y el genocidio ruandés sin la "hipótesis hamítica o camítica" que oponía a hutus y tutsis. En el Holocausto, la contraposición fue entre "raza aria" y "raza judía". Si en el caso del genocidio judío, el antisemitismo constituía un factor que había estado presente secularmente, en Ruanda los datos existentes sobre la convivencia de los grupos no muestran señales de conflictividad entre ellos durante los siglos de convivencia en el mismo territorio. De hecho, las relaciones entre ambos grupos eran fluidas, pues no eran infrecuentes los matrimonios mixtos y que los miembros de las etnias vivieran mezclado en los poblados[2].

El corolario de la definición del grupo víctima es su registro. En el caso ruandés, el manifiesto Bahutu exhibía el miedo de la confusión de hutus con tutsis, y de ahí que fuera también necesario registrar a las víctimas e identificarlas. Como es bien sabido algo similar ocurrió en la Alemania nazi donde se fueron dictando medidas que progresivamente iban identificando a los judíos y los expulsaban de la vida social.

La tercera fase consiste en la designación de las víctimas, lo cual incluye la imposición de símbolos físicos que permiten identificar fácilmente a las víctimas. En el caso del Holocausto lo más característico fue la estrella de David en los trajes y vestidos de los judíos. También fue relevante la estigmatización a través del lenguaje y su potente capacidad simbólica como puso de manifiesta V. Klemperer. Esto también sucedió en Ruanda, donde se etiquetó

---

[2] Sin embargo, el panorama empezó a cambiar con la llegada de las potencias coloniales. En primer lugar, la hipótesis hamítica elaborada por Speke otorgó carta de naturaleza a la existencia de las dos etnias. En segundo lugar, el dominio belga condujo en el siglo XX a la oficialización de la contraposición con la introducción de los carnets de identidad, que identificaban la herencia étnica. Otro hito en este proceso de definición de los grupos enfrentados fue el Manifiesto de los Bahutus, del 24 de marzo de 1957 que se constituyó en el texto fundador de la ideología racial. En su introducción se puede leer:

"... un problema que parece serio para nosotros, un problema que puede incluso destruir algún día las grandes obras logradas por los belgas en Ruanda... Y si por accidente (el Destino nos libre de ello) otra fuerza interviniera...El elemento racial complicaría todo y no sería necesario nada más para enfrentarse al problema: el conflicto racial o el conflicto social.

Se publicó un texto, el Manifiesto Bahutu que fue distribuido entre la población cuyo objetivo era identificar a los tutsis como una raza extraña a Ruanda, con un destino que no podía ser reconciliado con el de los hutus, los tutsis devinieron un problema nacional.

a los tutsis como cucarachas, señores feudales, serpientes o enemigos. En segundo lugar, el proceso de designación se realizó a través de los carnets de identidad y el señalamiento de casas, entre otras cosas. La inclusión de la etnia en el carnet de identidad fue central en esta identificación, pues su uso era necesario en la mayoría de trámites administrativos o en los movimientos entre poblados (al menos durante un tiempo).

En definitiva, la inhumanidad implícita en las actitudes racistas tiene que ver con las relaciones sociales. Cuando estas últimas están racionalizadas y técnicamente perfeccionadas, también lo está la capacidad y eficiencia de la producción social de inhumanidad.

4. La guerra

El tercer proceso que conduce al genocidio es la guerra. Los genocidios modernos, incluido el armenio, el Holocausto, jemer o el que aconteció en Yugoslavia se caracterizan por la combinación de la ideología racista y la circunstancia de la revolución y la guerra. Los genocidios no tienen lugar normalmente en el vacío sino en el marco de una serie de circunstancias que hacen que las intenciones racistas se vuelvan reales: una revolución o una guerra. Por ejemplo, en el genocidio armenio, el contexto fue la Primera Guerra Mundial, en el genocidio judío la Segunda Guerra Mundial y en el caso de Rwanda esas circunstancias hay que encontrarlas en la revolución de 1959 y la guerra contra el Frente Patriótico Ruandés (FPR).

Hay varias formas en las que la guerra está vinculada estrechamente al genocidio. La guerra aumenta la autonomía del Estado respecto de las fuerzas sociales, incluyendo la opinión pública, la oposición y los límites morales. La delegación de todo el poder en el Estado deriva de la comprensión de que es la forma más eficiente de hacer frente al enemigo. Pero a la vez, se corre el riesgo de que el Estado monopolice el curso de la guerra y de los acontecimientos de forma que trate de manipular la conciencia de sus ciudadanos acerca de los riesgos que amenazan al país. De ahí, que por ejemplo el principal temor de los alemanes era los judíos a pesar de que habían mostrado lealtad al país. Pero se habían convertido en un "monstruo" que amenazaba la supervivencia alemana gracias al uso masivo de la propaganda por parte de Goebbels.

Por otro lado, la guerra cierra o bloquea las opciones políticas de negociar o tratar con los enemigos internos debido al miedo. La expulsión de los enemigos internos puede no ser posible, mientras que su asimilación o segregación puede llevar demasiado tiempo o no ser conveniente en las circunstancias de la guerra. Por ello es que las guerras constituyen el marco propicio para el genocidio.

Pero el efecto principal de la guerra es la exacerbación del miedo. El conflicto da lugar a sentimientos de vulnerabilidad y temor paranoico que vincula a los supuestos "enemigos internos", los "otros", con los agresores. Las víctimas de los principales genocidios son a menudo vinculadas con potencias externas en un complot contra la patria o contra la revolución en marcha. Así, los turcos aseveraban que los armenios estaban coaligados con los rusos, los judíos con los bolcheviques, y los tutsis con el Frente Patriótico Ruandés. Como señala Ignatieff, el miedo hobbesiano conduce al individuo a buscar refugio y protección en el grupo frente a la amenaza externa de los "otros":"El nacionalismo crea comunidades del miedo, grupos convencidos de que sólo están seguros si se mantienen juntos, porque los seres humanos se hacen nacionalistas cuando temen algo, cuando a la pregunta ¿y quien me protege ahora? sólo saben responder 'los míos'" (Ignatieff: 1998, 68).

Una guerra o un genocidio pueden derivar tanto del miedo a ser objeto de ataque, como del ataque real. Hobbes consideraba este miedo como causa primera de la guerra civil inglesa en el s. XVII.

Allí donde dos grupos son amenazas potenciales recíprocas, el miedo común resultante da a cada uno motivos para golpear primero. Y puesto que cada uno puede ver que el otro tiene estos motivos, el círculo del miedo se refuerza. El conocido como dilema de los prisioneros permite explicar la situación de miedo recíproco y la motivación que puede tener uno de los grupos en iniciar la agresión. La existencia de alicientes "racionales" para iniciar un ataque en este tipo de contextos ha sido bien explicada a través del dilema de prisioneros.

El dilema se ha explicado de muchas maneras. Una manera original de exponerla es la que ha seguido A. Font (Font-Pérez Triviño: 2009, 20-24): un director de orquesta ruso (durante la época de Stalin) viaja en tren de Moscú a Leningrado. Unos agentes del KGB (particularmente torpes) que le espían desde el corredor sospechan que el director es un agente al servicio de una potencia extranjera y que está consultando un código secreto. Lo detienen y lo conducen a las mazmorras de la plaza Dzerzhinsky. "De nada te valdrán tus protestas de inocencia –dicen al aterrorizado director– porque ya hemos detenido a tu cómplice, ese tal Tchaikovsky, y en estos momentos lo estamos interrogando para que confiese todo lo que sabe". Efectivamente, un pobre ciudadano sin otra culpa que la de llamarse Tchaikovsky se encuentra igualmente aterrorizado en otra de las mazmorras del siniestro edificio. El KGB no utiliza la violencia para obtener la confesión que pretende, simplemente plantea a cada uno de los inocentes detenidos la siguiente estructura de resultados:

Si tú confiesas que sois dos espías y el otro no confiesa, a ti te caerá sólo 1 año de prisión, como premio por colaborar con el KGB, mientras que al otro, por recalcitrante, le caerán 20 años. Si es el otro quien confiesa que sois dos espías y tú no confiesas, al otro le caerá sólo 1 año, como premio por colaborar con el KGB, mientras que a ti, por recalcitrante, te caerán 20 años. Si los dos confesáis nadie será premiado ni más intensamente castigado, os caerán 10 años a cada uno. Queda una última posibilidad, que ninguno de los dos confiese, en cuyo caso no tendremos pruebas y sólo podremos imponeros 3 años a cada uno.

La matriz representativa del dilema es la siguiente (representamos la desutilidad de los años de cárcel mediante números negativos equivalentes lo cual no es muy exacto pero que a efectos del ejemplo es permisible):

		Director	
		No confesar	*Confesar*
Tchaikovsky	*No confesar*	-3 -3	-1 -20
	Confesar	-20 -1	-10 -10

En el dilema del prisionero el equilibrio (de Nash) del juego se produce únicamente en la casilla confesar/confesar. En cualquier otra casilla los jugadores estarán tentados de "traicionar", de aumentar su beneficio propio cambiando de estrategia.

El director medita y analiza su situación. El pobre Tchaikovsky puede estar confesando o resistiendo. En el primer supuesto –Tchaikovsky está confesando– si yo no confieso me caen 20 años y si confieso me caen 10. Me conviene más confesar, piensa el director. En el segundo supuesto –Tchaikovsky está resistiendo– si yo no confieso me caen 3 años y si confieso me cae sólo 1. También en este caso me conviene más confesar, concluye el director.

Tchaikovsky por su parte está haciendo el mismo razonamiento. Tanto si el director está confesando como si está resistiendo, a Tchaikovsky le conviene más confesar.

Puesto que ambos llegan a la misma conclusión, el resultado es que ambos confiesan y que cada uno recibe una condena de 10 años. El equilibrio o resultado estable del juego es la casilla inferior derecha.

Parece claro que el resultado al que arriban los dos jugadores es desastroso para sus propios intereses, ya que había otra posibilidad (la casilla superior izquierda) en la que ambos hubieran un resultado mucho mejor. Sin embargo la estrategia dominante de cada jugador, aquélla que es uniformemente mejor haga lo que haga el otro jugador, es confesar.

Ahora bien, ¿por qué llegan los jugadores a esta situación irracional e ineficiente? Porque aquella situación que es deseable para ambos colectivamente los coloca (individualmente) en una posición muy arriesgada de forma que podría ser aprovechada por el otro y en consecuencia, le reportaría resultados catastróficos. Por eso, como concluye Alfred Font, el dilema del prisionero muestra la necesidad de la cooperación:"…(ambos prisioneros estarían mejor si cooperaran entre ellos y no con el KGB) y, a la vez, muestra que en ciertas condiciones la persecución racional del propio interés por cada uno de los jugadores conduce fatalmente a un equilibrio ineficiente, es decir, a un resultado peor para ambos que otros resultados posibles, en definitiva a un resultado no deseado" (Font-Pérez Triviño: 2009, 24).

En el ámbito de las relaciones entre Estados el esquema del dilema del prisionero se usa frecuentemente para dar cuenta del problema de la carrera armamentística o simplemente de la guerra latente entre ellos. Ambos estados razonarán que tienen dos opciones: o incrementar el gasto militar, o llegar a un acuerdo para reducir su armamento. Ninguno de los dos estados puede estar seguro de que el otro cumplirá el acuerdo. De esta manera, ambos tenderán hacia el aumento de armamento o incluso hacia la agresión. La paradoja estriba en que ambos estados parecen actuar racionalmente, pero el resultado es completamente irracional, pues les conduce al conflicto donde ambos pierden.

En efecto, esta situación, en la que las partes se ven involucradas en una carrera de odio recíproco que acaba en conflicto, ha sido bastante habitual. Un caso paradigmático fue el de la Primera Guerra Mundial. Los países tenían la recíproca impresión de hallarse metidos en una trampa, de forma que esta percepción jugó un papel en la génesis del conflicto. Rusia, Francia y Gran Bretaña temían el crecimiento de la potencia alemana y formaron una alianza para contenerla, lo que a su vez fue considerado por Alemania como una maniobra envolvente, como un "cerco". Los periódicos hablaban de "enemigos que nos rodean". Sir Edward Grey, el ministro de Asuntos Exteriores británico escribió más tarde que los "armamentos fueron concebidos para producir una sensación de seguridad en cada nación... pero lo que realmente consiguieron fue provocar miedo a todo el mundo" (Glover: 2001, 255).

Este factor también se dio en el genocidio ruandés. Hay que recordar que se arrastraba un conflicto entre el gobierno hutu y el Frente Patriótico Ruandés que desde territorio ugandés lanzaba ataques y amenazaba seriamente con la invasión del país, con todos los miedos asociados a la eventual venganza tutsi. El miedo a un ataque y a que se volviese a una situación de dominio tutsi constituía un temor real en la mente de algunos hutus. Y ello a pesar de que justamente en los días previos al estallido de la violencia se acababa de firmar un acuerdo de paz en Arusha (Tanzania) entre las partes contendientes. Pero el miedo era superior a las posibilidades de un acuerdo pacífico[3]. Y

[3] De forma análoga al asesinato, el 28 de junio de 1914, del Archiduque Francisco Fernando (sobrino del Emperador Francisco José I y heredero al trono austro-húngaro) en Sarajevo, el estallido del avión del presidente Habyarimana desencadenó el conflicto. Por ello, muchos hutus reaccionaron con un "ataque preventivo" frente a la amenaza del FPR. Y como se ha señalado anteriormente con la cita

como ya señalaba Hobbes, no hacía falta que la amenaza fuera real para generar el miedo; basta que los individuos crean que exista esa amenaza para que el miedo surta sus efectos y sea la espoleta para convertirse en potenciales obedientes cumplidores de órdenes y finalmente, en genocidas.

5. Conclusiones

Una de las preguntas que continuamente surgen cuando se analiza el Holocausto es cómo fue posible que individuos corrientes pudieran participar en la serie tan numerosa y variada de actos de crueldad que se dieron durante el Holocausto. Algunos autores sostienen el especial carácter diabólico de los perpetradores del Holocausto. Es el caso de Th. Adorno en "La personalidad autoritaria" para quien la explicación del dominio nazi y de sus atrocidades radicaba en la presencia de un tipo especial de individuo, en personalidades con la tendencia a obedecer al más fuerte y en la arbitrariedad sin escrúpulos y con frecuencia cruel hacia los más débiles.

Sin embargo, tal explicación no puede dar cuenta de la participación de un número tan alto de individuos que antes de la guerra eran padres de familia, gente que iba a trabajar cotidianamente, que llevaba una vida rutinaria y que en circunstancias normales no hubieran realizado ningún acto de crueldad. La conclusión que permite extraer los experimentos de Milgram y Zimbardo es que el mal no fue la consecuencia de la disipación del orden, sino de una regla del orden impecable. Tampoco fue obra de una muchedumbre incontrolable y desmandada, sino de hombres de uniforme, obedientes y disciplinados, que se ajustaban a las normas. La noticia más aterradora que produjo el Holocausto no fue la probabilidad de que nos pudieran hacer "esto" a nosotros, sino la idea de que también nosotros podíamos hacerlo.

Tenemos la tendencia a creer que lo impensable sólo puede suceder cuando la gente deja de pensar, cuando se levanta la tapadera de la racionalidad de la caldera de las pasiones humanas presociales

de Leon Mugsebera, algunos hutus pensaron que la aniquilación total era la mejor manera de erradicar el "problema tutsi".

y no civilizadas. Los descubrimientos de Milgram dan la vuelta a esa imagen del mundo" (Baumann: 1997, 201).

Pero para que estos resortes psicológicos emerjan tienen que darse determinadas circunstancias específicas. He tratado de exponer que dos de esas circunstancias son la expansión de una ideología racista y un contexto de guerra que potencie el miedo. El racismo cumple una función esencial para que el sujeto elimine los límites que impone la moral: deshumanizar al enemigo, de forma que cualquier daño que se le provoque no genere remordimientos morales. No es lo mismo matar "ratas" que a personas.

Y por último, pocas emociones hay que sean más poderosas que el miedo. La guerra exacerba el temor a perder la vida y los bienes más queridos. Y en esas circunstancias de temor un individuo puede realizar cualquier acción frente al enemigo. El dilema del prisionero en el que se suelen encontrar los contendientes en un conflicto hace casi inevitable que salte la chispa de la confrontación...y la espoleta psicológica que nos transforma de individuos corrientes en genocidas.

Bibliografía

Arendt, Hannah. Eichmann en Jerusalen. Un estudio sobre la banalidad del mal. Barcelona: Lumen, 2003.

Arteta, Aurelio. Mal consentido. La complicidad del espectador indiferente. Madrid: Alianza Editorial, 2010.

Baum, Steven. The Psychology of Genocide. Perpetrators, Bystanders and Rescuers, Cambridge: Cambridge Univ Press, 2008.

Baumann, Zygmunt. Modernidad y Holocausto. Madrid: Sequitur, 1997.

Font, Alfred, Pérez Triviño, José Luis. El Derecho para no juristas, Barcelona: Deusto, 2009.

Glover, Jonathan. Humanity. A Moral History of the Twentieth Century. Londres: Pimlico, 2001.

Goldhagen, Daniel. Hitler's Willing Executioners, London: Abacus, 1997.

Gómez Martín, Víctor. "El Experimento. Algunas consideraciones sobre el 'Stanford Prison Experiment'." En Torturas en el cine, ed. J A García Amado and J M Paredes Castañón. Valencia: Tirant lo Blanch, 2005.

Hatzfeld, Jean. Una temporada de machetes, Barcelona: Anagrama, 2004.

Ignatieff, Michael. El honor del guerrero, Ed. Punto de Lectura, Madrid, 2002.

Jaspers, Karl. El problema de la culpa. Sobre la responsabilidad política de Alemania. Barcelona: Paidós, 1998.

Lecomte, Jean. Teaching about the Holocaust in the 21st Century, Ed. Council of Europe, Strasbourg, 20001.

Melson: "Modern Genocide en Ruanda. Ideology, Revolution, War and Mass Murder in an African State" en Gellatelly, R.-Kiernan, B. The Specter of Genocide, Cambridge UP, 2003.

Mukimbiri, Jean "The Seven Stages of the Rwandan Genocide"; Journal of International Criminal Justice, 3, 2005.

Milgram, Stanley. Obediencia a la autoridad. Bilbao: Desclée de Brouwer, 1980.

Pérez Triviño, José Luis. Los Juicios de Nuremberg. Barcelona: Editorial UOC, 2007.

Pérez Triviño, José Luis. "La noción de intención en la definición de genocidio." Revista Española de Derecho Internacional, no. 2 (2012)

Pérez Triviño, José Luis. "El Holocausto y la responsabilidad: altruismo limitado y dilemas trágicos." Doxa 29: 93–107.

Pérez Triviño, J. Hotel Rwanda: entre el genocdio y el altruismo, Valencia: Tirant lo Blanch, 2012.

Pinker, Steven. La Tabla Rasa. La negación moderna de la naturaleza humana. Barcelona: Paidós, 2003.

Sangrador Sánchez, José Luis. "La Personalidad Autoritaria." En Psicología de las relaciones de poder y autoridad, ed. Florencio Jiménez Burillo, Rafael del Águila, Enrique Luque, José Luis Sangrador Sánchez, y Fernando Vallespín. Barcelona: Editorial UOC, 2006.

Slater, Lauren. Cuerdos entre locos. Barcelona: Alba, 2006.

Sutherland, Stuart. Irracionalidad. El enemigo interior, Madrid: Alianza Editorial, 1996.

Ternon, Yves. El Estado Criminal. Los genocidios en el siglo XX. Barcelona: Península, 1995.

Zimbardo, Philip. El Efecto Lucifer. El porqué de la maldad. Barcelona: Paidós, 2008.

FUNDAMENTOS BIOLÓGICOS DEL DERECHO NACIONALSOCIALISTA

F. JAVIER BLÁZQUEZ RUIZ

Profesor Titular de Filosofía del Derecho

Universidad Pública de Navarra

Sumario: 1. Introducción y contextualización histórico-política.- 2. Fundamentación y elaboración del discurso racista en Alemania.- 3. Biopoder nacionalsocialista y racismo antisemita.- 4. Medidas legislativas y administrativas para la exclusión social de los judíos.- 5. Conclusiones

1. Introducción

No cabe duda que al final de la Primera Guerra Mundial el escenario político europeo experimentó una gran transformación a partir de la caída de los grandes imperios austrohúngaro y ruso, y tras el advenimiento de nuevas naciones. Como consecuencia de esa conflagración surgieron también los regímenes comunistas y los movimientos fascistas que se convirtieron inmediatamente en alternativas políticas efectivas, adoptando medidas de ruptura radicales con el régimen anterior en Rusia, y erigiéndose en "vehículos" funcionales para la organización y movilización de masas en Italia y Alemania[1].

---

[1] Casanova, J., **Europa contra Europa, 1914-1945,** Barcelona, Ed. Crítica, 2011, p. 16.

Previamente el régimen democrático había sufrido un fuerte descrédito en toda Europa. Sus detractores consideraban que la democracia liberal implicaba debilitamiento moral y había generado una manifiesta disgregación social. De ahí que tanto los comunistas como los fascistas exigieran la instauración de un poder firme, autoritario, capaz de superar la fragmentación social así como de integrar a las masas urbanas en una "verdadera comunidad política"[2].

Es fácil constatar cómo el fascismo no deja de ser una creación histórica de un sistema político que emergió en la era industrial de la sociedad de masas. Apelaba principalmente a las emociones y congregaba multitudes a través de ceremonias rituales impregnadas de una intensa retórica. A diferencia del pensamiento conservador, liberal o socialista, el movimiento fascista carecía de una fundamentación o de un sistema filosófico elaborado, ordenado y sistemático.

Podría decirse que el fascismo transformó a la multitud en una fuerza política cohesionada, y el nacionalsocialismo aportó un culto y una singular liturgia con el mismo propósito de religación. De hecho para estos movimientos sociales, los símbolos y la materialización de los mitos populares conseguían vertebrar y aportar al pueblo rasgos definitorios de su identidad[3].

El fascismo y el nacionalsocialismo surgieron propiamente a partir de la gran Guerra, como una clara reacción ante el sentimiento de humillación y de victimización generalizada que se había generado tras la derrota padecida en 1918. De ahí que no sólo deban ser considerados como movimientos de enaltecimiento y de exaltación nacional sino también como expresión de "un nacionalismo de vencidos, de humillados"[4].

A consecuencia del Tratado de Versalles, Alemania, como es sabido, padeció una reducción considerable de su potencial militar, vio disminuida su población en una décima parte y además se vio privada en un 12% de su territorio. Las colonias ultramarinas alemanas fueron confiscadas y las sumas a devolver, por reparaciones de guerra, alcanzaron cifras ingentes. Previsiblemente excesivas y contraprodu-

---

[2] Campillo, A., Introducción a Bataille, G., **El Estado y el problema del fascismo,** Murcia, Pre-textos, 1993. p. X.

[3] Monereo, J. L., Estudio preliminar a Heller, H., **Europa y el fascismo**, Granada, Comares, 2006, p. XL.

[4] Touchard, J., Dir. **Histoire des idées politiques/Historia de las ideas políticas**, Madrid, Tecnos, 2006, 6ª ed., p. 611.

centes, como ya advirtió y previno lúcidamente Keynes, representante del gobierno inglés en las negociaciones, a través de su célebre obra **Las consecuencias económicas de la paz,** en la que expone su posición crítica respecto a la firma del histórico Tratado[5].

En realidad tanto el fascismo como el nacionalsocialismo emergieron en sociedades cuya población vivía y padecía una manifiesta situación crítica, lastrada por la miseria y el hambre, dragada por la crisis económica y anegada por una irrefrenable hiperinflación, como nunca se había conocido, que además acumulaba amplias y desmesuradas tasas de desempleo.

En ese contexto tan singular estos movimientos de masas se desarrollaron como una forma de respuesta política beligerante, de rebeldía contra el liberalismo y frente al progreso técnico que éste defendía. A su vez la incorporación de las masas al ámbito de la ciudadanía política conllevó una metamorfosis de los sujetos y de las formas de hacer política[6]. Entre tanto la formación de gobiernos estables se había hecho cada vez más difícil por la continua fragmentación de las coaliciones y por el déficit de lealtad política[7].

Propugnaban una concepción **orgánica** de la sociedad. Eran contrarios a los principios democráticos de libertad e igualdad y se oponían al ejercicio y protección de las libertades civiles y políticas. Pero conviene recordar que el fascismo fue el único movimiento revolucionario que consiguió imponerse a regímenes democráticos. De ahí el interés y la relevancia de conocer de dónde extrae su fuerza, tal y como G. Bataille plantea en su ensayo "La estructura psicológica del fascismo"[8].

---

[5] "La política de reducir a Alemania a la servidumbre durante una generación, de envilecer la vida de millones de seres humanos y de privar a toda una nación de felicidad, sería odiosa y detestable, aunque fuera posible, aunque nos enriqueciera a nosotros, aunque no sembrara la decadencia de toda la vida civilizada de Europa. Algunos la predican en nombre de la justicia". Keynes J. M., **The Economic Consequences of the Peace/ Las consecuencias económicas de la paz,** Barcelona, Editorial Crítica, 1987, p. 145.

[6] Canetti, E., **Masse und Macht/Masa y poder**, Barcelona, Debolsillo, 2005.

[7] En Alemania ningún partido alcanzó una mayoría sólida con el sistema de representación proporcional aprobado en la Constitución de Weimar de 1919. Lo mismo sucedió en otros países como Austria, Checoeslovaquia, Bulgaria, Polonia o España en la Segunda República, Casanova, J., Ibídem, p. 14.

[8] Campillo, A., in Bataille, G., **Le problème de l'Etat, La structure psychologique du fascisme/El Estado y el problema del fascismo,** Valencia, Pretextos, 2005, p. XV.

El fascismo consideraba el ejercicio y protección de las libertades como propios de gobiernos representativos y constitucionales, ya periclitados, y los descalificaban como residuos estériles de un intelectualismo y racionalismo filosófico que había llevado primero a la Revolución Francesa y después había conducido y degenerado en el materialismo marxista[9]. De ahí la afirmación permanente de la primacía de lo **irracional,** permanentemente exaltada, acompañada de una concepción adversa a cualquier propuesta que defendiera el sufragio universal[10].

Es fácil constatar cómo el fascismo se presentaba ante los ciudadanos italianos no tanto como una determinada ideología, elaborada y estructurada, cuanto como una cierta "mitología" con referencias y alusiones continuas al imperio romano, pues la Italia moderna era considerada como heredera espiritual de Roma. Se caracterizaba igualmente por imponer unas determinadas creencias, un estilo de conducta ante la vida y una actitud reverencial de sumisión al Estado totalitario[11].

Entre tanto en Alemania la fuerza de las tradiciones germánicas junto con la influencia de determinados filósofos e historiadores alemanes, generó un concepto de pueblo y de Estado con unas características afines al fascismo, pero a su vez específicas y claramente diferenciadas.

Conviene recordar que el Estado alemán –unificado en 1871– en el momento en el que Hitler accedió al poder en Enero de 1933, contaba con una entidad y consistencia política, todavía no consolidada pero a su vez muy distinta y más desarrollada de la que podía ostentar

---

9 Sabine, G., **A History of Political Theory /Historia de la Teoría Política**, México, F.C.E., 1987, p. 635.

10 Las manifestaciones de Mussolini y de Goebbels a este respecto son elocuentes. Mussolini afirmaba "Simbolizamos la antítesis más pura, definitivamente categórica ante el mundo de todo lo que todavía hoy se mantiene gracias a los principios fundamentales que se establecieron en 1789". Por su parte Goebbels sostenía idéntica tesis: "Desde ahora, hemos erradicado de la historia el año 1789", Wilford, R., in VV. AA. **Ideologías Políticas**, Madrid, Tecnos, 1993, p. 236.

11 "Hemos creado nuestro mito. Nuestro mito es la nación, la grandeza de la nación" profería Mussolini en 1922, quien revisó totalmente la traducción italiana de G. Sorel **Réflexions sur la violence** 1908, haciendo suyas buena parte de sus tesis. De hecho aunque Sorel no fue nunca un fascista, su concepción de la filosofía como un mito social, sí pasó a formar parte activa del movimiento fascista. Sabine, G., Ibídem, p. 633.

el Estado italiano. De hecho Mussolini tuvo que forjar propiamente el Estado de Italia mientras que Hitler no "tuvo que crearlo sino utilizarlo dándole una mística"[12].

Además si el imperialismo que defiende el movimiento fascista proviene de reminiscencias antiguas, concretamente de la época del imperio romano así como del objetivo de ampliar el poderío italiano, la doctrina del **Lebensraum** o espacio vital germánico propio del Tercer Imperio (Reich) se encuentra estrechamente vinculada al concepto de pueblo (**Volk**) y de raza.

En cierto modo el Estado nazi no deja de ser sino un momento en el proceso y destino del pueblo alemán. Pero no es propiamente un fin en sí mismo, como acontecía en Italia, sino un medio para hacer posible y garantizar los intereses del **Volk** con el objetivo de asegurar la supremacía racial[13].

No cabe duda de que, tal y como precisa Touchard, esta concepción del Estado, concebido como "la emanación del Volk, es profundamente diferente de la concepción fascista"[14]. Cabe destacar también como dato significativo que el país que inventó el Fascismo, la Italia de Mussolini, contaba con escasos indicios de antisemitismo que podrían datarse "hasta diecisiete años después de su llegada al poder"[15].

Por otra parte, si nos referimos al plano de las ideas imperantes en Europa, el **irracionalismo** filosófico había constituido una corriente diferenciada en el seno del pensamiento filosófico europeo a lo largo del S. XIX (F. Nietzsche, A. Schopenhauer, H. Bergson) y aunque ni el fascismo ni el nacionalsocialismo alcanzaron propiamente peso específico en el ámbito intelectual, sin embargo intentaron aparentar hacia el exterior cierto barniz cultural, buscando dar una imagen de afinidad con esa línea de pensamiento.

---

[12] Touchard, J., Ibídem p. 616.

[13] Las palabras de Hitler en **Mein Kampf** son elocuentes "El Estado debe considerar que su función más alta es la preservación y el reforzamiento de la raza, la preservación de los factores raciales originales que confieren cultura y crean la belleza y la dignidad de una humanidad superior. Nosotros como arios, sólo podemos concebir el Estado como un organismo vivo de la nacionalidad...Hemos de distinguir de la forma más precisa posible entre el Estado como recipiente y la raza como su contenido" in VV. AA., Ibídem, p. 235.

[14] Touchard, J., Ibídem, p. 615.

[15] Paxton, R., **The Anatomy of Fascism/ Anatomía del Fascismo**, Barcelona, Ed. Península, 2005, p. 18.

En realidad el irracionalismo no había cristalizado concretamente en el plano político ni social, pero sí había logrado congregar en Alemania dos tendencias que si bien se oponían en el plano lógico, racionalmente, sin embargo convivieron desde la vertiente emocional.

Por una parte se trataba del culto al **Volk**, el pueblo o la nación, característico del romanticismo literario, y por otra hablamos de la reverencia al héroe, el genio o el gran hombre[16]. Conviene precisar, no obstante, que el individualismo del héroe deviene lo opuesto del igualitarismo defendido en el sistema democrático, pero no deja de ser un concepto que armoniza fácilmente, como veremos después, con la justificación de las élites.

2. Fundamentación y elaboración del discurso racista en Alemania

1. El racismo nacionalsocialista tal y como aparece en **Mein Kampf**, Cap. XI, bajo el título "Volk und Rasse" o bien como es expuesto en la célebre obra de A. Rosenberg **El Mito del S. XX**, carece propiamente de precedentes políticos. Para Hitler la raza constituye el principio y eje central sobre el que gira la existencia humana. De ahí la importancia que adquiere la sangre para sustentar tanto la fortaleza como la debilidad del ser humano[17].

En realidad el futuro de la nación alemana depende fundamentalmente para Hitler de la preservación de la sangre aria pues el objetivo prioritario es "proteger la existencia y la reproducción de nuestra raza y de nuestro pueblo, la subsistencia de nuestros hijos y la pureza de nuestra sangre, la libertad y la independencia de nuestra patria"[18].

---

16 A este respecto la figura controvertida de F. Nietzsche, fue objeto de apropiación indebida por algunos ideólogos que tergiversaron aviesamente sus tesis. Como recuerda Evans, F. Nietzsche fue un vigoroso adversario del antisemitismo y crítico beligerante con el culto al poder y la sumisión. Esa es precisamente la línea argumental que desarrolla el filósofo de la sospecha, v. g. en su **Genealogía de la moral**, y sus ideas de "superhombre" o "voluntad de poder" que sólo cabía aplicarlas al ámbito de las ideas y al terreno específico de la crítica de la cultura, no a la dinámica política ni al ámbito de la acción. Evans, R., **The Coming of the Third Reich/ La llegada del Tercer Reich**, Barcelona, Ed. Península, 2005, p. 70.

17 Bédarrida, T., **Le Nazisme et le génocide**, Paris, Pocket, 1992, p. 13.

18 **Mein Kampf,** Primera Edición electrónica, 2003, Jusego-Chile, Capítulo XI. PUEBLO Y RAZA.

Sin lugar a dudas la pureza de la sangre es más relevante que el poder que puede aportar la razón, y la meta final es alcanzar la supremacía racial. En este sentido corresponde a los pueblos que constituyen la raza aria, por ser los auténticos creadores y portadores de la cultura, dominar el mundo e imponerse, asegurándose la conquista del **Lebensraum** o espacio vital que precisan en detrimento de los pueblos inferiores[19]. "La Naturaleza, afirmaba Hitler, no conoce fronteras políticas...el suelo está ahí para el pueblo que tenga la fuerza de tomarlo".

Conviene recordar que la teoría racial aportaba una valiosa fundamentación ideológica para la expansión hacia el Este y el Sur, y era utilizada igualmente para fomentar el proyecto de un estado germánico en Europa central. De este modo la teoría racial se vinculaba con uno de los elementos clave de la ideología nacionalsocialista, es decir con la idea de "tierra" complemento natural de la idea de "sangre".

Claro que hablar en términos de alma racial, de sangre, o de **Volk,** como objetos de culto y de veneración sagrada, no impedía que fuesen realmente conceptos vagos e imprecisos, de muy difícil concreción. De ahí la relevancia de contar por contraposición con otro pueblo, el judío, sinónimo de impureza y de encarnación del mal. Esta dualidad de carácter antitético y maniquea, como advierte Poliakov, era necesaria e inexcusable desde distintas vertientes, hasta el punto de que "si el judío no existiera, habría que inventarlo"[20].

Sin embargo, aunque diversos autores e ideólogos lo pretendieran empecinadamente, no era sencillo determinar las características antropológicas de los denominados arios. Por ese motivo la teorización racista en Alemania más relevante es la que plantea las cualidades de los arios, estableciendo **negativamente** las diferencias con otras razas. Es decir hablamos del racismo antisemita que como precisa Borja, se define eminentemente por **exclusión** y que alcanzó gran difusión durante el último tercio del S. XIX. Junto a este racismo de exclusión, existe otro racismo de **integración/identidad**, sin duda de menor alcance que el anterior[21].

---

[19] Bédarrida, T., Ibídem, p. 14.

[20] "La religión de la Raza de los Dominadores, definida a medida, permitía obtener de los fieles un miedo y una sumisión totales". Poliakov,L. **Bréviaire de la haine. Le III Reich et les Juifs/ Breviario del Odio**, Barcelona, 2011, p. 21.

[21] Borja, E., **Violencia y criminalidad racista en Europa occidental: la respuesta del Derecho Penal**, Granada, Ed. Comares, 1999, p. 83.

Así pues no ha de extrañar que ante la dificultad manifiesta para precisar los rasgos físicos y psicológicos de la raza aria, algunos teóricos del racismo como Scheeman llegaran a afirmar que cada raza contaba con su propio espíritu y alma, y que no era posible especificar esas características a través de los métodos utilizados por las ciencias naturales. Deberían aprehenderse de forma distinta, concretamente de manera intuitiva e irracional[22].

2. Conviene precisar inicialmente que desde una perspectiva histórica, el racismo constituye una herencia del desarrollo del pensamiento moderno. Más allá de las bases biológicas, científicas o culturales a las que apela y remite, su objetivo prioritario es la lucha por la afirmación, pervivencia y supremacía de comunidades identificadas como "razas".

Para lograrlo el discurso racista exalta y magnifica cualidades inherentes a la propia comunidad, establece jerarquías de superior e inferior, y a su vez descalifica y difama al otro, al extraño o extranjero a quien dirige su odio hasta la exclusión o eventual aniquilación.

No debemos olvidar que el racismo se había convertido a lo largo del S. XIX en una determinada cosmovisión o sistema de interpretación del mundo, que consideraba como "principios naturales necesarios e innegables los conceptos de creación y lucha de razas"[23].

Y ante situaciones de crisis económica o de inseguridad ciudadana, el discurso racista promete, hábilmente, por medio de propuestas a veces grandilocuentes, pero manifiestamente falaces, restablecer el orden social y recuperar la estabilidad a través de medidas impregnadas de extremismo.

Mientras tanto como ideología, tiende a legitimar y afianzar unas determinadas relaciones de poder y de dominio, creando al mismo tiempo una conciencia errónea de "lo natural ante las circunstancias de un momento dado". De hecho, más que elaborar y articular una imagen o concepción del mundo, concretando cómo "es" propiamente la realidad por naturaleza, el racismo, tal y como precisa Geulen, crea la imagen de cómo "debería" ser por naturaleza[24]. Y por

[22] Borja, E., Ibídem, p. 83.

[23] Geulen, Ch. **Geschichte des Rassismus / Breve historia del racismo**, Madrid, Alianza, 2010, p. 150.

[24] Geulen, Ch. Ibídem, p. 15

consiguiente, hablamos de planteamientos muy diferentes. Es decir el racismo no enuncia ni describe sino que pretende **prescribir** la realidad.

3. En Alemania más concretamente, el racismo en tanto que pseudociencia irrumpió a fines el XIX con Wilhe Marr, a quien algunos atribuyen que comenzara a utilizar el término "antisemitismo" en su obra **La victoria del judaísmo sobre la germanidad, considerada desde un punto de vista no sectario**, de 1873[25]. Fundó en 1879 la Liga de Antisemitas que fue la primera organización del mundo con este título.

Poco después en 1881 E. Dühring, socialista, profesor de filosofía y de economía en la Universidad de Berlin publicó **La cuestión judía como una cuestión racial, moral y cultural**, en la que especificaba los criterios de diferenciación de la raza judía respecto a las demás, en particular en relación con la raza aria.

Dühring consideraba que la mezcla entre razas carentes de afinidad resulta dañina y defendía abiertamente la desigualdad entre la raza judía y germánica. Convencido de que los judíos no debían formar parte de asociaciones y sociedades alemanas, propugnó prohibir la unión entre alemanes y judíos con el fin de evitar la contaminación de la raza aria[26].

Estas obras mostraban a los judíos no sólo como seres malvados o perversos sino como "irremediablemente malvados, pues la fuente de su depravación ya no se halla sólo en su religión, sino en su misma sangre". Tesis que igualmente divulgó y popularizó años después con éxito Th. Fritsch que publicó en 1900 los célebres **Protocolos de los Sabios de Sión** a los que aludiremos después[27].

A este respecto conviene precisar que previamente habían sido los racistas teóricos franceses e ingleses como el conde Gobineau (1816-

---

[25] En los numerosos folletos y publicaciones que editaba regularmente la editorial Hammer, Fritsch advertía en un lenguaje típicamente grandilocuente que al demostrar "científicamente" la depravación de la "raza" judía, los racistas alemanes estaban iniciando no sólo un avance "prodigioso de los conocimientos humanos, sino una nueva época de la historia humana" Cohn, N., **Warrant for Genocide. The Myth of the Jewish World Conspiracy and the Protocols of the Elders of Zion/ El mito de la conspiración judía mundial. Los Protocolos de los Sabios de Sión.** Madrid, Alianza, 2010, p. 213.

[26] Borja E., Ibídem, p. 87.

[27] Cohn, N., Ibídem, p. 213.

1882) y H. S. Chamberlain (1855-1927) los pioneros que postularon los principios de la desigualdad de las razas.

Gobineau defendía el mito de la pureza y la superioridad de la raza aria, y advertía de su progresivo deterioro como consecuencia de la mezcla con otras razas. Además hizo suyas las tesis de la selección natural y la capacidad de adaptación de los más aptos, como clave para su supervivencia. No cabe duda que la obra de Gobineau junto con algunas de las propuestas del darwinismo social, servirían, como veremos después, de cimiento y basamento de la ideología racista del Nacionalsocialismo[28].

Por su parte, la obra de Chamberlain, que se casó con una hija del célebre compositor R. Wagner, y que volvió a reinterpretar la obra de Gobineau tergiversándola en sus **Fundamentos del S. XIX**, influyó claramente en A. Hitler, a través del ideólogo nacionalsocialista Rosenberg, autor a su vez de **El Mito del S. XX** publicado en 1930. La obra de Chamberlain llegó a convertirse en una especie de Biblia del movimiento **völkisch** racista en Alemania.

Chamberlain defendía la vinculación entre misticismo y racismo. Postulaba que la cultura alemana no podía convivir con la raza judía y que tendría que luchar a muerte con ella, para poder trasladar después al resto de la humanidad los valores y tradiciones germánicas[29].

De este modo Chamberlain compartía la propuesta del matemático y estadístico inglés K. Pearson que consideraba como imperativo moral el recurso a la guerra en beneficio del interés nacional, ya que si "las guerras cesan, no habrá nada que controle la fertilidad de las razas inferiores"[30].

A este respecto, tras realizar una interpretación de la historia de Occidente desde la perspectiva de la lucha racial y defender por otra parte que sólo los arios tenían la capacidad de generar una cultura creativa, Chamberlain sostenía abiertamente que "el poder de la

---

[28] Borja, E., Ibídem, p. 86.

[29] Chamberlain modificó el pesimismo de tono apocalíptico que defendía Gobineau y adujo que una raza podría ennoblecerse tras haberse mezclado con otras razas, Borja, E., Ibídem, p. 85.

[30] **National Life from the Standpoint of Science**, London, 1905, p. 27 in Wilford, R. "Fascismo" in VV. AA. **Ideologías políticas**, p. 226.

fuerza es el destino de las razas escogidas... es su deber conquistar y destruir lo que es impuro e inferior"[31].

Es fácil advertir a partir de esos textos cómo el argumento del recurso a la guerra en tanto que deber moral, unido a la exaltación de un Estado eminentemente racial y la actitud de sometimiento del individuo, estaban convirtiéndose progresivamente en piezas de un mosaico que empezaba a tomar forma diferenciada a finales del S. XIX.

En cuanto a Rosenberg, uno de los autores más leídos, conviene recordar que fue un gran propagandista del mito así como de los influyentes **Protocolos de los Sabios de Sión**. Convirtió la teoría racial en una especie de filosofía de la historia. Radicalmente antisemita era considerado como el ideólogo del partido nazi, en el que dejó una gran huella, y mantuvo una estrecha relación de amistad con Hitler. Defendía que todas las culturas antiguas habían declinado porque los arios se mezclaron con razas inferiores. En 1923 afirmó explícitamente al final de uno de sus numerosos comentarios a los Protocolos "El judío representa en nuestra historia a nuestro opuesto metafísico"[32].

En todas esas propuestas latía, de una u otra forma, la influencia del **darwinismo social** que junto al peso adquirido por la raza y a la tesis de la misión universal, defendía igualmente la necesidad de jerarquía y liderazgo en la nación por parte de la élite. Es decir el darwinismo social no sólo postulaba las diferencias y la jerarquía natural entre las diversas razas sino que además sostenía la pervivencia de una superioridad natural en el interior de los respectivos grupos raciales[33].

Así pues el nacionalsocialismo abogó por el principio darwinista de la lucha por la existencia como el fundamento del nuevo orden

---

31 Hayes, P., **Fascism**, London, 1973, p. 115.

32 Cohn, N., Ibídem, p. 246.

33 "Comparados con las razas europeas, los Negros son ciertamente carentes de perspicacia (...) de acuerdo con su experiencia inmediata, vacilan entre una indiferencia bien dispuesta y una depresión desesperada...Los judíos fueron seleccionados para un deseo instintivo de pasar desapercibidos (...) hemos de tener en cuenta la mímica, característica fundamental que se observa siempre que una criatura gana ventaja, en la lucha por la existencia, en adquirir semejanza con cualquier otro organismo" p. 97, in Queiroz, C., "Racismo y eugenesia" in Cambrón, A., **Entre el nacer y el morir,** Granada, Ed. Comares, 1998, p. 111.

social que pretendía implantar. Y en esa lucha, quien no fuera capaz de adaptarse y superar las adversidades, debería ser esterilizado "para evitar que se propagara su debilidad a la descendencia, o ser sometido a la "eutanasia"[34].

4. En otras palabras a lo largo del S. XIX la teoría racial giró en torno a tres grandes temas fundamentales como son: la lucha entre razas por una parte, las cuestiones relacionadas con la mezcla racial en segundo lugar, y por último la creación de razas que acabó destacando como la más relevante a lo largo de los primeros decenios del S. XX, a partir de la colaboración del conocimiento científico y la tecnología. Sin esta colaboración los proyectos biopolíticos e ideológicos no hubieran podido llevarse a la práctica tan fácilmente.

Hablamos concretamente de la **eugenesia** que alcanzó un considerable desarrollo hasta la Segunda Guerra Mundial. Su objetivo principal era controlar los rasgos y caracteres hereditarios "en el proceso colectivo de reproducción de la población mediante intervención en la vida biológica y social". Para lo cual se favorecía la trasmisión de los rasgos deseados (por ejemplo arios) y se evitaba la reproducción de características no deseadas (v.g. judíos, deficientes o minusválidos)[35].

Esta nueva disciplina, la eugenesia, que aspiraba a "mejorar" y a perfeccionar la población, contó no sólo con el apoyo científico de genetistas, de expertos en biología evolutiva, sino también con la aportación de sociólogos, historiadores politólogos. De su mano fueron creadas Cátedras de **Higiene Racial** en Alemania, y la eugenesia fue objeto, durante decenios, de políticas sociales en EE.UU., países escandinavos, Inglaterra y Francia[36].

No es de extrañar por tanto que al llegar al poder, la cosmovisión de A. Hitler y la ideología del nacionalsocialismo estuvieran impregnadas de todos estos antecedentes, y que sus decisiones a la hora de crear y aplicar normas antisemitas se apoyasen en un manifiesto

---

[34] García Marcos, J. A., **La "eutanasia" en Alemania nazi y su debate en la actualidad**, Valencia, UNED, 2009, p. 46.

[35] Geulen, Ch., Ibídem, p. 136.

[36] Cambrón, A., "Eugenesia" in Blázquez Ruiz, F. J., **10 Palabras Clave en Nueva Genética**, Estella, EVD., 1998, pp. 95-116. Véase también la célebre obra de Kevles, D., **In the Name of Eugenics: Genetis and the Uses of Human Heredity,** N. York, Knopf, 1985.

"racismo eugenésico-darwinista". Así se pone en evidencia, explícitamente, en el capítulo dedicado a la eugenesia en **Mein Kampf** y más tarde en la política de exterminio que condujo al execrable genocidio del pueblo judío en Europa.

De ahí que pueda afirmarse que la misión de creación del pueblo alemán y su destino histórico, así como la progresiva aniquilación del pueblo judío, constituían en realidad dos caras de una misma moneda y la manifestación de un "único proyecto biopolítico". Ya que realmente en el régimen nacionalsocialista no podía distinguirse propiamente entre "ideología y práctica racista"[37]. A este respecto algunos historiadores como Alan Bullock consideren que buena parte de las ideas políticas de Hitler proceden "del más puro darwinismo"[38].

También en la teoría de la pena defendida por Mezger, podemos encontrar textos referidos a "una comunidad de destino basado en la raza, la historia y el caudillaje" y otros fragmentos en los que afirma que la función de la pena ha de ser igualmente "la eliminación de los elementos dañinos al pueblo y a la raza"[39].

3. Biopoder nacionalsocialista y racismo antisemita

1. Realmente las doctrinas germanistas así como las teorías racistas y diversas creencias populares que proliferaban entonces en Alemania, impregnaban y afectaban, de una u otra forma al ambiente social, y se ofrecían sin ambages, como advierte Poliakov, al "gran simplificador".

---

[37] Y es que desde la vertiente del racismo eugenésico-darwinista, en la que "la guerra se presentaba desde el principio como una lucha biopolítica por la supervivencia, la radicalización de la violencia en su fase final parecía sólo una consecuencia natural". Geulen, Ch., Ibídem, p. 148.

[38] Touchard, J., Ibídem, p. 616.

[39] Como recuerda Muñoz Conde, los textos son elocuentes "La raza y cualquier otra peculiaridad condicionada hereditariamente determina no sólo directamente la forma de delinquir del sujeto, sino también toda su actitud social dentro de la comunidad, que se manifestará a su manera criminológicamente en uno u otro sentido. Precisamente en la especial criminalidad de los judíos adolecen las antiguas investigaciones muchas veces de no diferenciar adecuadamente entre raza y confesión, porque la posición social depende más de la última que de la primera. En la legislación sobre la raza del nuevo Estado –se refiere a las leyes de Nüremberg y otras disposiciones que las desarrollan– se le da a la raza su debida importancia". Kriminalpolitik auf kriminologischer Grundlage, 3ª. Ed. 1944, p. 247, in Muñoz Conde, F., **Edmund Mezger y el Derecho penal de su tiempo**, Valencia, tirant lo blanch, 2001, p. 103.

De hecho las tesis centrales de la teoría del carácter racial se erigieron en pilares básicos de la ideología nacionalsocialista. Podría decirse a este respecto que en Alemania el racismo científico estuvo estrechamente implicado y comprometido con el racismo social institucionalizado.

De ellas surgió la materia prima así como la argamasa que dio lugar a una especie de concepción mística del **Volk** que iba a erigirse en "el sostén biológico de las teorías nacionalsocialistas de la sangre y de la tierra"[40]. Todo ello se tradujo y cristalizó en una singular cosmovisión que incluía una especie de adhesión y culto reverencial al líder, a partir de una serie de dogmas que exigían obediencia ciega así como una fanática sumisión al Führer[41]. A este respecto algunos autores se pronuncian en términos cuasi religiosos al intentar explicar y describir el funcionamiento del régimen nacionalsocialista. Pues nos encontramos ante una instancia soberana que no recibe el nombre de Dios sino el nombre de pueblo, o raza, a la que se rinde prácticamente un culto similar.

De hecho podría decirse que existen tres rasgos característicos que, con carácter general, permiten hablar en términos de religión. En primer lugar la existencia y aceptación de un ser superior incuestionable, a continuación la actitud de obediencia y sumisión a esa autoridad jerárquica incuestionada, y por último las estrechas relaciones emocionales, a veces prácticamente místicas, con ese poder.

En este sentido el nazismo contaba con elementos relevantes de culto tales como el alma racial, la sangre y el atractivo misterioso del **Volk**[42]. Además exigía una sumisión incondicional y absoluta al Führer, que encarnaba personalmente ese poder. Führer que sabía percibir e interpretar "infaliblemente los mandamientos del alma ra-

---

40 Sabine, G., Ibídem, p. 643.

41 "Y con una notable perspicacia, gracias a la clarividencia para conocer el alma alemana, el Führer modeló el culto indispensable a tal efecto". Poliakov, L., Ibídem, p. 19.

42 No debemos olvidar que en la modernidad tuvo lugar un desplazamiento y sustitución de los mitos religiosos cristianos y católicos por nuevos mitos secularizados. Así v.g. tras la Revolución Francesa el culto a la razón o incluso la "voluntad general " se convirtieron en una especie de nueva religión. La obra de A. Comte, **La religión positiva de la humanidad** puede servir de referencia próxima. Cf. Blázquez Ruiz, F. J., "La reorganización política de la sociedad según A. Comte", in **Perfiles ético-políticos de la sociedad actual,** Estella, EVD, 1991, pp. 177-216.

cial" y que actuaba litúrgicamente ante la comunidad como si se tratara del "gran sacerdote que sabe expresar la voluntad divina"[43]. Así fue generándose y consolidándose una especie de "unión mística" del Führer con el destino histórico del pueblo germánico.

Pero además, para que el vínculo y la religación fueran más consistentes, era preciso contar también con la existencia de seres diabólicos, a modo de demonios, que representaran la antítesis de las cualidades del pueblo ario. Seres de sangre impura que contaminan y envilecen a través del contacto, tanto físico, como por medio de sus actos y obras[44].

De ahí el interés en combinar la hostilidad a los judíos con los instintos más activos del ser humano, como el instinto sexual y su dimensión reproductiva. "Tal es el sentido profundo de las leyes sacras de Nüremberg y de las severas sanciones que establecían"[45].

Estas leyes, eminentemente eugenésicas y estrechamente imbricadas con la teoría racial, fueron aprobadas el 15 de septiembre de 1935, en el Congreso del partido nacionalsocialista (NSDAP) bajo la denominación de **Ley para la Protección de la Sangre Alemana y del Honor Alemán.** Conocida como la ley para la protección de la sangre, tendía a mantener o incrementar la pureza de la raza, prohibía el matrimonio entre no-judíos y judíos así como las relaciones sexuales extramatrimoniales entre ellos.

No es de extrañar que a partir de todas estas premisas mencionadas, el proceso de discriminación, estigmatización y exclusión jurídica y social de los hebreos, fueron sucediéndose, si bien de forma discontinua e improvisada, como pasos previos, al desenlace final que concluiría en los campos de extermino, tras la histórica solución final adoptada en Wannsee, en los alrededores de Berlín, en 1941. "Tales fueron las condiciones que hicieron posible el genocidio"[46].

---

[43] Poliakov, L., Ibídem, p. 19.

[44] "El joven judío de pelo oscuro observa, durante horas, con un placer satánico, a la muchacha inocente que él ensuciará con su sangre, robándola a su raza. No hay medios que no emplee para destruir los fundamentos raciales del pueblo al que se propone conquistar". Adolf Hitler. **Mi Lucha**. Primera Edición electrónica, 2003, Jusego-Chile, Capítulo XI. PUEBLO Y RAZA, p.197.

[45] Poliakov, L., Ibídem, p. 21.

[46] "Esas premisas psicológicas eran indispensables: unos pocos miles de agentes de las SS del servicio judío o de los "grupos de acción", aunque contasen con la colaboración de 300.000-400.000 soldados de las Waffen-SS, no habrían podido asesi-

Hasta llegar a ese estadio final, el nazismo logró transformar y adulterar progresivamente la esencia y dinámica propias de la actividad política, basada en el proceso de elección y representación, apoyada en el debate parlamentario y alimentada en el juego dialéctico de la oposición, tal y como W. Benjamin denunció elocuentemente en sus obras de filosofía de la historia y de estética. De hecho, tal y como previno lúcidamente en 1936 el filósofo de la Escuela de Frankfurt "la experiencia estética fascista definitiva era la guerra"[47].

Todo lo cual aconteció, conviene recordar, en uno de los países más desarrollados y avanzados de Europa cuyo grado tan extremo de insania y de barbarie política, nos insta a plantear y cuestionar una vez más la eventual relación existente, entre conocimiento, cultura y política.

De hecho, como precisa Evans la experiencia vivida en el Tercer Reich nos enseña de forma elocuente "que el amor a la gran música, el gran arte y la gran literatura no proporciona a la gente ningún tipo de inmunización moral ni política contra la violencia, la atrocidad o el sometimiento a la dictadura"[48]. Y que ni el estatus académico, ni las aptitudes intelectuales o la actividad profesional desempeñada pueden asociarse o vincularse necesariamente a la integridad ética. Los casos de C. Schmitt, E. Mezger o M. Heidegger, entre otros comentados específicamente a lo largo de esta obra, son ejemplos elocuentes de las debilidades humanas así como de la pobreza moral manifiesta a través de sus actitudes y comportamiento.

2. Antes de llegar a esa fase última del proceso de exterminio de los judíos, es decir al Holocausto, conviene destacar que la propaganda nacionalsocialista utilizó y explotó singularmente el mito de la conspiración judía mundial y los **Protocolos de los Sabios de Sión**, obra traducida en diversos países a numerosos idiomas.

De hecho, previamente, en la Rusia absolutista y zarista ya se había recurrido al mito de la conspiración judía mundial para desacreditar y denostar al movimiento revolucionario. Y en Alemania, durante la República de Weimar, el partido nazi lo había utilizado

---

nar a 6.000.000 de seres humanos sin la connivencia tácita del pueblo alemán y de su Wehrmart", Poliakov, L., Ibídem, p. 23.

[47] Benjamin, W., **Illuminations,** N. York, Schocken, 1969/**Iluminaciones**, Madrid, Ed. Taurus, 3 vols. 1971-1975, Cf. Paxton, R. Ibídem, p. 26.

[48] Evans, R., Ibídem.

igualmente de forma reiterada para horadar y deslegitimar al régimen democrático.

Ahora, con la llegada al poder del Tercer Reich, Hitler y los propagandistas del partido acudían a los **Protocolos** y los utilizaban pertinazmente como baluarte, no sólo para actuar y atacar a los adversarios del régimen nazi, sino también y especialmente para "justificar todo el régimen de terror"[49].

En realidad la elaboración y creación de este mito no era sino una burda falacia, gestada originariamente en Francia tras la revolución, y alimentada de miedos y temores ante los cambios políticos, sociales y culturales que se estaban produciendo en la Europa postrevolucionaria. Pero el mito fue cobrando forma y tamaño a medida que se incorporaron otras fantasías y supersticiones. No debemos olvidar que **Los Protocolos de los Sabios de Sión** acabaron siendo uno de los libros más leídos en Alemania. No sólo se compraban como **Mein Kampf** sino que además se leían y muchos lectores llegaron a creérselos fanáticamente. Los efectos, después, serían letales e irreversibles.

Como advierte lúcidamente Cohn en su riguroso trabajo de investigación sobre los antecedentes, creación e influencia de los **Protocolos**, no somos siempre conscientes pero "existe un mundo subterráneo en el que los sinvergüenzas y los fanáticos semicultos elaboran fantasías patológicas disfrazadas de ideas, que destinan a los "ignorantes" y los supersticiosos. Hay momentos en los que ese submundo surge de las profundidades y fascina, captura y domina repentinamente a multitudes de gentes normalmente cuerdas y responsables, que a partir de ese momento pierden toda cordura y toda responsabilidad. Y ocurre a veces que ese submundo se transforma en una fuerza política y cambia el rumbo de la historia. Es un hecho indiscutible que los olvidados excéntricos descritos en la primera mitad de este libro crearon un mito que, años después, habían de utilizar los gobernantes de una gran nación europea como justificación del genocidio"[50].

Conviene tener presente a este respecto que la historia de los judíos en Alemania, a fines del S. XIX había sido, con carácter general,

---

[49] Este mito fue invocado incluso con frecuencia por el Gobierno de Hitler y por el partido nazi, para que la política exterior fuese aceptada por el pueblo alemán. Cohn, N., Ibídem, p. 253.

[50] Cohn, N., Ibídem, p. 12.

una historia positiva de éxito tanto en el plano de la integración familiar y cultural en el país como en la vinculación con los aspectos más modernos y de carácter progresista de la sociedad, cultura y economía alemana. Representaban en cierto modo el progreso y el proceso de modernización, conceptos denostados sin embargo por los sectores ideológicos más conservadores.

Por otra parte tras la Primera Guerra Mundial existían grupos numerosos de personas descontentas, con graves problemas económicos, v.g. pequeños industriales, profesionales liberales, funcionarios, agricultores y pequeños comerciantes que atribuían el origen de sus problemas al desarrollo de la industrialización y a la innovación en el comercio. Estas actividades capitalistas vinculadas a los judíos les dejaban marginados y les condenaba a un estado de creciente precariedad y pobreza.

Ante esa situación, anhelaban una sociedad más simple, comprensible, ordenada, manejable, que fuese más segura y jerárquica, tal y como ellos imaginaban que había acontecido en un pasado no tan lejano en el tiempo. Frente a esa venerada arcadia, los judíos simbolizaban y representaban realmente el espíritu encarnado de la modernidad cultural, financiera y social[51].

De ahí que cuando el Estado Liberal fue agravando su crisis y padeciendo una progresiva descomposición institucional, los diversos grupos políticos opositores, asociaron a los judíos con los ideales y prácticas del liberalismo que habían estado vigentes en Weimar. Máxime teniendo en cuenta que su nivel de riqueza económica era notablemente superior al que disponía la población alemana[52].

Ese insistente antisemitismo fue extendiéndose e impregnando de una u otra forma a "millones de almas alemanas". Y aunque realmente tan sólo era una minoría de la población la que realmente odiaba con denuedo a los judíos, la actitud común de la mayoría, sin embargo, consistía en no implicarse y prefería mirar hacia otra parte.

Como consecuencia, los ciudadanos judíos perdieron progresivamente su condición de sujetos de derecho, con la consiguiente des-

---

[51] Evans, R., Ibídem, p. 55.

[52] A pesar de representar tan sólo un 1% de la población de Alemania en 1885, uno de cada ocho estudiantes de las universidades alemanas era judío. Además en las Universidades vecinas de Viena y de Praga, los estudiantes judíos constituían un tercio de los alumnos universitarios. Borja E., Ibídem, p. 88.

trucción de su personalidad jurídica. Dejaron de ser considerados como compatriotas por los alemanes, y paulatinamente la actitud de enajenación se fue extendiendo y generalizando.

Vamos a detenernos a continuación, para conocer con más detalle, en las diversas fases de ese proceso de **reificación** del antisemitismo en Alemania, a través de la aprobación y aplicación de diversas normas jurídicas, desde el comienzo del mandato de Hitler en 1933.

No obstante, conviene precisar de antemano y dejar constancia expresa que no puede hablarse realmente de la existencia de un plan premeditado, organizado, desde un principio, sobre el futuro del pueblo judío. De hecho los ideólogos del Estado nacionalsocialista no habían pensado inicialmente ni tampoco habían previsto un lugar ni un destino donde pudieran seguir viviendo o muriendo los hebreos[53].

Podría decirse más bien que la política antisemita avanzó gradualmente. Se trató de un proceso dinámico y radical en la toma de decisiones, pero ejercido realmente de forma discontinua y compleja. No se trataba de órdenes o de un conjunto de mandatos, emanados de la dirección nazi, en un momento determinado, impuestos jerárquicamente al resto de los miembros y adeptos del nazismo contra su voluntad. No era ésa, manifiestamente, la dinámica habitual que seguía la política nacionalista. En modo alguno.

4. Medidas legislativas y administrativas para la exclusión social de los judíos

1. Es fácil advertir cómo, inicialmente, desde la llegada del nazismo al poder, tuvo lugar una abrupta revolución en el universo jurídico. Tanto en el ámbito legislativo-ejecutivo, con la frecuente producción de nuevas e imprevisibles normas, como en la singular interpretación y aplicación de la legislación precedente, a partir de los principios axiales de la ideología nacionalsocialista.

Pretendían transformar y alterar radicalmente la mentalidad jurídica tradicional, contaminada según el nazismo, por principios y

[53] Hilberg, R., "El holocausto carecía de plan previo", **El Mundo**, 20 de Abril de 2005, p. 58.

valores liberales que habían sido los responsables y causantes de la crisis institucional y política padecida por la República de Weimar.

De hecho, principios jurídicos fundamentales tales como la primacía y el imperio de la ley, la sumisión del juez al ordenamiento, o las correspondientes garantías imprescindibles para preservar la seguridad jurídica, perdieron vigencia progresivamente al verse permanentemente obliteradas y aviesamente conculcadas. En cuanto al derecho internacional, su validez carecería de sentido pues para los ideólogos y juristas nazis no existen derechos iguales ni para las naciones, ni para los grupos o minorías ni tampoco para los individuos.

No cabe duda de que la vigencia del formalismo jurídico, si hubiera sido real y efectiva, habría servido de antídoto y de dique de contención eficaz frente al ejercicio de la justicia material ejercida por el nazismo. De ahí el avieso interés por derribarlo y sustituirlo por una concepción esencialista del derecho, sustancializadora, en la que priman de forma excluyente los valores y contenidos absolutos[54].

A este respecto las palabras del superviviente de Auschwitz y Buchenwald, Imre Kertész, Premio Nobel de Literatura (2002) son elocuentes y significativas "El totalitarismo es la gran novedad de este siglo, es la experiencia terrorífica que hizo temblar sus cimientos... El totalitarismo expulsa de sí mismo y pone fuera de la ley al ser humano. Pero precisamente esa situación fuera de la ley, esta muerte masiva que es de mártires, aunque sean involuntarios, vuelve a traer a la mente del hombre aquello de lo que fue despojado, la columna básica de su cultura y de su existencia, la ley"[55].

La reforma jurídica del nazismo giró fundamentalmente en torno a tres conceptos clave, omnipresentes, sobre los que se apoyó la actividad política que podrían denominarse: Pueblo, Raza y Caudillo, a su vez articulados e imbricados orgánicamente. Estaban además vinculados estrechamente al suelo, o tierra, por una parte, así como al imperio, al honor y al trabajo.

Juntos conformaban un tupido conglomerado iusnazista en el que la voluntad del Führer era sinónimo de ley. De hecho podría decirse

---

[54] García Amado, J. A., "Nazismo, Derecho y Filosofía del derecho", **Anuario de Derechos Humanos,** 1991, pp. 341-364.

[55] "Un instante de silencio en el paredón", Cf. García Amado, J. A., tirant lo blanch, Valencia, 2003.

sin ambages que la palabra de Hitler adquiría necesariamente "fuerza de ley" al erigirse éste en intérprete y portavoz insigne del espíritu jurídico del pueblo alemán[56]. Actitud similar en términos históricos a la que siglos antes, Luis XIV había inmortalizado con la expresión "L´Etat c´est moi".

En ese proceso de transformación jurídica, el derecho Penal adquirió especial relevancia, al pasar a ser considerado como derecho Penal de raza. Hasta el punto de que "la protección de la pureza racial, con la consiguiente prohibición para toda mezcla sexual entre judíos y arios" se erigió como uno de sus postulados prioritarios[57]. Así comenzó a generarse una doctrina jurídica caracterizada por estar impregnada de racismo y especialmente de antisemitismo.

Hubo autores relevantes en el ámbito académico como Mezger, antes mencionado, que suscribieron los planteamientos biologicistas y racistas, y que llegaron a defender, como recuerda Muñoz Conde, que las únicas fuentes del Derecho penal y la única base admisible no podía ser otra que "la voluntad del Führer".Tras un cambio ostensible en su orientación científica Mezger llegó a convertirse "en el penalista oficial del régimen nazi y en uno de sus ideólogos"[58].

De hecho el antisemitismo formó parte activa de la política oficial del Gobierno alemán, inmediatamente después de que el mariscal Hindenburg confiase a Hitler la creación del nuevo gobierno. Ya entonces se invocaron los **Protocolos de los Sabios de Sión**, como justificación de esta medida antisemita. Así el 1 de abril de 1933 tuvo lugar un severo boicot de los comercios judíos. A partir de entonces la discriminación antisemita irá acompañada de una progresiva legis-

---

56 Rivaya, B., "La Revolución jurídica del fascismo alemán", **Boletín de la Facultad de Derecho**, UNED, 2002, 19, p. 418.

57 Rivaya, B, Ibídem, p. 413.

58 Muñoz Conde, F., 2001, p. 99. En un artículo publicado en 1936 sobre la antijuridicidad material en el futuro Derecho penal, afirmaba el jurista alemán que el partido nacionalsocialista es un "instrumento llamado especialmente en manos del Führer a configurar y conformar la formación consciente de las sanas concepciones del pueblo como una misión especial y con ello es un factor decisivo para determinar lo que se entiende por antijuridicidad material" in "Die materielle Rechswidrigkeit im kommenden Strafrecht", in **Zeitschrift für die Gesamte Strafrechswissenschaft,** 35 in Muñoz Conde, F., **Edmund Mezger y el Derecho penal de su tiempo,** Valencia, Tirant lo blanch, 2001, p. 101.

lación racista, orientada sucesivamente al proceso de discriminación, expulsión y exterminio[59].

A este respecto, como advierte Kershaw, más allá de posibles análisis y valoraciones, una de las preguntas concretas que es preciso plantear respecto a la cual no cabe dilación es "cómo el odio nazi por los judíos fue transplantado para convertirse en práctica de gobierno, y cuál fue precisamente el papel de Hitler en este proceso"[60].

Porque como veremos a continuación la creación y desarrollo del campo de concentración y de exterminio Auschwitz-Birkenau, no sólo sobresale en la política de radicalización antisemita, por haberse erigido en el **lager** en el que tuvieron lugar el mayor número de asesinatos a través de las cámaras de gas y de crematorios. Auschwitz destaca especialmente dentro del complejo universo concentracionario, porque "simboliza la filosofía nazi sobre la selección de raza que no deja de ser una corrupción de la teoría darwinista sobre la selección natural"[61].

2. Cabe recordar como es sabido que existen diversas interpretaciones en torno al denominado plan finalista o teleológico, sobre el itinerario seguido hasta llegar al genocidio nazi. ¿Significa esta tesis que tanto Hitler como sus colaboradores pretendían desde un principio, a través de etapas sucesivas y previstas, planificadas y programadas con antelación, exterminar al pueblo judío? La respuesta, ab initio, ha de ser claramente negativa. Tanta previsión y planificación son sencillamente ajenas y refractarias a la forma de pensar, al modo de organizarse y al ejercicio del gobierno por parte del nacionalsocialismo.

Las respectivas medidas que se adoptaban tanto en el plano legislativo como administrativo venían originadas por motivaciones muy diversas. Y habitualmente eran más que acciones, reacciones impulsivas y respuestas, con frecuencia descoordinadas, emanadas del seno del partido o de los dirigentes de la Administración y del Gobierno, no siempre del propio Hitler. Además "ningún documento o testimonio

---

59 Borja,E., Ibídem, p. 97.

60 Kershaw, I., **The Nazi Dictatorship/La dictadura nazi. Problemas y perspectivas de interpretación**, Buenos Aires, Ed. Siglo XXI, p. 2004, p. 132.

61 Rees, L., "Auschwitz no fue la obra de un loco", **El País**, 17 de marzo de 2005, p. 34.

encontrado o producido hasta la fecha indica nada en ese sentido"[62]. Pero examinemos la secuencia de los hechos más detenidamente.

Conviene precisar que la primera medida legislativa que afectó a los judíos, por la pérdida de garantías jurídicas que supuso, fue el **Decreto Presidencial del Reich para la Protección del Pueblo y del Estado** del 28 de Febrero de 1933. Como consecuencia quedaron suspendidas la libertad de movimiento, la inviolabilidad del domicilio y el secreto de las comunicaciones postales. A lo que hay que añadir también la pérdida de libertad de expresión, reunión, asociación y económica[63].

Ese decreto permaneció inalterado y no fue revocado posteriormente, por lo que puede afirmarse de forma precisa e inequívoca que todo el Tercer Reich, como recuerda Agamben, puede ser considerado, desde la estricta perspectiva jurídica, como un permanente **estado de excepción** que se prolongó durante los 12 años de ejercicio en el poder del nazismo[64].

Después, tras un periodo de relativa tranquilidad entre el verano de 1933 y comienzos de 1935, fueron adoptadas una serie de medidas antisemitas que duraron hasta el otoño de ese mismo año. Así el 15 de Setiembre de 1935, Día de Partido, fueron aprobadas tanto la **Ley de protección de la sangre y el matrimonio alemán**, como la **Ley de ciudadanía del Reich,** más conocidas como **Leyes de Nuremberg**, que mencionábamos antes[65]. Estas leyes sustituyeron la expresión "no arios" por "judíos" y el vocablo "arios" por "personas de sangre alemana o afín".

Más concretamente la primera de esas leyes establecía la "prohibición de los matrimonios entre judíos y súbditos de sangre alemana o asimiladas. Los matrimonios concertados a pesar de esta prohibición

---

[62] "Y a decir verdad, nos inclinamos decididamente por la respuesta negativa", Poliakov, L., Ibídem, p. 17.

[63] Como indica Borja, el art. 2. 2º de la Constitución de Weimar especificaba esa posibilidad en circunstancias excepcionales, Borja, E., Ibídem, p. 98.

[64] Agamben, G. **Estado de excepción, Homo sacer, II**, 1, Valencia, Ed. Pre-textos, 2004, p. 11. Puede consultarse la polémica entre W. Benjamin y C. Schmitt sobre el estado de excepción y la violencia en el ámbito jurídico, en pp. 79-95.

[65] Kershaw, J. hace constar que esta legislación así como otras normas posteriores no provenían de Hitler ni de sus colaboradores directamente sino que respondían a "las considerables presiones que venían desde abajo en la formulación de la política antisemita en ese momento". Kershaw, I., Ibídem, p. 148.

son nulos de todo derecho, incluso si, para burlar la ley, hubiesen sido contraidos en el extranjero".. Por su parte la **Ley de ciudadanía** prescribió la privación de todos los derechos políticos de los judíos, quedando por tanto excluidos de su ciudadanía alemana, lo cual les inhabilitaba para desempeñar cualquier actividad pública.

Sin embargo Hitler continuó sin tomar ninguna iniciativa personal sobre la "cuestión judía" durante los años 1936 y 1937, en los que como es fácil constatar "una línea política clara estaba tan lejos como siempre"[66]. Pero eso no obsta para que un año después, el 5 de enero de 1938, fuera aprobada la **Ley de Modificación de Nombres y Apellidos** que obligaba a los judíos con nacionalidad alemana a cambiar sus nombres, pudiendo elegir entre un elenco de 185 posibles para los hombres y 131 para las mujeres. En el caso de incumplimiento a partir del 1 de Enero de 1939, los hombres pasarían a llamarse Israel y las mujeres Sara.

En ese mismo año el 28 de mayo el Gobierno del Reich aprobó una ley que privaba de protección jurídica a los templos y sinagogas. Quedaba así desprotegida y a su vez desnuda legalmente, podría decirse, su identidad religiosa, y por ende pasaba a estar desguarnecido cualquier vestigio de seguridad, incluso simbólica o litúrgica de la comunidad hebrea[67].

Esta ofensiva jurídica que pretendía lograr la expulsión del espacio público de los judíos, continuó avanzando con numerosas leyes y decretos hasta el comienzo de la guerra. En ese marco se inscribe también la **Ley de relaciones arrendaticias con los judíos,** aprobada el 30 de Abril de 1939 que provocó el proceso de aislamiento semita en guetos[68].

Por otra parte, pocos meses antes, tuvo lugar uno de los momentos álgidos de la violencia antisemita, el gran pogromo organizado sobre todo el territorio del Reich en la noche del día 9 al 10 de Noviembre de 1938, conocido como la "Noche de los cristales rotos" **Kristallnacht**.

Se produjo como consecuencia de la atmósfera que se había condensado a partir de la agitación y terror provocados por numerosos

---

66 Kershaw, I., Ibídem, p. 150.
67 Borja, E., Ibídem, p. 100.
68 Borja,E., Ibídem, p. 100.

miembros del partido nazi en el verano y otoño de ese mismo año, y que había provocado la expulsión de 17.000 judíos polacos que vivían en Alemania.

Esa noche fueron incendiadas sinagogas, asaltados brutalmente y robados una gran cantidad de almacenes y comercios. Millares de judíos fueron apresados, agredidos, detenidos y enviados a campos de concentración, amén de 91 muertos. A lo cual es preciso añadir la sanción económica de un millón de marcos que fueron impuestos a los judíos, paradójica o sarcásticamente, por "haber provocado la cólera del pueblo alemán"[69].

Al caer el día, en esa misma noche en la que 30.000 judíos experimentaron un agravamiento extraordinario de su situación, mediante la agrupación coactiva en grandes espacios donde quedaban confinados y aislados del exterior, los responsables nazis "pudieron convencerse de que tenían autorización para cometer todos los excesos y brutalidades". El acto, promovido por Goebbels, constituyó un ostensible precedente que en cierto modo preludiaba el ulterior desarrollo de los campos de concentración y de exterminio[70].

Sin embargo, más allá de las aparentes formalidades jurídicas y administrativas, así como de la eventual reprobación oficial y pública, la realidad era bien distinta y el argumento que sustentaba la justificación exculpatoria no ofrecía lugar a dudas ¿Cómo se va a castigar a los hombres que han respondido a las exigencias del partido? La estrategia implícita, permisiva y cómplice, era evidente.

Por último conviene recordar que antes del comienzo de la Guerra fue aprobada el 4 de Julio de 1939 una ley que determinaba el status de los judíos y promulgaba la "Unión de los Judíos de los Reich". Esta Ley integraba obligatoriamente a todos los judíos, con el objetivo de ocuparse de la instrucción de los niños judíos, así como de la asistencia social y de los aspectos relacionados con la emigración. Esta

---

[69] K. Jaspers comentaba a este respecto «Cuando en noviembre de 1938 ardían las sinagogas y los judíos eran deportados por primera vez...los generales estaban presentes; en cada ciudad, el comandante tenía la posibilidad de intervenir...no hicieron nada". Poliakov, L., Ibídem, p. 33.

[70] Goebbels quiso así restablecer una posición de privilegio y de influencia en Hitler quien se cuidó de permanecer en segundo plano sin asumir responsabilidades por acciones que eran todavía impopulares y que debían ser castigadas, supuestamente, por las autoridades. Kershaw, I., Ibídem, p. 38.

Unión, vinculada al Ministerio del Interior y a la policía, iba a servir de modelo para desarrollar otras instituciones en los países ocupados, con la finalidad de acelerar el proceso de creación de guetos[71].

La radicalización cobró impulso entre 1939 y 1941, a pesar de que a mediados de 1940 la política antisemita todavía permanecía en estado de confusión, es decir sin contar con un objetivo claro y preciso[72]. Una ordenanza del 26 de enero de 1940 prohibió el uso del ferrocarril por parte de los judíos. Un año después, el 20 de febrero de 1941 la norma se extendió y aplicó también al resto de transporte colectivo. Realmente desde que había estallado la guerra, las medidas antisemitas no iban ya precedidas de actos legislativos sino que surgían de decisiones policiales[73].

3. En cuanto a la participación de Hitler en la "cuestión judía" cabe señalar que el Führer no necesitaba proclamar directivas o adoptar iniciativas precisas para promover la radicalización de la cuestión judía. De hecho su protagonismo se centraba fundamentalmente en el terreno de la propaganda a través de discursos públicos cargados de odio e invectivas, así como de "terribles aunque difusos pronósticos acerca del destino de los judíos"[74].

Entre esos discursos cabe mencionar el pronunciado en el Reichstag, el 30 de Enero de 1939, en vísperas del inicio de la Segunda Guerra Mundial, cuando profetizó con vehemencia que la guerra llevaría a la aniquilación de la raza Judía en Europa. "Hoy voy a ser profeta de nuevo. Si la judería internacional lograse, en Europa o en otros territorios, sumir a los pueblos en una guerra mundial, el resultado no sería la bolchevización de Europa y la victoria del judaísmo, sino el exterminio de la raza judía en Europa".

Realmente fueron las consecuencias del inicio de la guerra y la rápida conquista de Polonia lo que provocó una clara transformación en el tratamiento de la cuestión judía. Ya no era viable el proyecto de emigración de los judíos en el que habían trabajado, desde hacía tiempo, bajo la dirección coordinada de Eichmann. Los nazis se en-

---

71 Poliakov, L., Ibídem, p. 50.
72 Kershaw, I., Ibídem, p. 154.
73 Poliakov, L., Ibídem, p. 62.
74 Kershaw, I., Ibídem, p.157.

contraron con un contingente adicional de tres millones de judíos, a los que tendrán que buscar "solución".

Posteriormente 1941 fue decisivo por la preparación de la guerra contra Rusia, y la política antisemita se fue radicalizando progresivamente. De hecho desde principios de año, el aislamiento en guetos era un fenómeno plenamente consolidado en Polonia[75].

La Conferencia de Wannsee en las afueras de Berlín el 31 de octubre de 1941 constituye el momento clave para determinar la "solución final". Es posible que la orden de ejecución la expresara Hitler oralmente, como era habitual en su proceder, al final de la primavera o a comienzos del verano de ese mismo año. Y la decisión adoptó la forma escrita a través de un documento firmado por Göring y Heydrich[76]. A este respecto existen diversas interpretaciones, pero en cualquier caso no cabe duda de que una medida de ese tipo no habría tenido nunca lugar sin la aquiescencia de Hitler.

Desde el comienzo de 1942 hasta noviembre de 1944, cuando Himmler dio la orden de de poner fin a las cámaras de gas en Auschwitz, último campo de exterminio en funcionamiento, y de destruir todas las instalaciones, el judaísmo europeo se vio abocado al exterminio.

Con Hilberg podríamos decir que la secuencia lógica que presidió el curso de los acontecimientos antisemitas siguió un itinerario que partió inicialmente de la "definición de lo que era un judío, siguió con la expropiación y continuó con su concentración como antesala de su aniquilación"[77].

Por fin la "solución" al problema judío que venía arrastrándose a lo largo de la historia, sin saber con claridad cómo afrontar la "cuestión judía" había sido encontrada por los dirigentes nazis. Además se trataba no sólo de **una** solución entre otras posibles, sino precisamente de **la** solución adecuada. No tanto transitoria o provisional. Consistía por el contrario, en la solución única, definitiva, es decir "la solución final". Porque en última instancia, el enemigo no era

---

[75] Kershaw, I., Ibídem, p. 152.

[76] Borja, E., Ibídem, p. 102.

[77] Hilberg, R., **The Destruction of the Europan Jews/La destrucción de los judíos Europeos,** Madrid, Akal, 2005.

el judío por su creencia ni religión sino por la sangre "la sangre que llevan dentro"[78].

5. Conclusiones

Es fácil constatar por todo lo expuesto cómo a mediados del S. XX, en el país más desarrollado, científica, técnica e industrialmente, sito en el corazón de la Europa civilizada, existían centenares de millares de personas que tras un intenso proceso de adoctrinamiento habían extraviado un código de conducta básico, requerido para poder convivir cívicamente, y estaban privados y desprovistos de un mínimo de conciencia moral así como del más ínfimo sentido del respeto a la humanidad.

A través de un intenso y prolongado proceso de nihilización, los soldados y oficiales de las SS. destinados en los campos de concentración y de exterminio, habían llegado a una especie de convencimiento generalizado de que los judíos eran infrahumanos (inframenschen), personas sin dignidad[79].

En este sentido y con motivo de una entrevista realizada a Primo Levi en 1984, en la que le preguntaban si a partir de su experiencia personal en el campo de Auschwitz, pensaba que era posible lograr el aniquilamiento de la humanidad del hombre, su respuesta precisa e inequívoca era elocuente:

> " ¡Desde luego que sí! ¡Y de qué manera!.. Pienso que son pocos los que tuvieron la suerte de no perder su conciencia durante la reclusión; algunos tomaron conciencia de su experiencia a posteriori, pero mientras la vivían no eran conscientes. Muchos la olvidaron, no la registraron en su mente, nada se imprimió en la cinta de su memoria, diría yo. Sí, todos sufrían substancialmente una profunda modificación de su personalidad, sobre todo una atenuación de la sensibilidad en lo relacionado con los recuerdos del hogar, la memoria familiar; todo eso pasaba a un segundo plano

---

[78] Amery, J., **Más allá de la culpa y la expiación. Tentativas de superación de una víctima de la violencia**, Valencia, Pre-Textos, 2004.

[79] "Dotar de una base jurídica general al concepto de ser infrahumano judío era otra preocupación de los legisladores alemanes en esta época". Poliakov, L., Ibídem, p. 82.

ante las necesidades imperiosas, el hambre, la necesidad de defenderse del frío, defenderse de los golpes, resistir a la fatiga.

Todo ello propiciaba condiciones que pueden calificarse de animales, como las de bestias de carga. Es interesante observar cómo esas condiciones animales se reflejaban en el lenguaje. En alemán hay dos verbos para "comer": el primero es "essen", que designa el acto de comer en el hombre, y está "fressen", que designa el acto en el animal. Se dice de un caballo que "frisst" y no que "isst"; un caballo zampa, en suma, un gato también. En el Lager, sin que nadie lo decidiera, el verbo para comer era "fressen" y no "essen", como si la percepción de una regresión a la condición de animal se hubiera extendido entre todos nosotros".

Vemos así cómo el proceso de adiestramiento intensivo, durante años sucesivos había surtido efecto pues las actitudes y comportamientos lesivos, crueles y perversos, aplicados de forma sistemática, no se improvisan ni surgen ocasionalmente del azar. Los miembros y dirigentes de las SS habían aceptado y asumido la creencia de que eran partícipes y responsables de cumplir una misión histórica, trascendental para el presente y futuro de Alemania, mediante la extinción y genocidio de los judíos[80].

No cabe duda de que ese proyecto psicológico de deformación y de insensibilización, de banalización del mal, en palabras de H. Arendt, tan arraigado, se asentaba en una concepción absolutista, extremista y radical que hundía sus raíces en un planteamiento claramente racista y antisemita[81].

Y el racismo contribuyó a la hora de traducir y convertir un dato propagandístico, el de la comunidad del pueblo alemán amenaza-

---

[80] "Los niños lo aprendían en la escuela. Era muy fácil ser antijudío. Muchos de los verdugos que entrevisté dijeron que hablarían para demostrar a sus hijos y nietos que lo que hicieron estuvo muy bien... El gran peligro era la doble conspiración: los judíos comunistas que controlaban a Stalin y los judíos de los bancos de Nueva York que controlaban a Roosvelt. Este disparatado lavado de cerebro funcionó a la perfección, e incluso perdura: en Ucrania, Bielorussia y los países bálticos no queda un solo judío. Los mataron a todos y ya no regresaron", Rees, L., "Auschwitz no fue obra de un loco". **El Pais**, 17 de Marzo de 2005, p. 34.

[81] A lo que habría que añadir como antecedentes y condicionamientos "el embrutecimiento que muchos habían sufrido tras la experiencia de la Primera Guerra Mundial o la puesta en práctica de frecuentes actividades violentas de la extrema derecha durante la República de Weimar". Borja, E., Ibídem, p. 103.

da por su enemigo racial, el pueblo judío, en una aviesa actuación discriminatoria, estigmatizadora, vejatoria, progresivamente violenta que degeneró en el Holocausto. Y es que "ya mucho antes de la construcción de los campos de concentración, el racismo había demostrado que podía ir acompañado tanto de odio fanático como de eficacia burocrática"[82].

Obviamente además de la teoría racial, cabría mencionar otros muchos factores igualmente concurrentes, coadyuvantes, antes mencionados y de gran relevancia. Sin los cuales el holocausto no habría tenido previsiblemente lugar. Hablamos concretamente de la singular situación que vivió Alemania tras la Primera Gran Guerra, de las circunstancias económicas y políticas del país, de la intensa crisis institucional, del fuerte sentimiento de humillación y resentimiento nacional, de la irrefrenable hiperinflación, del desprecio por el formalismo legal, de la continua fragmentación política, del auge del comunismo en diversos países europeos, de las expectativas e intereses personales, etc,.

Pero por otra parte, si prestamos atención también a la vertiente psicológica e intelectual, como advierte Cohn, N., es preciso tener presente que para actuar y comportarse de forma tan agresiva, insensible y brutal, "para hacer lo que hicieron, aquellos hombres necesitaban una ideología, y eso fue, por otra parte lo que les dieron los **Protocolos de los Sabios de Sión** y el mito de la conspiración judía mundial"[83].

De hecho, la presencia de los judíos, en una sociedad estructurada orgánica y jerárquica, representaba y encarnaba la imagen del bacilo, del virus y del parásito, cuya constante actividad, mina, infecta y debilita la salud del organismo vivo, atacando larvadamente sus defensas. Y esta imagen, tan gráfica, próxima e inteligible, fue inoculándose progresivamente por medio de la persistente y eficaz propaganda en la conciencia de los ciudadanos alemanes.

Así la propaganda nazi antisemita, a través de eufemismos y metáforas relacionadas con el ámbito de la salud y enfermedad, junto con otros recursos equívocos y ambiguos del lenguaje ("No hay ilusión más grande que el convencimiento de que el lenguaje es un medio

---

[82] Geulen, Ch., Ibídem, p. 15.

[83] Cohn, N., Ibídem, p. 270.

de comunicación entre los hombres")[84] como explica magistralmente Klemperer en su obra a través del uso contumaz de medios de comunicación[85], y la aviesa instrumentalización de una sociedad de masas, había logrado alcanzar ya desde 1938, antes el comienzo de la guerra en 1939, un nivel de saturación psicológica tan intenso, que podría hablarse en ese momento de una manifiesta "insensibilización" hacia los ciudadanos judíos[86].

Se lograba así alcanzar el triunfo del mundo de los instintos y de las pulsiones, el imperativo de la dimensión biológica que desplaza y sustituye al ejercicio de la razón y reflexión, dejando de actuar las capacidades intelectuales como diques de contención ante la irrupción y emergencia de una naturaleza meramente instintiva. El impacto que había generado el neodarwinismo era ostensible en la transformación del concepto de naturaleza humana.

Es entonces cuando el mundo de la cultura y el universo de los valores que la conforman y fundamentan, comienza a quebrarse, a disolverse, quedando desintegrada, difuminada, suspendida en definitiva la línea divisoria entre la humanidad y la especie animal. Y de su mano llega también a entumecerse y amputarse el ejercicio de la libertad y moralidad[87].

Al final, y ya para concluir, podemos terminar afirmando que a partir de la creación y expansión de los campos de concentración y de exterminio diseminados por Auschwitz, Buchenwald, Dachau, Treblinka, etc., a través del ejercicio del miedo y del terror "se llevó a cabo a gran escala esta ablación absoluta del sentido moral con la que soñaba el Führer"[88].

---

[84] Canetti, E., **Masse und Macht/Masa y poder**, Barcelona, Debolsillo, 2005, p. 29.

[85] Klemperer, V., **El Lenguaje del Tercer Reich**. Barcelona, Editorial Minúscula, Barcelona, 2002.

[86] Poliakov, L., Ibidem, p. 83.

[87] Un estudio recientemente publicado del Museo del Holocausto de Washington cifra en 42.500 el número al que asciende la suma de campos de la muerte, centros de trabajo forzados y guetos judíos implantados por Hitler, **El Pais**, 5 de Marzo de 2013, p. 38.

[88] Poliakov, L., Ibídem, p. 339.

Bibliografía

Agamben, G. **Estado de excepción, Homo sacer, II**, 1, Valencia, Ed. Pre-textos, 2004.

Arendt, H., **The Origins of Totalitarianism. I. Antisemitism/ Los orígenes del totalitarismo. 1 Antisemitismo**, Madrid, Alianza, 1987.

Bataille, G., **Le problème e l´Etat. La structure psychologique du fascisme/El Estado y el problema del fascismo,** Murcia, Pre-textos, 1993

Bédarride, T., **Le Nazisme et le génocide**, Paris, Pocket, 1992.

Blázquez-Ruiz, F. J. "Raza y racismo" in Romeo Casabona, C.**, Enciclopedia de Bioética y Bioderecho,** Granada, Ed. Comares, 2011.

Borja, E., **Violencia y criminalidad racista en Europa occidental: la respuesta del Derecho Penal**, Granada, Ed. Comares, 1999.

Canetti, E., **Masse und Macht/Masa y Poder**, Barcelona, Debolsillo, 2005,

Casanova, J., **Europa contra Europa, 1914-1945,** Barcelona, Ed. Crítica, 2011.

Cohn, N., **Warrant for Genocide. The Myth of the Jewish World Conspiracy and the Protocols of the Elders of Zion/ El mito de la conspiración judía mundial. Los Protocolos de los Sabios de Sión.** Madrid, Alianza, 2010.

Estévez Araujo, J.A., **La crisis del Estado liberal en Weimar. Schmitt en Weimar**, Barcelona, Ed. Ariel, 1988.

Evans, R., **The Coming of the Third Reicht/ La llegada del Tercer Reich**, Barcelona, Ed. Península, 2005.

García Amado, J. A., "Nazismo, Derecho y Filosofía del Derecho", **Anuario de Derechos Humanos,** 1991, pp. 341-364.

Geulen, Ch., **Geschichte des Rassismus /Breve historia del racismo**, Madrid, Alianza, 2010.

Haffner, S., **Geschichte eines Deutschen. Die Einnerungen 1914-1933/Historia de un alemán. Memorias 1914-33,** Barcelona, Ed. Destino, 2005.

Heller, H., **Anatomía del Fascismo,** Granada, Ed. Comares, 2006.

Hilberg, R., **The Destruction of the Europan Jews/La destrucción de los judíos Europeos,** Madrid, Akal, 2005.

Kevles, D., **In the Name of Eugenics: Genetis and the Uses of Human Heredity,** N. York, Knopf, 1985.

Keynes J. M., **The Economic Consequences of the Peace /Las consecuencias económicas de la paz,** Barcelona, Editorial Crítica, 1987.

Klemperer, V., **El Lenguaje del Tercer Reich**. Barcelona, Editorial Minúscula, Barcelona, 2002.

Kershaw, I., **The Nazi Dictatorship/La dictadura nazi. Problemas y perspectivas de interpretación**, Buenos Aires, S. XXI, 2004.

Kershaw, I., **Hitler,** T. I, II, Barcelona, Ed. Península, 2004.

Levi, Primo, **Si esto es un hombre**, Barcelona, El Aleph, 2007, 9ª edición.

Mate, R., **Memoria de Auschwitz**, Madrid, Ed. Trotta, 2003.

Monereo, J. L., Estudio preliminar a Heller, H., **Europa y el fascismo**, Granada, Comares, 2006.

Muñoz Conde, F., **Edmund Mezger y el derecho penal de su tiempo. Los orígenes ideológicos de la polémica entre causalismo y finalismo**, 2ª ed. Valencia, tirant lo blanch, 2001.

Paxton, R.O., **The Anatomy of Fascism/ Anatomía del Fascismo**, Barcelona, Ed. Península, 2005.

Poliakov, L., **Bréviaire de la haine. Le III Reich et les Juifs /Breviario del odio,** Barcelona, Ediciones Cómplice, 2011.

Queiroz, C., "Racismo y eugenesia" in Cambrón, A., **Entre el nacer y el morir,** Granada, Ed. Comares, 1998.

Rees, L., **Auschwitz. The Nazis and the "Final Solution"/Auschwitz. Los nazis y la "solución final"**, Barcelona, Planeta DeAgostini, 2005.

Romeo Casabona,. C., Ed., **La eugenesia hoy**, Granada Ed. Comares, 1999.

Sabine, G., **A History of Political Theory /Historia de la Teoría Política**, México, F.C.E., 1987.

Touchard, J., Dir., **Histoire des idées politiques/Historia de las ideas políticas**, Madrid, Tecnos, 2006, 6ª ed.

FILOSOFÍA DEL DERECHO PENAL, POSITIVISMO JURÍDICO Y *EUGENESIA* EN LA REPÚBLICA DE WEIMAR

José Antonio Santos
Universidad Rey Juan Carlos

Sumario: 1. Introducción.- 2. El espíritu de la filosofía penal.- 3. Algo más que una polémica.- 4. Eugenesia y manipulación de masas.- 5. Conclusiones

1. Introducción

El modelo de Estado diseñado por Bismarck tomó cuerpo como Estado de bienestar, durante la República de Weimar, con la Constitución de 1919 que reconocía una serie de importantes derechos y libertades[1], aunque la imposibilidad de llevarlas plenamente a la práctica hizo, en buena medida, patente su fracaso.

[1] La Constitución de Weimar fue objeto de varias críticas, porque la segunda parte suponía una amalgama de principios democrático-liberales, socialdemócratas y católicos de centro, que carecían de unidad en su conjunto si se comparaba con la primera de carácter organizativo. La actitud de desconfianza de Schmitt hacia la República de Weimar fue total, aunque su visión dista de ser mejor que la que ya había. Según él, el pueblo alemán estaba encarnado en el movimiento nacionalsocialista formado en la resistencia contra los poderes allá por 1918. Crítico con el Tribunal de Garantías Constitucionales, a través del cual el constitucionalismo burgués adquiere su punto culminante, hasta el punto de afirmar que la salvación de Alemania no podía llegar a través de un sistema de legalidad semejante, SCHMITT, Carl: *Staatsgefüge*

Ciertamente hubo circunstancias beneficiosas que contribuyeron a una mejora real de la técnica, las artes plásticas, las libertades, las políticas sociales y de igualdad, por destacar algunos aspectos; sin embargo, esas mismas notas propiciaron un cierto efecto adverso. Por otra parte, supuso, como hecho más significativo, la instauración de la democracia con la formación de un gobierno de coalición encabezado por liberales, socialdemócratas y católicos que permaneció de 1919 a 1932.

Por tanto, este contexto resulta clave para entender el desarrollo posterior de la filosofía del derecho penal en el nacionalsocialismo, a pesar de que no es posible establecer una única causa del paulatino declive jurídico-moral y económico acaecido durante la República de Weimar, pues se trata más bien de la convergencia de un conjunto de factores. En este sentido, interesa analizar y someter a crítica el espíritu de la filosofía del derecho penal y del positivismo jurídico del primer tercio del siglo XX en Alemania, en relación con determinadas concepciones teóricas de aquella época, sin perjuicio de que se acuda a algunos antecedentes más antiguos que guarden relación con el objeto de la investigación, asumiendo que supusieron, en buena medida, el ambiente propicio de lo que acontecería en el periodo inmediatamente posterior.

2. El espíritu de la filosofía penal

Sus fundamentos filosófico-penales pueden encontrarse en el siglo XIX, por lo que realizar un somero repaso de la historia de la filosofía penal implica verter la mirada hacia la criminología. En este punto destaca como figura central de la escuela positivista italiana Cesare Lombroso[2], cuya influencia sería decisiva en el desarrollo del positivismo criminológico en Alemania. Es en 1876 cuando escribe su famosa obra *L'uomo delinquente*, donde desarrolla buena parte de su antropología criminal, poniendo de relieve que los delincuentes presentan caracteres anormales que les asemejan a seres atávicos

und Zusammenbruch des zweiten Reiches. Der Sieg des Bürger über den Soldaten (ed. con prólogo y notas de Günter Maschke), Duncker & Humblodt, Berlin, pp. 41 y 47.

2 En 1863 es encargado de un curso de clínica psiquiátrica en Pavía y, a raíz de ello, inaugura allí la enseñanza de la psiquiatría. Lombroso y sus seguidores pretendían dotar a la psiquiatría del espacio que hasta entonces no había tenido en el campo de la medicina.

con rasgos anatómicos cercanos al hombre primitivo y a animales inferiores[3].

A lo largo de varios capítulos intenta demostrar, empíricamente, que los delincuentes presentan cierta homogeneidad en cuanto a su moral, religiosidad, inteligencia o educación, a la vez que aborda temas de menor envergadura como el uso de tatuajes o de un determinado argot[4]. Fruto de su creciente actividad investigadora funda en 1880, junto a Ferri y Garofalo, el *Archivio de Psichiatria, Antropologia criminale e Scienze penali*. En esta importante revista la psiquiatría, el derecho penal y la antropología criminal pasaban a darse la mano. Por aquel entonces criminología y dogmática discurrían por la misma senda, jugando los elementos psiquiátricos y psicológicos un papel clave en el desenvolvimiento del derecho de la época. La respuesta que se diera a los problemas de las ciencias naturales y sociales, afectaría sobremanera al de las ciencias jurídicas, en base a la ausencia de ropajes metafísicos.

En aquella época, la psiquiatría no gozaba de los mejores elementos para purificar su particular ciencia, pero para varios juristas se abría el camino a una *paraciencia* sin parangón. Uno de sus objetivos consistía en alejarse del oscurantismo de la metafísica, que todavía tenía rastros comtianos, para avanzar hacia una ciencia tecnológica y *progresista*. Así la concepción de la escuela positivista italiana[5] suponía el paso del especular al deducir. Gozó de enorme éxito, sobre todo, al estar encuadrada en la crisis del positivismo jurídico.

---

[3] Resultan determinantes el prognatismo, la cantidad y ondulación del pelo, la ausencia de barba, la tez frecuentemente oscura, la oxicefalia, la oblicuidad de los ojos, el cráneo pequeño, la mandíbula desarrollada, la frente huidiza, el tamaño de las orejas, la analogía entre los dos sexos y la escasa fuerza muscular; factores todos ellos, que le permitían establecer similitudes entre los criminales europeos y el hombre austral o mongólico, LOMBROSO, Cesare: *L'uomo delincuente*, Ulrico Hoepli, Milano, 1876, p. 43.

[4] Ibídem, pp. 75-84, 84-88, 88-104, 43-56, 101-108, respectivamente.

[5] Lombroso, en 1893, se afilia al Partido Socialista en el Congreso celebrado en Reggio Emilia, siendo nombrado por escaso tiempo Consejero Comunal de Turín como representante del partido. Su toma de postura política supuso la ruptura de la escuela por disensiones con Garofalo, cfr. PESET, José Luis y PESET, Mariano: *Lombroso y la escuela positivista italiana*, Consejo Superior de Investigaciones Científicas, Madrid, 1975, pp. 198-200.

Como contraposición surge la escuela sociológica de Franz von Liszt[6], de marcado acento teleológico, que representa el modelo clásico basado en la finalidad de la pena, inspirado en la filosofía del positivismo naturalista y plasmado en su idea retributiva de la pena. En su teoría está claramente indicado el camino para la superación del positivismo jurídico, anclado en la exégesis filológica de la norma, y del conceptualismo, centrado en el método deductivo[7]. Paralelamente, surge la escuela sudoccidental alemana inspirada en la filosofía de los valores de Windelband y en la que se incluían Rickert y Lask, entre otros, quienes abordan el derecho como un fenómeno cultural y la ciencia del derecho como una de las ciencias de la cultura.

La predilección de Liszt por la jurisprudencia de intereses, representada por el segundo Jhering en su obra *Der Kampf ums Recht*, ejerció tanta influencia en él como las ideas de Lombroso y de Ferri, aunque su reconocimiento en el primer caso fuera directo y en el segundo indirecto. Es claro su alejamiento del formalismo legal y su acercamiento a la finalidad y al valor en su Programa de Marburgo de 1882; en concreto, a aquella idea de que en el derecho existe la idea de fin (*Zweckgedanke*)[8]. En aquel trabajo el penalista esboza una clasificación de los tres tipos de delincuentes, para los que establece un sistema de sanciones penales: 1) Corrección de los delincuentes que necesiten corrección y sean capaces de ella. 2) Intimidación de los delincuentes que no precisen de corrección. 3) Inocuización de los delincuentes incorregibles.

En esta ocasión, resulta pertinente centrarse en el tercer grupo: los irrecuperables que vienen a ser los delincuentes peligrosos reincidentes. Así señala: "La lucha enérgica contra la delincuencia habitual es una de las tareas más importantes del presente. Del mismo modo

---

[6] Merece una lectura, JIMÉNEZ DE ASÚA, Luis: "Corsi e ricorsi: la vuelta de von Liszt", en LISZT, Franz von: *La idea de fin en el derecho penal* (trad. de Enrique Aimone Gibson. Revisión técnica y prólogo de Manuel de Rivacoba y Rivacoba), EDEVAL, Valparaíso, 1984, pp. 29-48.

[7] Cfr. BARATTA, Alessandro: *Positivismo giuridico e scienza del diritto penale. Aspetti teoretici e ideologici dello sviluppo della scienza del secolo al 1933*, Giuffrè, Milano, 1966, pp. 93 y 94.

[8] LISZT, Franz von: „Der Zweckgedanke im Strafrecht" (1882), en *Strafrechtliche Vorträge und Aufsätze* (1905). Tomo 1, Walter de Gruyter, Berlin, reimpresión de 1970, p. 166. Se tienen en cuenta la traducción de Enrique Aimone Gibson arriba indicada y la de Carlos Pérez del Valle publicada en Comares (Granada, 1995), aunque con modificaciones.

que un miembro enfermo contagia a todo el organismo, el cáncer de la delincuencia habitual, en rápido crecimiento, se extiende cada vez con más profundidad en nuestra vida social" (...). "Se trata sólo de un eslabón, ciertamente del más importante y peligroso, de esa cadena de patologías sociales, que solemos designar con la denominación genérica de proletariado. Mendigos y vagabundos, personas de ambos sexos que ejercen la prostitución y alcohólicos, timadores y personas del submundo en el sentido más amplio de la palabra, degenerados psíquicos y físicos. Todos ellos conforman el ejército de enemigos básicos del orden social, en el que los delincuentes habituales constituyen su Estado mayor. Mientras no hayamos encarado el rufianaje bajo el prisma ético social, es un vano intento el de encarar la delincuencia habitual como tal. Mucho tendrá que servirnos al respecto la estadística moral, en especial, su aplicación en el campo de la antropología criminal, la que aún hoy carece de un método confiable"[9]. El insigne jurista propone la "inocuización de los incorregibles y corrección de los corregibles", pero descarta la pena de muerte como sanción penal para los delincuentes más graves que correspondan a este tercer grupo[10].

Como solución penal para este tipo de delincuentes, Liszt propone: "La 'inocuización' de los delincuentes incorregibles sería posible si el Código penal estableciese –en una fórmula análoga a la de los parágrafos 244 y 245 del Código vigente– que en el caso de una tercea condena por uno de los delitos mencionados antes se impusiera la *pena de prisión por tiempo indeterminado* (*Einschließung auf unbestimmte Zeit*). La pena se cumpliría en régimen de comunidad y en establecimientos especiales (*Zuchthäuser*[11] y *Arbeithäuser*[12]). De este modo, se establecería una 'servidumbre penal' (*Strafknechtschaft*) con estricta obligación de trabajar y muy posiblemente con la utilización de la

---

9 Ibídem, pp. 166 y 167.

10 Ibídem, p. 173.

11 El término *Zuchthaus* ('casa de corrección') se utilizó para designar a unas cárceles especiales para personas que habían cometido delitos graves y que solían incluir trabajos forzados hasta la extenuación. Después de su abolición ha ido perdiendo su sentido y ya no se utiliza.

12 Con la palabra *Arbeitshaus* ('casa de trabajo') se designó a lugares donde los delincuentes, que habían cometido delitos menos graves o habían mostrado un buen comportamiento en las *Zuchtahäuser*, realizaban trabajos de diversa índole. Dicho término recuerda algo al de campos de trabajo (*Arbeitslager*), que después utilizarían los nazis.

fuerza del trabajo. Apenas podría prescindirse del castigo corporal como pena disciplinaria. La pérdida obligatoria y permanente de los derechos civiles tendría que marcar de forma nítida el carácter incondicionalmente deshonroso de la pena. El aislamiento en régimen de la incomunicación (*Einzelhaft*) sólo operaría como pena disciplinaria, junto con el arresto en celda oscura (*Dunkelarrest*) y en estricto ayuno"[13].

En el derecho penal imperaba una fundamentación bastante alejada de una posible resocialización del delincuente habitual incorregible, más todavía si se le englobaba en el amplio grupo de los asociales o de personas con determinadas enfermedades físicas o mentales. Este tipo de delincuentes se veían avocados a permanecer en un pozo del que nunca podrían salir; sabiendo ésto, habría que hacer todo lo posible para que no contaminasen al resto que sí podían llevar una vida adecuada.

Resulta problemático –como señala Muñoz Conde– que este sistema de medidas de seguridad que, con más o menos variantes, se acoge en los Proyectos de 1922, 1925, 1927 y 1930, se convirtiera en derecho vigente en 1933 durante el inicio del período nazi con la Ley sobre el delincuente habitual (*Gewohnheitsverbrechergesetz*)[14], que los introdujo en el Código penal. Cuando se habla de esta ley, "todo el mundo en Alemania procura destacar que su elaboración y los trabajos preparatorios a la misma se llevaron a cabo en el período anterior, es decir, en la República de Weimar.

No se sabe muy bien si ello se debe a un intento por desactivar el abuso que de la misma se hizo en el período nazi, o, sibilinamente, para indicar que muchas de las ideas que fructificaron en este período se habían incubado ya en la etapa anterior"[15]. Si bien es cierto que Radbruch acogió con cierta simpatía aquellas medidas de seguridad en su Proyecto de Código penal[16]; no lo es menos, el hecho de que re-

---

[13] LISZT, Franz von: „Der Zweckgedanke im Strafrecht", op. cit., p. 170.

[14] Cfr. „Gesetz gegen gefährliche Gewohnheitsverbrecher und über Maßregeln der Sicherung und Besserung" de 24 de noviembre de 1933, en *Reichsgesetzblatt.* Parte I, 1933, pp. 995-999. Más ampliamente, sobre esta ley y otros documentos relacionados con ella, cfr. *Die Strafgesetznovellen von 1933 und 1934*, Spaeth & Linde, Berlin, 1934, pp. 31-132.

[15] MUÑOZ CONDE, Francisco: "Política criminal y dogmática jurídico-penal en la República Weimar", en *DOXA*, núm. 15-16, 1994, p. 1033.

[16] Ibídem, p. 1037.

presentó mejor que Liszt la figura arquetípica del liberal de izquierdas, unida a una sensibilidad ética mucho mayor que la de varios de sus coetáneos, incluso en su primera etapa.

La primera guerra mundial era "una auténtica conciencia epocal", que confinó al siglo XIX a una unidad perteneciente al pasado. No solamente en el sentido de un periodo en que la burguesía llegaba a su fin, aquella que unía la fe en el progreso con una confiada esperanza puesta en las garantías de libertad y en el "perfeccionismo civilizador", sino sobre todo se ocultaba la conciencia de la "defenestración de una época", el más profundo rechazo por ella[17].

El diagnóstico de la crisis fue explicado claramente por Ringer. En este punto, señala que ésta fue consecuencia de la revolución política, así como de la desastrosa inflación posterior la primera guerra mundial que afectó a la élite educada de la época. Aún más grave resultaba que en los ambientes culturales europeos había cundido un cierto pesimismo respecto a este tema. Las tensiones sociales y culturales generadas fueron especialmente graves y, sobre todo, la institución académica alemana reaccionó, ante tal situación, con una intensidad tan desesperada que el espectro de estar viviendo una edad moderna desalmada impregnó todo lo que dijeron y escribieron, sin importar el tema de que se tratase.

A pesar de las lecturas de Kant o Hegel, la forma de pensar de los intelectuales de Weimar no era solamente el producto de una lógica heredada, sino que más bien se estaba ante una constelación de actitudes y emociones lo que les unía, llegando a contagiar su lenguaje y sus métodos de argumentación[18].

Alemania acababa de salir de la derrota de la Gran Guerra y de la firma de la Paz de Versalles con unas condiciones, por parte de los

---

[17] GADAMER, Hans Georg: "Die philosophischen Grundlagen des zwanzigsten Jahrhunderts", en *Kleine Schriften*, vol. 1, Mohr, Tübingen, 1967, p. 132.

[18] Cfr. RINGER, Fritz K.: *The Decline of the German Mandarins. The German Academic Community, 1890-1933*, Harvard University Press, Cambridge, Massachusetts, 1969, pp. 1-3. El rechazo hacia los grupos sociales aumentó después de la derrota de la primera Guerra Mundial y de la crisis social y económica de la República de Weimar, MUÑOZ CONDE, Francisco: "La esterilización de los asociales en el nacionalsocialismo. ¿Un paso para la 'solución final de la cuestión social'?", en Jacobo LÓPEZ BARJA DE QUIROGA y José Miguel ZUGALDÍA ESPINAR (eds.): *Dogmática y ley penal. Libro homenaje a Enrique Bacigalupo.* Tomo I, Marcial Pons y Instituto Universitario de Investigación Ortega y Gasset, Madrid, Barcelona, 2004, p. 594.

países vencedores, que los alemanes consideraban una humillación y que no terminarán de superar. Se detectaba en ello un 'continuum' que seguirá el orden lógico de los acontecimientos hasta poco antes de la instauración de la República de Weimar. No se puso suficientemente en cuestión la democracia; en ocasiones, para criticarla o describirla resulta preciso distanciarse un poco de ella. Mirarla, como quien dice, con cierta actitud de sospecha, a fin de mejorarla. Como todas las grandes épocas siempre es, en cierta medida, engrandecida y enaltecida desde el subjetivismo.

Atrás quedó la Alemania romántica de los ideales y el conflicto entre el Estado del soldado y el Estado del burgués, llegando a una situación de la historia constitucional totalmente divergente a la anterior. Schmitt lo diagnostica con su habitual pesimismo al respecto: la Constitución de Weimar fue solamente una explicación tardía de un Estado prusiano del soldado que ya no existía, la otra parte integrante de la estructura dual del Estado, que después de eliminado su adversario se desarrolló desenfrenadamente.

La victoria de la democracia liberal, que se dio a conocer con la Constitución de Weimar, fue sólo a título póstumo. Aquella se fijó en un tiempo pasado, sin presente y sin futuro, irreal, la victoria que lleva consigo un espectro a la sombra de su enemigo[19]. La lectura atenta de estos y otros pasajes de su obra implica acercarse a este autor –como bien dice Estévez Araujo– con "precaución", por la "carga ideológica que su pensamiento contiene"[20].

El neokantismo, patente en Weimar, en un "intento de superación del concepto positivista de ciencia, trató de fundamentar el carácter científico de la actividad jurídica, distinguiendo entre ciencias de la naturaleza y ciencias del espíritu". Ambas aparecían ante sus ojos como "auténticas ciencias porque tienen un objeto determinado y un método para investigarlo que les es propio, pero precisamente por eso difieren entre sí".

---

[19] SCHMITT, Carl: *Staatsgefüge und Zusammenbruch des zweiten Reiches. Der Sieg des Bürger über den Soldaten* (1934). Ed. con un prólogo y notas de Günter Maschke, Duncker & Humblodt, Berlin, 2011, p. 41. Un problema fundamental fue la tibieza para reivindicar cualquier opción crítica, desde dentro del sistema democrático, antes de la Gran Guerra. De ello da cuenta Hans KELSEN: *Vom Wesen und Wert der Demokratie*, Mohr, Tübingen, 1920, p. 3.

[20] ESTÉVEZ ARAUJO, José Antonio: *La crisis del Estado de derecho liberal. Schmitt en Weimar*, Ariel, Barcelona, 1988, p. 261.

Las primeras, desde el punto de vista causal-explicativo, y la segunda, empleando un método comprensivo referido al valor. La ciencia del derecho se encontraba entre las segundas, porque en sus esfuerzos por conocer el derecho positivo, objeto de su investigación, tiene que realizar una valoración. Sus frutos se plasman en el dualismo metodológico del derecho penal: se divide el análisis del delito en una parte causal-explicativa (criminología) y en otra comprensiva-axiológica (dogmática)[21].

Uno de los problemas de aquella degeneración espiritual radicó en la ambigüedad de la filosofía de los valores y del idealismo social del neokantismo, especialmente de la escuela de Baden, que sirvieron de instrumentalización ideológica de la cultura nacionalsocialista por lo que se les reconoce el mérito de haber hecho un 'precioso trabajo preparatorio'. Es posible recordar aquel grandioso fenómeno de evasión de la concreta situación política y de la idealización de sus componentes reales, propio de la cultura oficial alemana de los primeros de decenios del siglo (que no es más que el reflejo espiritual de una sociedad alienada); así el neokantismo se presenta como el prólogo del drama[22].

3. Algo más que una polémica

Casi cuatro décadas después, ya con la República de Weimar en marcha, se pueden volver a leer similares afirmaciones a las escritas por Liszt en la pluma de Karl Binding, otro de los grandes maestros del derecho penal contemporáneo, a la vez que uno de sus mayo-

---

[21] MUÑOZ CONDE, Francisco: "Política criminal y dogmática jurídico-penal en la República Weimar", op. cit., p. 1027.

[22] BARATTA, Alessandro: *Positivismo giuridico e scienza del diritto penale. Aspetti teoretici e ideologici dello sviluppo della scienza del secolo al 1933*, Giuffrè, Milano, 1966, pp. 51 y 119. En una línea parecida, Muñoz Conde critica con razón a los penalistas alemanes de aquel tiempo. Les reprocha "haber sido demasiado consecuentes con los postulados puramente dogmáticos de los que partían, cultivando la Dogmática jurídico-penal *l'art pour l'art*, alejándose bastante de la realidad política, social y económica que les tocó vivir, y dejando, en cierto modo, con sus exquisiteces y elucubraciones teóricas, la puerta abierta a la terrible bestia del fascismo, al que no quisieron o no supieron ver como el verdadero enemigo de la dignidad humana", MUÑOZ CONDE, Francisco: "Política criminal y dogmática jurídico-penal en la República Weimar", op. cit., p. 1050.

res críticos respecto de la idea retributiva de la pena[23]. Se trata de la obra, escrita conjuntamente por Karl Binding[24] y Alfred Hoche[25], *Die Freigabe der Vernichtung lebensunwerten Lebens*[26] de 1920, cuya traducción al español podría ser la *Autorización para exterminar la vida sin valor vital.* Este libro merece, por su importancia, un análisis detenido. En su conjunto, es una obra breve, interesante y 'valiente' (por lo que llega a afirmar sin mayores miramientos), a la vez que no demasiado leída a pesar de su reedición en 2006 por Naucke[27].

---

23 Muñoz Conde establece un paralelismo entre ambos. Así, por ejemplo, Binding no era partidario de la pena indeterminada que proponía Listz para los delincuentes habituales; pero a pesar de partir de escuelas diferentes, las diferencias eran más nominalistas que de contenido. Liszt "pretendía con su tipología de autores la 'inocuización' de los que consideraba incorregibles; en cambio, Binding defendía lo mismo con su derecho penal retributivo, pero exasperando la gravedad de la pena, basando la más contundente reacción penal (prisión perpetua o incluso la pena de muerte) en una mayor culpabilidad del sujeto o en ideas abstractas, de nobleza y exaltación del concepto de pena, Ibídem, pp. 1033 y 1034.

24 Reconocido penalista y teórico del derecho y del Estado, el cual llevó sus conocimientos a la práctica como juez en Leipzig. Llegó a ser catedrático y, posteriormente, rector de la universidad de aquella ciudad. Sucintamente sobre su biografía, cfr. TRIEPEL, Henrich: "Binding", en *Neue Deutsche Biographie.* Tomo 2, Duncker & Humblodt, Berlin, 1955, pp. 244 y 245. Es curioso que sólo cite la obra y no comente nada sobre la misma.

25 Catedrático de psiquiatría de la Universidad de Friburgo con gran interés por los problemas jurídicos e inclinaciones literarias. De 1902 a 1933 trabajó allí como director de la clínica de psiquiatría y neurología. Su labor humanística era palpable con investigaciones en el ámbito de la medicina interna, con trabajos que ocupan muchos ámbitos de la psiquiatría, al igual que ensayos filosóficos y textos literarios. Puede consultarse una sucinta biografía del autor escrita por Heinz RÖHRICH: „Hoche, Alfred", en *Neue Deutsche Biographie.* Tomo 9, Duncker & Humblodt, Berlin, 1972, pp. 284 y 285.

26 Subtitulada *Ihr Maβ und ihr Ziel* (*Sus límites y su forma*). *Freigabe* se puede traducir por autorización o licencia. Se trata de un término técnico-jurídico, que legitima al poder estatal, dejando impunes el terminar con la 'vida sin valor vital'. En cambio, *Vernichtung* sería exterminio, aniquilamiento o destrucción. Es el homicidio según el estado de la ciencia provocado por la utilización de gas, veneno o dejando morir de hambre. Normalmente *Maβ* se traduce en español por medida, pero en este caso sería un error hacerlo así. Más correcto resulta traducirlo por límite, que en realidad serían límites.

27 Sin ir más lejos, en el 2010 se le quitaría póstumamente, a Binding, el título de hijo predilecto de la ciudad de Leipzig; a raíz de la reedición en el 2006, por Wolfgang Naucke, de la obra *Die Freigabe der Vernichtung lebensunwerten Lebens.* Sobre la enorme repercusión de esta obra desde su publicación hasta nuestros días, véase el detallado estudio de Eva SCHUMANN: "Karl Bindings Schrift 'Die Freigabe der Vernichtung lebensunwerten Lebens'. Vorläufer, Reaktionen und Fortwirkung in rechtshistorischer Perspektive", en RIHA, Ortrun (ed.): *'Die Freigabe der Vernichtung*

Binding y Hoche eran dos pensadores de desigual peso en el mundo académico de aquel momento. El primero, jubilado hace tiempo, se alzaba como una de las máximas autoridades del derecho penal contemporáneo[28]; en cambio, el segundo, pasaba por ser un afamado catedrático de psiquiatría. Éste se apoya insistentemente en la línea desarrollada por aquél. El penalista era uno de los padres del positivismo jurídico-penal de la denominada *escuela clásica* en contraposición a la *escuela sociológica* representada por Liszt. Su teoría de las normas parte de una concepción positivista[29] según la cual el delincuente no viola la ley penal, sino que la cumple, lo que vulnera es el imperativo dirigido a la colectividad y que subyace a la norma. Binding parte del supuesto de que la norma jurídica se dirige a los súbditos y la ley penal al juez, siendo más una ficción que una hipótesis[30]. También lo fue posteriormente para Kelsen que tomó elementos de éste y de Vaihinger, entre otros.

La estructura de la obra consta de dos partes: la primera realizada por el profesor de derecho penal bajo el título *Rechtliche Ausführung*, en la cual se analiza la fundamentación jurídica de la cuestión ya comentada; la segunda, escrita por Hoche, aborda los aspectos ético-médicos en su trabajo *Ärztliche Bemerkungen*. A primera vista, uno se

---

lebensunwerten Lebens'. Beiträge des Symposiums über Karl Binding und Alfred Hoche am. 2. Dezember 2004 in Leipzig, Shaker, Aachen, 2005, pp. 35-67. Últimamente ha aparecido una tesis doctoral defendida en la Universidad de Jena, en el 2010, por Kathrin Hammon bajo el título: *Karl Binding, Alfred E. Hoche - die ‚Freigabe der Vernichtung lebensunwerten Lebens - ihr Maß und ihre Form': Überlegungen zur zeitgenössischen Einordnung und historischen Bewertung*.

28 Engisch lo tildaría como uno de los "criminalistas más conservadores", ENGISCH, Karl: *Euthanasie und Vernichtung lebensunwerten Lebens in strafrechtlicher Bedeutung*, Kreuz, Stuttgart, 1948, p. 28.

29 No es ninguna doctrina de derecho positivo, sino una doctrina del Estado alemán fuerte, de los diferentes valores del ciudadano de ese Estado. Lo que Binding denomina 'normas' es la actual visión política, que rodea a las leyes y encuentra en ella al intérprete autorizado, NAUCKE, Wolfgang: "Einführung", en BINDING, Karl y HOCHE, Alfred: *Die Freigabe der Vernichtung lebensunwerten Lebens. Ihr Maβ und ihr Ziel* (1920), Berliner Wissenschafts-Verlag, Berlin, 2006, p. XXXIV.

30 Más en detalle, cfr. BINDING, Karl: *Die Normen und ihre Übertretung. Eine Untersuchung über die rechtsmässige Handlung und die Arten des Delikts*. Tomo 1. *Normas y leyes penales* (reimpresión de la 4ª ed. publicada en Leipzig en 1922), Scientia, Aalen, 1965. La primera edición es de 1872. Para el desarrollo del concepto y el contenido de la normas las páginas 3-131; en cambio, para la relación formal de las normas con las leyes penales las páginas 132-236.

percata enseguida de estar ante dos estudios de distinta envergadura, elaborados con una prosa compleja y un lenguaje elevado[31].

El penalista analiza la naturaleza del suicidio y del homicidio a petición, teniendo en cuenta que la pura determinación del homicidio a petición de los enfermos terminales físicos y psíquicos no está comprendida en el Código Penal de 1871[32]. Ya en las primeras páginas se detecta la influencia del psicólogo austriaco Jost, el cual se pregunta si existe un derecho a la muerte, no tanto en el caso del suicidio, sino en el de los enfermos psíquicos o físicos incurables. Responde afirmativamente a esta posibilidad con razonamientos cercanos a la ética utilitarista de Hume, en la que en ocasiones se apoya, a fin de conseguir que esos enfermos sin esperanza tengan un final sin dolor.

Por tanto, Binding considera que el Estado debe contribuir a ello haciendo primar los intereses de la sociedad sobre este colectivo, toda vez que consumen mucha más cantidad de recursos que una persona sana. Para lo cual se apoya en dos factores: primero, sopesa el valor de la vida para las personas afectadas, en base a la suma de alegría y dolor que éstas experimenten; segundo, la suma de beneficios y perjuicios que el individuo representa para sus congéneres[33].

Desde el principio, deja patente que no existe un auténtico derecho a la muerte: „El reconocimiento de los derechos a matar configura la oposición a la autorización“[34]. No obstante, relativiza a la hora de valorar el suicidio y el homicidio a petición, particularmente para las *Nebensmenschen*, diciendo: "*Esto no es una acción de matar en sentido jurídico*'; sino sólo una modificación de la causa de muerte diagnosticada irrevocablemente, cuyo exterminio no puede ser valorado po-

---

[31] Con varios términos actualmente en desuso en el lenguaje ordinario y en el culto en Alemania.

[32] El § 216 regula el homicidio a petición del siguiente modo: 1) El que matare a otro por medio de petición expresa y seria del fallecido, se le impondrá pena privativa de libertad de seis meses a cinco años. 2) La tentativa es punible.

[33] Cfr. JOST, Adolf: *Das Recht auf den Tod. Sociale Studie*, Dieterich'sche Verlagsbuchhandlung, Göttingen, 1895, pp. 1, 2, 8, 12, 13, 17 y 18. También se observa la influencia de Schopenhauer (p. 4) o de Nietzsche (p. 18). Este estudio tendría una menor repercusión que el libro de Binding y Hoche.

[34] BINDING, Karl y HOCHE, Alfred: *Die Freigabe der Vernichtung lebensunwerten Lebens*, op. cit., p. 5. También pp. 20 y 34. En esta última reconoce que tampoco existe un deber de matar.

sitivamente: *es en realidad una pura acción salvadora*"[35]. Todo ello para garantizar como finalidad última un procedimiento técnico-administrativo para que, bajo determinadas condiciones, pueda acabarse con la vida de determinados seres humanos que suponen una carga para el Estado.

El penalista parte de su teoría de la norma señalando que la ley penal dice: 'el que mate, será castigado' (*Wer tötet, wird bestraft*), que a su vez descansa en la norma *tú no debes matar* (*du sollst nicht töten*). Entonces considera que cabe la posibilidad de excepcionar no la norma, sino la ley. El sujeto que realiza la acción de matar infringe la norma que fundamenta la ley penal, pero su conducta no sería punible si se cumplen ciertas condiciones. Por tanto, el delincuente cumple con el tipo de la ley penal. Según Naucke, "el teórico de la norma domina la ley, puesto que la ley es sólo un aspecto superficial de la norma"; lo que significa que tiene que adquirirse respeto hacia la ley positiva, porque asegura las normas como condiciones para la existencia de una sociedad, dejando de ser Binding un "gran positivista" para pasar a ser un "exaltador de las normas sociales"[36].

Por otra parte, antes de exponer las tres categorías que podrían gozar de la autorización para el exterminio, Binding esboza una pregunta: "*¿Existen vidas humanas que han sufrido tal menoscabo de su carácter de bien jurídico, que su continuidad ha perdido todo valor tanto para los titulares de esas vidas como para la sociedad?*" [37]. La respuesta afirmativa a esta cuestión hace presagiar la peor solución para la vida sin valor vital. Así distingue dos grandes grupos e incluye un tercero más pequeño dentro de ese colectivo[38].

1) Dar muerte como petición desesperada de ser librado de sufrimientos. Es un caso de eutanasia pura en el que los enfermos comprenden su estado, a pesar de presentar enferme-

---

[35] Ibídem, op. cit., p. 17. En la obra de Adolf JOST *Das Recht auf den Tod* se hace uso del término *Mitmensch*, op. cit., p. 26.

[36] NAUCKE, Wolfgang: „Einführung", op. cit., p. XVI.

[37] BINDING, Karl y HOCHE, Alfred: *Die Freigabe der Vernichtung lebensunwerten Lebens*, op. cit., p. 26. Con ello se apoya en Jost, el cual señala que el valor de la vida no sólo *puede* ser un simple cero, sino también negativo, JOST, Alfred: *Das Recht auf den Tod*, op. cit., p. 26.

[38] Cfr. Ibídem, pp. 28-32. Para una mejor comprensión de las diferetnes acciones de dar matar muerte en Binding, cfr. SCHUMANN, Eva: "Karl Bindings Schrift 'Die Freigabe der Vernichtung lebensunwerten Lebens', op. cit., p. 67.

dades graves incurables. Piensa que sobre esta autorización pesa un deber jurídico de compasión. Dentro de este grupo engloba a enfermos de cánceres incurables y de tuberculosis pulmonar irreversible (*unrettbare Phthisiker*[39]).

2) El segundo grupo lo componen los 'imbéciles' incurables carentes de voluntad tanto de vivir como de morir y que denotan una ausencia de capacidad para gobernarse a sí mismos. Su vida carece absolutamente de sentido, pero no la encuentran como insoportable. Éste sería el caso de los hebefrénicos o los paralíticos en el último estadio de su dolor, que suponen costes económicos para los parientes o tutores.

3) *Personas*[40] mentalmente sanas pero que han perdido la conciencia por algún motivo, como por ejemplo una lesión grave de indudable carácter mortal, y que en caso de recuperarla se encontrarían en un estado de sufrimiento indescriptible. Estas últimos se caracterizan, según él, por una gran infelicidad, rasgo que utiliza como elemento de baremación.

No sólo fue problemático el uso de determinadas categorías políticas como *Volk*, sino también el de categorías jurídicas que minusvaloraban al ser humano. Así es posible ver la utilización de una serie de categorías jurídicas separadas deliberadamente del concepto de persona propiamente dicho, entendiendo por tal aquel ser humano que goza de dignidad intrínseca, es decir, cualidad que ostenta por el mero hecho de serlo y, matizando más, de carácter indisponible por un tercero.

Binding utiliza términos –también lo hace Hoche– que hasta entonces eran nuevos para el público especializado y que más tarde cobrarían gran popularidad: *lebensunwertes Leben*[41], *Nebenmenschen*[42],

---

[39] Término ciertamente en desuso en la actualidad.

[40] El autor habla deliberadamente de *Persönlichkeiten*, utilizando la mayoría de las veces un lenguaje peyorativo.

[41] Utilizado por ambos autores, Ibídem, pp. 23, 26, 30 (Binding) y 55 (Hoche). En ninguna de ellos se realiza una distinción entre las vidas que tienen valor vital y las que no lo tienen.

[42] Solamente mencionado por Binding, Ibídem, pp. 11, 13 y 20. Nietzsche ya usó este término, junto con el todavía más despectivo de *Untermenschen*, en su obra *Die fröhliche Wissenschaft*, op. cit., p. 168. Después Hitler tomaría acopio de uno y otro en la puesta en práctica de su Decreto de eutanasia.

Ballastexistenzen[43], etc. Si se conseguía ubicar a una serie de individuos en algunas de estas categorías, quedarían deliberadamente fuera del 'sistema'. Estando fuera del sistema podrían ser objeto de manipulación al antojo de intereses tanto individuales como estatales.

La *polis* alemana cobraba así tintes de modernidad. Estas categorías jurídico-médicas se verían considerablemente ampliadas durante el nacionalsocialismo. Desde una perspectiva jurídica y médica se plasmaba una biología criminal, a partir de planteamientos de depuración de la raza[44]. La pendiente resbaladiza empezaba a tomar cuerpo. Después llegarían las esterilizaciones forzosas, las discriminaciones por razón de sexo, raza, condición física y psíquica, e incluso los asesinatos en masa.

La fundamentación de Binding consiste en señalar que, en tiempos de moral superior, sería deseable liberar a estas pobres personas de manera oficial de ellos mismos[45]. Para ello, utiliza la expresión *amtlich*, lo que significa que para poner en marcha la autorización para el exterminio se requiere la participación estatal, es decir, sólo hace falta que el Estado ponga los medios. En este sentido, expone planteamientos cosificadores correctamente elaborados desde una ética utilitarista, secular y antirreligiosa[46], por medio de los cuales empatiza con el lector a fin de calar en su imaginario social. Por ejemplo, señala que el "inconsciente momentáneo" (*momentan Bewuβtlose*) tiene que ser "objeto" de "intervención terapéutica", sin que el Código Penal pueda hacer acto de presencia porque la norma tú no debes matar no abarca este hecho[47].

---

[43] Este término usado por Hoche puede ser traducido al español por *existencias lastre*, Ibídem, pp. 51 y 53.

[44] Tal es así que, algunos años después, Nicolai equipararía la vocablo *lebensgesetzlich* al extranjerismo *biologisch*, haciéndose eco del libro *Allgemeine Biologie als Grundlage für Weltanschauung* fechado en 1919, NICOLAI, Helmut: *Die rassengesetzliche Rechtslehre. Grundzüge einer nationalsozialistischen Rechtsphilosophie*, Eher, München, 1932, p. 3.

[45] BINDING, Karl y HOCHE, Alfred: *Die Freigabe der Vernichtung lebensunwerten Lebens*, op. cit., p. 30.

[46] A propósito de ello, véanse las interesantes reflexiones de Wolfgang NAUCKE: „Einführung", op. cit., pp. XIX-XXII. Sobre el estilo político-lingüístico de la obra, pp. XXXI-XXIV. Desde un planteamiento sumamente crítico, Walter la tilda de „filosofía pesismista de la desesperación", "Die Vernichtung lebensunwerten Leben (Euthanasie)", en *Archiv für Rechts- und Wirtschaftsphilosophie*, tomo 16, 1922/1923, p. 115.

[47] Menciona al respecto el término *Gegenstand* (objeto) y no el de *Opfer* (víctima), ibídem, p. XXII. La afirmación de Binding aparece en p. 18. Binding nunca uti-

La iniciativa de tales homicidios tiene que partir de una autoridad estatal. Así el Estado debe promover para el exterminio un comité de autorización compuesto por un médico experto en enfermedades físicas, un psiquiatra[48] (o un segundo médico que esté familiarizado en enfermedades mentales, y un jurista que supervise la parte jurídica. Con ello se pretendía garantizar que se daba muerte a determinados seres humanos tras una comprobación técnico-objetiva. Textualmente se dice que la autorización para el exterminio podría exigirse que fuera de unanimidad, pero habla de *dürfte* y no de *muss* con lo que en la práctica cabría realizarlo por mayoría[49]. Uno de los primeros partidarios de esta propuesta, Borchardt, no detectó este matiz y sugirió que la decisión fuera adoptada por mayoría de cuatro a uno en su proyecto para una Ley sobre la autorización para exterminar a los deficientes mentales incurables (*Gesetz über die Freigabe der Tötung unheilbarer Geistesschwacher*)[50].

No obstante, Binding establece como *garantía* que el solicitante y el médico encargado del paciente no puedan ser miembros del comité. La decisión es una resolución (*Beschluß*) administrativa que no tiene el carácter de sentencia, pero que precisa ser ejecutada. Para hacer efectivo el acto de ejecución se enviaría *un cuidadoso protocolo* al comité de autorización, pero en la obra no se describe su contenido[51]. Con este procedimiento se antepone un beneficio supuestamente global para la sociedad, haciendo la conducta no culpable. Además, según él, debe tenerse en cuenta que el riguroso examen de la autori-

---

liza la palabra paciente, siendo únicamente utilizada por Hoche en la p. 44. Es sabido que al mencionar este vocablo se está presumiendo que esa persona puede tener una enfermedad, pero que va a recibir o está recibiendo atención médica. En cambio, con enfermo se está poniendo de relieve sólo que el sujeto tiene una enfermedad.

48 Todavía en aquella época no estaba consolidada definitivamente la psiquiatría como especialidad médica. Hubo que esperar algunos años, a pesar de los esfuerzos realizados por Kraepelin, para que perdiera el cierto halo de oscurantismo que le caracterizaba hasta entonces.

49 NAUCKE, Wolfgang: „Einführung", op. cit., p. XXVIII. *Dürfen* es un verbo que indica permiso, pero no con un componente de necesidad, es decir, de que se realice de una determinada manera. En cambio, *müssen* tiene una connotación de necesidad, lo que significa que genera una obligatoriedad en la acción del sujeto.

50 BORCHARDT: "Die Freigabe der Vernichtung lebensunwerten Lebens", en *Deutsche Strafrechtszeitung*, vol. 9, 1922, columna 208. Más en detalle sobre este proyecto, que no llegó a tomar forma, columnas 208 y 209. No aparece su nombre, por lo que se cita sólo por el apellido.

51 BINDING, Karl y HOCHE, Alfred: *Die Freigabe der Vernichtung lebensunwerten Lebens*, op. cit., p. 35. Sobre la decisión para la autorización. pp. 33-36.

zación para el exterminio puede ser susceptible de error, pero no por eso tiene que dejar de practicarse[52]. Al fin y al cabo, aquellos seres humanos sólo eran *Nebenmenschen.*

Con razón, Muñoz Conde establece un paralelismo entre las propuestas teóricas de los dos grandes penalistas mencionados y lo puesto en práctica por el nacionalsocialismo: "Si se recuerdan las palabras de Von Liszt y Binding, se comprenderá por qué se ha dado esa impresión a las generaciones venideras: ciertamente, no hay tantas diferencias entre lo que estos autores decían respecto a los delincuentes habituales y la praxis penal que se llevó a cabo el hilo de estas ideas, treinta o cuarenta años más tarde, por la Justicia nacionalsocialista, sin que las precauciones y reserva adoptadas por Radbruch en su Proyecto sirvieran, en algún modo, de freno a la misma"[53].

Una vez analizado el texto de Binding toca el turno de abordar sucintamente el escrito por Hoche[54], a pesar de que ya han salido algu-

---

52 Ibídem, pp. 37-39.

53 MUÑOZ CONDE, Francisco: "Política criminal y dogmática jurídico-penal en la República Weimar", op. cit., p. 1034. Binding influyó en grandes penalistas contemporáneos como su discípulo Emund Mezger de quien después se sabría de su participación intelectual en el apuntalamiento del nacionalsocialismo. Ejemplificador al respecto es, entre otros, su trabajo *Für und wider der Todesstrafe* (1928), en el que se pronuncia a favor de la pena de muerte, como otros tantos penalistas de su época, aunque sólo sea para eliminar la vida sin valor vital de los asesinos más crueles, MUÑOZ CONDE, Francisco: *Edmund Mezger y el derecho penal de su tiempo. Estudios sobre el derecho penal en el nacionalsocialismo* (2000), 4ª. ed. revisada y ampliada, Tirant lo Blanch, Valencia, 2003, p. 104.

54 En su libro de memorias, se reconoce a un hombre con buena formación humanista, en ocasiones algo atormentado, que siente especial predilección por la historia y la filosofía, a pesar su especialización en el campo de la medicina. A pesar de ello, no se retracta de la posición que sostuvo en aquel libro, al afirmar que rechazó la idea de que el médico tuviera el deber absoluto de prolongar la vida, y a la vez que estaba convencido de que se cumplía con todos los estándares morales cuando se practicaba un asesinato a personas en tales situaciones, lo que no significaba que el médico estuviese practicando un delito. Todo ello, enmarcado en la anécdota que le ocurrió cuando era un joven médico. Se trataba del caso de una niña de nueve años que estaba en coma, a causa de un misterioso trastorno cerebral, y a la que no administró una inyección de morfina, a pesar del deseo de su padre para que se le practicase cuanto antes la autopsia. Reconoce que en aquella época era joven y diligente, circunstancia que le llevó sopesar la idea de terminar por completo con el vacilante destello de vida de aquella niña.

HOCHE, Alfred: *Jahresringe. Innenansicht eines Menschenlebens* (1934), 43.-46. Tausend, J. F. Lehmanns, München, Berlin, 1937, pp. 289 y 290.

nas referencias a este autor y otras comunes a ambos[55]. En su trabajo sostiene cómo debe ser la actitud de los médicos: considera deseable y conveniente que los médicos puedan acabar con la vida de personas con sufrimiento, al igual que defiende que los enfermos mentales no tengan derecho a la vida, ya que carecen de las cualidades esenciales que le dan un sentido *sagrado*[56]. Poner fin a la vida de unos enfermos mentales no significaba matar a una persona en el sentido que comúnmente se otorga a esta acción en el ámbito legal. "Los muertos mentales" (*die geistig Toten*)[57], según él, se debían colocar al "nivel intelectual" de los seres irracionales, por lo que no podían atribuirse un derecho subjetivo a la vida. De ahí que sean vistos como un problema para el Estado, teniendo éste la tarea de eliminarlos.

La idea de llevar a cabo la autorización para el exterminio, según Hoche, representa un alivio para la "sobrecarga nacional"[58]. Tales muertos mentales habría que considerarlos como faltos de existencia y seres vacíos que representan una carga para el Estado. La estrategia consiste en evidenciar su irracionalidad como medida para poder exterminarlos con total impunidad, ya que en principio se prohibía acabar con la vida de seres racionales. Es decir, situarlos al nivel de los animales.

Resulta de vital importancia, para Hoche, la despenalización, en pos de un bien jurídico superior hacia la sociedad con la consiguiente mejora de la raza, ahorro de costes y evitar así ser una carga para la familia y la sociedad. Para ello, requiere de heroicos estados de ánimo acompañados de una moral superior estatal[59], a fin de poder llevar a cabo el proyecto de la autorización para exterminar la vida sin valor vital.

---

55 Más en detalle sobre este autor y la repercusión de esta obra en la psiquiatría de su tiempo, cfr. STEINBERG, Holger: "Alfred Hoche in der Psychiatrie seiner Zeit vor dem Hintergrund der Schrift 'Die Freigabe der Vernichtung lebensunwerten Leben'", en RIHA, Ortrun (ed.): *'Die Freigabe der Vernichtung lebensunwerten Lebens'*, op. cit., pp. 68-102.

56 Desde una ética cristiana, Walter considera el derecho a existir como el derecho más elemental, esto es, como derecho primigenio y más fundamental del ser humano, WALTER, Franz: "Die Vernichtung lebensunwerten Leben (Euthanasie)", op. cit., p. 88.

57 Binding habla de idiotas incurables (*unheilbar Blödsinnige*).

58 BINDING, Karl y HOCHE, Alfred: *Die Freigabe der Vernichtung lebensunwerten Lebens*, op. cit., pp. 52-54.

59 Ibídem, pp. 56, 53 y 58.

Es curioso cómo en la literatura alemana habría cierto silencio sobre esta obra o, en otras ocasiones, se diría que encontró mayoritario rechazo en aquella época, sin distinguir entre disciplinas. Respecto al primer caso, el libro sería directamente silenciado por Eberhard Schmidt en su *Einführung in die Geschichte der deutschen Strafrechtspflege*, considerada una de las grandes obras de la historia del derecho penal de la inmediata posguerra. No obstante, allí señalaría, a propósito del pensamiento jurídico-penal del penalista alemán, que en el ámbito de la ciencia del derecho penal el positivismo encuentra su maravillosa expresión por medio de la fundamentación de la concepción liberal del derecho y del Estado de Binding[60]. Igualmente sorprende que no lo cite en *Der Arzt im Strafrecht*[61] de 1939. De forma parecida, se encuentra una deliberada omisión en el extenso trabajo publicado por Johannes Nagler, en la revista *Gerichtsaal*, en recuerdo de Binding[62]; quizá por el hecho de que se habilitará en 1903 bajo su dirección[63].

Un claro ejemplo del segundo caso es Roxin cuando afirma: „Completamente fuera de cualquier forma de eutanasia comentada se encuentra el denominado exterminio de la vida sin valor vital. Se trata del homicidio en beneficio de la comunidad de un enfermo mental incurable que tiene capacidad y voluntad de vivir. La discusión al respecto fue impulsada por medio de la hasta hoy poco honrosa y

---

[60] Como botón de muestra, cfr. la importante obra de Eberhard SCHMIDT: *Einführung in die Geschichte der deutschen Strafrechtspflege*, Vandenhoeck & Ruprecht, Göttingen, 1947, pp. 273-276 (273). En esas páginas hace un repaso del pensamiento jurídico-penal de Binding; pero no cita la famosa obra escrita con Hoche, a pesar de que había recibido buena acogida en el ámbito académico de la época. Coincido en la perplejidad con Muñoz Conde, el cual ya señaló que no se mencionase esta pequeña monografía, cfr. "El penalismo olvidado", sin página. Disponible en www.pensamientopenal.com.ar/01082010/doctrina02.pdf (consultado el 31 de agosto de 2012). Es un comentario a la traducción de las obras de Filippo GRISPIGNI/Emund MEZGER, *La reforma penal nacionalsocialista*, y de Karl BINDING/Alfred HOCHE, *La licencia para la aniquilación de la vida sin valor de vida*, Ediar, Buenos Aires, 2009/2010. Tampoco Günther Jakobs se referiría a ella en su opúsculo, a pesar de que se observan otras referencias históricas en el mismo, *Tötung auf Verlangen, Euthanasie und Strafrechtssystem*, Beck, München, 1998, 35 páginas.

[61] *Der Arzt im Strafrecht*, Weicher, Leipzig, 1939, 202 páginas.

[62] Cfr. "NAGLER, Johannes: „Karl Binding zum Gedächtnis", en *Der Gerichtsaal*, vol. 91, 1925, pp. 1-66.

[63] De la influencia de la escuela clásica y de las ideas socialdarwinistas deja constancia, VORMBAUM, Thomas: "Nagler, Johannes", en *Neue Deutsche Biographie.* Tomo 18, Duncker & Humblodt, Berlin, 1997, pp. 715 y 716 (715).

conocida obra de Binding y Hoche del año 1920: 'La autorización para exterminar la vida sin valor vital'. Sus propuestas encontraron mayoritariamente rechazo antes de 1933 y fueron posteriormente asumidas por los nacionalsocialistas" [64]. La conclusión de Roxin sobre el masivo rechazo de la obra en aquella época, seguramente, no podría ser secundada ni por Henry Friedlander[65] ni mucho menos por Karl Klee[66], por citar algunos. Cuestión distinta es que en el ámbito jurídico se produjera una mayor repulsa, tal y como hace constar Schumann[67], cosa que no ocurrió exactamente en el médico; en general, existía una considerable retroalimentación entre profesionales de ambas disciplinas hasta el punto de considerarse como un "satisfactorio fruto" del trabajo en equipo[68]. El problema no es tanto la omisión, que ya dice algo, sino la ausencia de crítica por parte de algunos autores, por un lado, y el apoyo incondicional, por otro. No hay que olvidar un dato importante: los médicos cobran un papel preponderante en la sociedad de la época, ya que en última instancia debían ser los brazos ejecutores de aquellas prácticas. Dicho extremo se entendería perfectamente como estrategia durante el nacionalsocialismo.

La razón de que no hubiera un total rechazo por parte de la doctrina, anterior a 1933, se detecta por la buena acogida de la obra en

---

64 ROXIN, Claus: „Zur strafrechtlichen Beurteilung der Sterbehilfe", en ROXIN, Claus y SCHROTH, Ulrich (eds.): *Medizinstrafrecht*, 3ª ed., Richard Boorberg, Stuttgart, 2007, p. 355.

65 No pierde la oportunidad para establecer un paralelismo entre Binding y Holmes, cfr. FRIEDLANDER, Henry: *Origins of Nazi Genocide. From Euthanasia to Final Solution*, The University of North Carolina Press, Chapel Hill y London, 1995, p. 51. Otras menciones a Binding en pp. 14-15, 16, 21-22, 123, 170, 198, nota 6 de la 327.

66 Sobre las reacciones al libro de Binding y Hoche, cfr. KLEE, Ernst: *'Euthanasie' im NS-Staat. Die 'Vernichtung lebensunwerten Lebens'*, 11° ed., Fischer, Frankfurt am Main, 1985, pp. 25-28.

67 En la mayoría de los libros y comentarios de derecho penal la autorización para exterminar las vidas sin valor vital fue totalmente ignorada y, antes de 1920, sólo de manera esporádica y por lo general escasamente en la literatura jurídico-penal sobre ayuda a morir y eutanasia, SCHUMANN, Eva: "Karl Bindings Schrift 'Die Freigabe der Vernichtung lebensunwerten Lebens'", op. cit., pp. 57 y 58.

68 KLEE, Karl: „Die Freigabe der Vernichtung lebensunwerten Lebens", en *Ärztliche Sachverständigen-Zeitung*, vol. 27, 1921, p. 1. Más en detalle sobre el debate entre partidarios y detractores en aquel tiempo, cfr. ROELCKE, Volker: "'Lebensunwertes Leben' und Rechtsfertigung zum Töten. Zu Entstehungskontexten und Rezeption der Publikation von Binding und Hoche aus dem Jahr 1920", en RIHA, Ortrun (ed.): *'Die Freigabe der Vernichtung lebensunwerten Lebens'*, op. cit., pp. 26-29.

destacados autores e importantes revistas y por la aparición de una segunda edición dos años después de su publicación[69]. En este punto, puede destacarse la recensión de Robert Gaupp[70], publicada en el *Deutsche Strafrechtszeitung*, en cuyas páginas justifica lo expuesto por ambos autores. Su estilo resulta en buena medida descriptivo y laudatorio, aunque reconoce la complejidad de la autorización para dar muerte a las *Nebenmenschen* bajo determinadas condiciones. De ahí que recuerde la época del hambre allá por 1916 y 1917, cuando había que destinar alimentos y cuidados a la vida sin valor de los enfermos mentales incurables, siendo a veces preferible distribuirlos entre personas valiosas. A partir de situaciones de ese tipo se entiende la propuesta realizada por aquellos autores[71]. Más tarde Gaupp publicaría un opúsculo, con una línea argumental argumentativa parecida, titulado *La esterilización de los enfermos mentales y morales y los inferiores*, que en origen fue una conferencia impartida en la reunión anual de la Asociación alemana de Psiquiatría. Desde sus primeras páginas comenta la obra de aquellos autores argumentando que existían posiciones más radicales como la del norteamericano Mac Kim en *Heredity and Human Progress* de 1902, que exigía la muerte sin dolor de los degenerados[72], según parece con menos garantías que el traba-

---

69 El trabajo de Karl Binding sería revisado para la segunda edición por Paul Binding. Hoche, por su parte, no modificaría su texto. Las pequeñas correcciones de estilo se observan en pocas páginas, cfr. BINDING, Karl y HOCHE, Alfred: *Die Freigabe der Vernichtung lebensunwerten Lebens*, 2º ed., Felix Meiner, Leipzig, 1922, pp. 5, 6, 9, 21, 33, 34, 36, 37 y 40.

70 Era por aquel entonces catedrático y director de la clínica psiquiátrica de la Universidad de Tubinga y miembro desde 1910 de la Junta de la Sociedad de Higiene Racial (*Gesellschaft für Rassenhygiene*), KLEE, Ernst: *Das Personenlexikon zum Dritten Reich. Wer war was vor und nach 1945*. 2ª ed. actualizada, Fischer, Frankfurt am Main, 2005, p. 175. Más tarde intervendría como experto (*Gutachter*) en la Ley de 14 de julio de 1933 para la prevención de la descendencia con enfermedades hereditarias (*Gesetzes zur Verhütung erbkranken Nachwuchses*). Tendría como asistente a Ernst Kretschmer que, después, adquirió un relevante prestigio por ser el primero en describir el estado vegetativo persistente, que llevaría el nombre de *Síndrome de Kretschmer*. En general, había una importante retroalimentación entre médicos y juristas. Binding citaría a Gaupp en BINDING, Karl y HOCHE, Alfred: *Die Freigabe der Vernichtung lebensunwerten Lebens*, op. cit., p. 7.

71 GAUPP, Robert: "Die Freigabe der Vernichtung lebensunwerten Lebens", en *Deutsche Strafrechts-Zeitung*, vol. 7, Heft 11/12, 1920, columnas 336 y 337.

72 Recuerda también el libro del médico Gustav Böters publicado, en 1924, bajo el título *Die Unfruchtbarmachung der geistig Minderwertigen* (La esterilización de los inferiores mentales), que recibió numerosas reacciones desde el ámbito jurídico y médico, cfr. GAUPP, Robert: *Die Unfruchtbarmachung geistig und sittlich Kranker und*

jo de Binding y Hoche. Su justificación de la esterilización en idiotas, enfermos mentales y epilépticos se fundamenta en trabajos científicos de varios autores de la época, solicitando una nueva legislación para Alemania que permitiera ponerla en práctica, a la luz de un modelo más valiente y menos timorato como era el norteamericano. Según él, el futuro de su pueblo consiste en evitar la degeneración de la raza por medio de la esterilización, siguiendo la propuesta Laughlin, para salvar a las generaciones venideras de la maldición hereditaria[73].

Por otra parte, Borchardt[74], inspirador de Gaupp en algunos aspectos, había publicado un artículo defendiendo la autorización para exterminar la vida sin valor vital. En ese trabajo se apoya en datos estadísticos, sobre el coste económico que suponen el amplio colectivo de discapacitados físicos y psíquicos, con la finalidad de respaldar la postura de Binding y Hoche. Por tal motivo, en su borrador de ley para la autorización para exterminar a los deficientes mentales incurables declara no punible el homicidio de estos enfermos, siempre y cuando se solicite por su representante legal, padres, hermanos y, por la asociación de pobres (*Armenverband*) competente, cuando se hayan empleado fondos públicos para la asistencia a esos pacientes[75].

Incluso en *Zeitschrift für die gesamte Strafrechtswissenschaft* aparece un artículo de Elster, en el que señala que ambos autores llegan a un

---

Minderwertiger, Julius Springer, Berlin, 1925, p. 2. Más en detalle sobre Böters, pp. 15-19. Este autor publicó numerosos artículos, favorables a la esterilización, en prestigiosas revistas científicas.

[73] Ibídem, pp. 26, 30, 42 y 43. Ya pasada la segunda guerra mundial, Gaupp recordaría a Hoche, a propósito de su fallecimiento, en un artículo necrológico con una prosa más dulcificada que en épocas pasadas. Aún así, haciendo un ejercicio de cierta honestidad académica, repasa la vida y obra de Hoche incluyendo aquel famoso opúsculo, cfr. GAUPP, Robert: "Alfred Erich Hoche †", en *Zeitschrift für die gesamte Neurologie und Psychiatrie*, núm. 176, 1943, pp. 1-6 (4).

[74] En aquel tiempo era concejal del ayuntamiento de Legnica (*Liegnitz*). A pesar de que analiza bien los aspectos jurídicos, no queda acreditado que tuviera tal formación. De la misma opinión es Eva SCHUMANN, "Karl Bindings Schrift 'Die Freigabe der Vernichtung lebensunwerten Lebens'", op. cit, nota 87 de la p. 56.

[75] Así se puede leer, junto con alguna previsión más, en el punto 2 del mencionado borrador, BORCHARDT: "Die Freigabe der Vernichtung lebensunwerten Lebens", op. cit., columna y 208. Literalmente él tilda a los discapacitados de idiotas. Crítico con él, cfr. WAUSCHKUHN, Eugen: „Die Freigabe der Vernichtung Lebensunwerten", en *Psychiatrisch-Neurologische Wochenschrift*, vol. 24, 1922, p. 217; también REICHHELM: "Zur Freigabe der Vernichtung lebensunwerten Lebens", en *Deutsche Strafrechtszeitung*, vol. 9, 1922, columnas 292 y 293. En ocasiones no aparecen los nombres de los autores, de ahí que se cite sólo por el apellido.

resultado parecido al que él propuso en un trabajo aparecido en esa misma revista[76], hasta el punto de que en relación con las políticas eugenésicas de natalidad ('higiene racial') la sociedad obtiene su pleno derecho a la destrucción de esas vidas humanas que han dejado de tener valor[77].

En este grupo conviene destacar el artículo de Karl Klee, juez del *Kammergerichtsrat*[78], que expone claramente su posición jurídico-filosófica acerca de las vidas sin de valor vital apoyándose en Humboldt, Schopenhauer y Stuart Mill, en base al aforismo latino *volenti non fit iniuria*. Por otra parte, asevera que, teniendo en cuenta la situación económica, cualquier ayuda a esos idiotas supone un lujo que la sociedad alemana no puede permitirse. Como propuesta alternativa, considera que con el diseño de un procedimiento para su destrucción se abren perspectivas de futuro, que reemplazarían lo malo de la pena de muerte a través de medidas de higiene social para acabar con las existencias parásitas (*parasitenhafte Existenzen*)[79].

Tampoco el papel jurídico-ideológico de la judicatura durante la República de Weimar sería muy diferente al de algunos de sus intelectuales: "La vocación del juez alemán, también en el período en el que la filosofía neokantiana de los valores, y con ella la conciencia interna alemana", atravesó "la crisis relativista", esto es, a principios de los años treinta del siglo pasado, manteniendo aquella máxima del jurista de la Alemania positivista: "servir al derecho positivo". Si bien es verdad, atravesó "sin mucha crisis de conciencia el período inquieto e incierto del inestable equilibrio weimariano, llevando silenciosa-

---

76 Se refiere al pequeño trabajo titulado "Euthanasie (Sterbehilfe)", aparecido en la sección de preguntas del día, en *Zeitschrift für die gesamte Strafrechtswissenschaft*, vol. 36, 1915, pp. 595-596.

77 Cfr. ELSTER, Alexander: "Freigabe lebensunwerten Lebens", en *Zeitschrift für die gesamte Strafrechtswissenschaft*, vol. 44, 1924, pp. 130 y 132, respectivamente.

78 Es el tribunal de apelación de Berlín en el Estado federal de Brandeburgo. No mucha gente sabe que el escritor E.T.A. Hoffmann fue juez de aquel tribunal. Agradezco el comentario al abogado Götz Schmiedel.

79 Utiliza un lenguaje deliberadamente peyorativo a lo largo de todo el trabajo, que no tiene su equivalente exacto en español, cfr. KLEE, Karl: „Die Freigabe der Vernichtung lebensunwerten Lebens", en *Ärztliche Sachverständigen-Zeitung*, vol. 27, 1921, pp. 1-7 (4). En este mismo número se encuentra una opinión crítica de Straβmann, según la cual „el médico no debe ser el verdugo, sobre todo, de seres inocentes", STRAβMANN, F.: „Die Freigabe der Vernichtung lebensunwerten Lebens", p. 10. También aparece una extensa pregunta –a modo de reflexión– de Hans Schneikert en la cual apela a una cierta moderación, p. 10.

mente consigo la aversión por todo sistema cultural pluralista y la nostalgia por la objetividad libertadora de los valores, radicadas (...) en la realidad ontológica misma de las instituciones éticas, interpretada según la sabiduría de la autoridad constituida y constituyente"[80]. No deja de ser sorprendente, una afirmación tan poco encorsetada en los prejuicios ideológicos propios de algunos observadores internos.

Incluso intelectuales de la talla de Carl Schmitt, no tendrían reparo, bastante después de la posguerra, en reconocer injustificados los reproches realizados a la obra de Binding y Hoche, a los que cataloga de eruditos alemanes muy respetados de la mejor tradición formativa alemana[81]. En contraposición a ello, queda patente su crítica hacia la filosofía de los valores, iniciada a principios del siglo XX por Max Scheler y Nicolai Hartmann, en la que rechaza la posibilidad de un contenido axiológico de carácter objetivo. Hasta entonces la reflexión acerca de los valores había tenido un contenido muy diferente en boca de autores como Nietzsche, Marx o Lenin[82]. Trae a colación la idea de que el pensamiento de valores presupone siempre un disvalor en nombre de un valor supremo.

La ambivalencia de los valores presenta aquí su cara más perversa, aquella que representa la lógica del pensamiento de valores mismo, la cual acarrea siempre y al mismo tiempo un pensamiento sin valores[83]. Es razonable pensar que este riesgo se puede producir, pero no necesariamente tiene que ocurrir en todos los casos. La tiranía de los valores resulta ser la espada de Damocles que tienen las teorías objetivistas al hablar de los valores, pero es un riesgo hay que correr. Fundamentar en sentido contrario, implica dejar al ser humano a su suerte.

---

[80] BARATTA, Alessandro: *Antinomie giuridiche e conflitti di coscienza*, Milano, Giuffrè, 1963, pp. 150 y 151.

[81] SCHMITT, Carl: *Die Tyrannei der Werte* (1967). Con un epílogo de Christoph Schönberger, Duncker & Humblot, Berlin, 3ª ed. corregida de 2011, p. 52.

[82] Este último, por ejemplo, señala haciéndose eco de lo expuesto desde la perspectiva económica: el valor es "una relación entre dos personas" que se halla "encubierta por una envoltura material". Y aún dice más: "Sólo partiendo del sistema de las relaciones sociales de producción de una formación social históricamente dada, relaciones que toman cuerpo en el cambio, fenómeno generalizado que se repite miles de millones de veces, cabe llegar a comprender lo que es el valor", LENIN, Vladímir Ilich: "La doctrina económica de Marx", en *Obras escogidas*, tomo 1, Progreso, Moscú, 1961, p. 37.

[83] Ibídem, pp. 25, 47 y 51.

El jurista alemán quiere justificar, a ojos del presente, lo poco justificable: „Ambos fueron personas liberales de su tiempo, inspirados en las mejores intenciones humanas. Reflexionaron de forma realmente emotiva acerca de cómo se podría prevenir un mal uso de sus propuestas para la destrucción de la vida sin valor vital por medio de reservas y cautelas de todo tipo. No sólo sería injusto, sino también vil, imputarles ex post a estos dos eruditos alemanes cualquier culpa o responsabilidad por la horrible práctica de la destrucción de la vida sin valor vital, que veinte años después se hizo realidad. Sin embargo, es precisamente esta experiencia, la que todavía puede ser una oportunidad para considerar con precisión cada palabra del título de este libro y tener en cuenta el problema de la tiranía de los valores"[84].

Así, en otro de los pasajes de la obra, se puede leer: „En aquel momento, en 1920, fue posible exigir la exterminación de la vida sin valor vital con toda la humanidad y buena fe"[85]. El problema radica en que un intelectual debe ser responsable, en la medida de lo posible, de las consecuencias que se podrían derivar de su actuación. Debe tener en cuenta el clima que se respira en el momento y en qué dirección va el viento, ya que se le presume una formación medianamente sólida sobre los temas que maneja. La repercusión venía por partida doble: por lo que decían y por quienes eran quienes lo decían.

La repercusión de la obra de Binding y Hoche también contó con un amplio número de detractores como el fiscal Ebermayer[86], para el que la autorización del exterminio presenta, entre otras preocupaciones, la falta de consentimiento por parte de los fallecidos[87]. El médico Wauschkuhn va más lejos, ya que no encuentra absolutamente ningún fundamento, desde el punto de vista jurídico, social, moral o religioso, para matar a esas personas que conforman la antítesis de los

---

[84] Ibídem, p. 52.

[85] SCHMITT, Carl: *Die Tyrannei der Werte*, op. cit., p. 53.

[86] Ostentó el cargo de *Oberreichsanwalt*, que venía a ser el primer funcionario del Ministerio Fiscal en el Tribunal Supremo de aquella época. Ahora sería el equivalente al Fiscal General del Estado. Agradezco la aclaración de Götz Schmiedel. Una biografía sucinta en DÖHRING, Erich: „Ebermayer, Ludwig Friedrich Peter", en *Neue Deutsche Biographie*. Tomo 4, Duncker & Humblodt, Berlin, 1959, pp. 248 y 249.

[87] Cfr. EBERMAYER, Ludwig: „Die Freigabe der Vernichtung lebensunwerten Lebens", en *Leipziger Zeitschrift für Deutsches Recht*, 14, 1920, columnas 599-604 (604). También Bernhard Mayer, autor de una tesis doctoral en derecho, defendida en la Universidad de Bonn en 1925, recalca la ausencia de voluntad de los afectados, *Die Vernichtung lebensunwerten Lebens*, Volksblatt, Euskirchen, 45 páginas.

auténticos seres humanos[88]. Del mismo gremio, Bresler, por su parte, invita a los juristas a que tomasen el camino de proporcionar un fundamento jurídico más firme y medios jurídicos más seguros para la prevención de dichas enfermedades, por medio de las cuales se desarrollan en gran parte de esa idiotez incurable, en vez de preocuparse en cómo construir jurídicamente la denominada autorización.

Por otra parte, al reflexionar sobre las denominadas vidas sin valor vital, aboga porque sean cuidadas y mantenidas por o bajo la tutela de otras personas. Su perspectiva choca frontalmente con la fundamentación del escrito de Binding y Hoche y piensa que se encuentra en armonía con la posición de sus colegas[89]. Desgraciadamente existía una división de opiniones que hacía difícil establecer una unanimidad de pareceres; por otra parte, nada nuevo en problemas de este tipo.

En una línea parecida, Meltzer[90] ya dedicó sendas páginas a aquel texto en su opúsculo de 1925 *Das Problem der Abkürzung 'lebensunwerten' Lebens*, que fue objeto –según él mismo señala en otra publicación– de posterior análisis por Ebermayer, Fürbringer, Hauptmann, Ziemke y otros[91]. Supone un interesante análisis crítico en torno a la denominada vida sin valor vital. Desde el principio, se apoya en la ética cristiana que exige cuidar de los más pobres y más miserables y hacer su vida tan sagrada e inviolable como la de cualquier otra persona, pero aconseja una valoración restrictiva. En relación a ello, el § 216 del Código Penal juega un papel importante, pudiendo para Binding quedar impune el homicidio a petición.

Meltzer rechaza que se permita esa 'ayuda a morir' (*Sterbehilfe*) y aconseja ser cauteloso incluso ante la petición seria y expresa de los

---

88 Cfr. WAUSCHKUHN, Eugen: „Die Freigabe der Vernichtung Lebensunwerten", en *Psychiatrisch-Neurologische Wochenschrift*, vol. 24, 1922, pp. 215-217 (215). Según Seelig, Alemania debía estar alerta ante este tipo de experimentos que serían fácilmente aplicables teniendo en cuenta el contexto de guerra en el extranjero, SEELIG, Ernst: "Die Freigabe der Vernichtung lebensunwerten Lebens", en *Archiv für Kriminologie*, tomo 75, 1923, pp. 304-306 (305). Curiosamente, en este mismo volumen se encuentra una recensión nada crítica al libro que se viene comentando, publicada por el jurista Fritz Dehnow, pp. 315-317.

89 Cfr. BRESLER, Johannes: „Karl Bindings ‚letzte Tat für die leidende Menschheit'", en *Psychiatrisch-neurologische Wochenschrift*, vol. 22, 1920, pp. 289 y 290.

90 Fue director de un centro para niños con deficiencia mental, situado en la zona de Sajonia (*Königlich Sächsische Landesanstalt für schwachsinnige Kinder*).

91 MELTZER, Ewald: „Die Frage des unwerten Lebens (Vita non iam vitalis) und die Jeztzeit", en *Psychiatrisch-Neurologische Wochenschrift*, año 34, 1932, p. 585.

enfermos terminales o gravemente heridos, incluso cuando la compasión hable del cumplimiento del deseo[92]. Tiempo después, vuelve a reiterar la posición sostenida en este trabajo, rechazando justificar la muerte de tales seres humanos en base a consideraciones egoístas y cálculos financieros, dado que éstas tienen a su manera ganas de vivir[93]. Otros autores, como el médico Brennecke, mostrarían una postura muy crítica y decidida, al sostener que la postura de ambos pensadores enraíza en "un egoísmo y mammonismo sin tapujos". El "rostro del egoísmo despiadado", que supone una "infección devastadora" en base a una "concepción materialista de la vida". No hay que confundir el altruismo con lo que sólo es un „craso egoísmo", cuya solución pasa por „una lucha implacable" contra este último que es "causa primera y creador de todo el sufrimiento y la culpa"[94].

Tanto el trabajo de Binding y Hoche como el manual de Baur, Fischer y Lenz de 1921, que Hitler leyó probablemente en 1923 o 1924, serían muy influyentes en los ideólogos nazis y en una determinada generación de científicos[95]. Es obvio pensar que la propagación

---

92 MELTZER, Ewald: *Das Problem der Abkürzung 'lebensunwerten' Lebens*, Marhold, Halle, 1925, pp. 2 y 12.

93 MELTZER, Ewald: „Die Frage des unwerten Lebens (Vita non iam vitalis) und die Jeztzeit", op. cit., p. 591. Sostiene, sin embargo, en otro de los pasajes, que la mayoría de los *unheilbar Blöden* tienen más ganas de vivir que los denominados *Idioten*, p. 587. En un intento de ser coherente, afirma que su posición, sobre el problema de la vida sin valor vital, no ha cambiado respecto de aquello que sostuvo en su libro de 1925. No obstante, reconoce la difícil situación de la Alemania a principios de los años treinta para mantener la educación y el cuidado de los idiotas, pp. 591 y 587, respectivamente. Es posible ver ya, en los años treinta, un cierto envolvimiento del autor en el espíritu de la época. Según Roelcke se detectan modificaciones en su pensamiento frente a aquel primer trabajo, ROELCKE, Volker: "'Lebensunwertes Leben' und Rechtsfertigung zum Töten", op. cit., p. 29.

94 BRENNECKE, F.: „Kritische Bemerkungen zu den Forderungen Binding-Hoches", en *Psychiatrisch-Neurologische Wochenschrift*, vol. 23, 1921, pp. 4, 6, 7 y 9. Sin ir más lejos, Mass formula otras objeciones a aquella obra: la primera, radica en la imposibilidad de un punto de vista válido para realizar cualquier valoración de los diferentes; la segunda, de carácter más jurídico, que con la destrucción de esas vidas sin valor se lesionaría la voluntad ajena sin la debida justificación del estado de necesidad, MAAS, Luise: "Die Freigabe der Vernichtung lebensunterten Lebens", 1925, en *Disserationes medicae* (H-N), Bonn, 1926. Sólo se tiene acceso al resumen de la tesis doctoral, el cual aparece sin página.

95 Libro de texto titulado *Menschliche Erblehre und Rassenhygiene*, editado en dos volúmenes, y con cuatro ediciones el primero y tres el segundo, a la vez que objeto de cambios de continuos en su título, FRIEDLANDER, Henry: *Origins of Nazi Genocide*, op. cit., 1995, p. 123. Pueden destacarse algunas otras obras, posteriores a 1921, que

de la destrucción de las vidas carentes de valor vital en interés social presentaba cierta conexión con la ideología racial. Sin embargo, sería un error pensar que sólo derivaba de esta ideología. También pueden considerarse decisivos al respecto los impulsos humanitarios: el monstruo, el idiota, el destrozado mental y emocionalmente eran vistos como un insulto a la idea de la humanidad, como una perturbación de la armonía existente; en definitiva, como una negación de la creación[96].

4. Eugenesia y manipulación de masas

En la Alemania de los años veinte existía un cierto declive económico, heredero de una época de bienestar, que paulatinamente se fue acrecentando. Los alemanes veían que su nivel de prosperidad se había reducido considerablemente, a pesar de las políticas sociales puestas en marcha por Bismarck y desarrolladas durante la República Weimar[97]. La propaganda nazi ejercida por Hitler no se hace esperar y logra calar, en esos años, en un electorado afectado por el declive económico como consecuencia del desarrollo del Estado de bienestar. Concretamente desde 1920 actúa como orador

adquirieron repercusión: Hans Friedrich Karl GÜNTHER: *Rassenkunde des deutschen Volkes* de 1922, que llegaría a tener 16 ediciones ya en 1933, o su *Rassengeschichte des hellenischen und des römischen Volkes* de 1929. También destacan de aquel primer tercio de siglo Adolf GOTTSTEIN, Arthur SCHLOSSMANN y Ludwig TELEKY con su magna obra *Handbuch der sozialen Hygiene und Gesundheitsfürsorge*, publicado en seis volúmenes de 1925 a 1927. Por último, caben destacarse dos obras de 1932, la primera titulada *Eugenik und Weltanschauung* y editada por Günther JUST, que incluiría trabajos de Hermann MUCKERMANN, Bernhard BAVINK y Karl Valentin MÜLLER; la segunda es *Die nordische Seele: Eine Einführung in die Rassenseelekunde* de Ludwig Ferdinand Clauss. Para referencias detalladas a algunas de estas obras, cfr. ROTTLEUTHNER, Hubert: „Zum Wissenschaftscharakter der Eugenik", en Ignacio CZEGUHN, Eric HILGENDORF y Jürgen WEITZEL (eds.): *Eugenik und Euthanasie 1850-1945. Frühformen, Ursachen, Entwicklungen, Folgen*, Nomos, Baden-Baden, 2009, p. 49.

[96] ENGISCH, Karl: *Euthanasie und Vernichtung lebensunwerten Lebens in strafrechtlicher Bedeutung*, op. cit., p. 20.

[97] Según destaca Pérez Gallego, en esa época imperan los binomios federalismo-unitarismo, positivismo-iusnaturalismo; neutralidad-interpretación axiológica, en el campo de los derechos fundamentales; potestad normativa del ejecutivo-sistema parlamentario racionalizado, etc. Tensiones que en la actualidad siguen teniendo cabida, aunque con distinta intensidad. PÉREZ GALLEGO, Roberto: "Constitución, derecho y poder judicial en la República de Weimar (A propósito del 80° aniversario de la Constitución de Weimar)", en *Jueces para la democracia*, vol. 37, 2000, p. 56.

principal en el mitin inicial del Partido de los Trabajadores Alemanes (*Deutsche Arbeiterpartei*, DAP) fundado en 1919. Poco tiempo después, en 1921, cambia el nombre al de Partido Nacionalsocialista de los Trabajadores Alemanes (*Nationalsozialistische Deutsche Arbeiterpartei*, NSDAP), cuya importancia para Alemania será fundamental a partir de entonces[98]. Los antidemócratas empiezan a establecer su forma de pensar.

En 1920 Hitler intenta por primera vez tomar el poder por la fuerza. Prepara un golpe de estado junto con von Kapp, que termina fracasando por la indecisión de los generales en principio comprometidos. En abril de ese mismo año es condenado a cinco años de prisión en la fortaleza de Landsberg, pero sería puesto en libertad en diciembre de ese mismo año gracias a una amnistía masiva otorgada a presos políticos. Durante aquel tiempo dedica su tiempo a dictar a Rudolf Hess la primera parte de su libro Mi lucha[99] (*Mein Kampf*), en la que plasma sus ideas y deseos[100]. Obra autobiográfica en la que el resentimiento y el antisemitismo atraviesan sus páginas, desde la primera hasta la última, exponiendo en ellas su ideal de una Alemania uniforme, fuerte y temida. En ella se detecta su miedo al comunismo

---

98 No dejar de resultar sorprendente viniendo de quien viene, al hablar de la conveniencia de los sindicatos obreros al afirmar que la necesidad se entenderá justificada mientras existan, entre los patronos, hombres no sólo faltos de todo sentimiento hacia los deberes sociales, sino carentes de la comprensión de los más elementales derechos humanos, HITLER, Adolf: *Mein Kampf*, 851–855 ed., tomo 2 (1927), Zentralverlag der NSDAP, Franz Eher Nachf., München, 1943, p. 671. La obra *Mi lucha* es citada por la edición que consta de dos volúmenes en uno (1925 y 1927, respectivamente), en edición no abreviada.

99 Obra prohibida en Alemania, porque supone apología del nazismo. En el país germano sólo se pueden conseguir ejemplares anteriores fechados antes de 1945. El 15 de abril de 2015 expiran los derechos de autor de este libro propiedad del Estado federal de Baviera, que ha decidido realizar una edición crítica y publicarla sin restricciones.

100 En él se analizan una serie de documentos (un manuscrito de cinco hojas y dieciocho hojas de conceptos) escritos en 1924 durante su estancia en prisión y que dibujan someramente una manera de operar en lo referido a la metodología de investigación en la versión al público de *Mi lucha*. Particularmente interesante es la obsesión desmedida de Hitler por el componente sexual en sentido amplio; por otra parte, nada raro en buena parte del espíritu de la época, estando focalizado en la inmoralidad sexual y en la prostitución, conceptos que luego serían clave en el capítulo 10 titulado *Ursachen des Zusammenbruchs*, cfr. BEIERL, Florian y PLÖCKINGER, Othmar: „Neue Dokumente zu Hitlers Buch *Mein Kampf*", en *Vierteljahrshefte für Zeitgeschichte*, vol. 57, nº 2, 2009, pp. 261-318 (294). Para las referencias a aquel capítulo, HITLER, Adolf: *Mein Kempf*, tomo 1, op. cit., pp. 245-310.

y al judaísmo, que son para él la culpa de muchos de los males que aquejaban al país. Ideas que decían muy poco a favor de una persona que se consideraba cristiana, aunque su cristianismo estaba influenciado por ambientes ocultistas y lecturas neopaganas y esotéricas de segunda fila, de las que por otra parte pretendía huir.

Su estancia en prisión no le hizo cambiar de opinión. Durante su encarcelamiento en la fortaleza de Landsberg, sus ansias de poder fueron a más y consiguió elaborar la que sería la primera parte de su obra *Mi lucha*[101], que más tarde vendría a ser su credo político y el de millones de sus seguidores. Una lectura atenta de este libro (en buena medida autobiográfico) detecta una prosa llena de antisemitismo, racismo, arrogancia y descaro[102]. Más propia de un iluminado que de un Jefe de Estado. Con el tiempo ambos aspectos se entremezclarían y conseguiría poner en práctica muchas de sus ideas.

En *Mi lucha* de Hitler se pueden ver plasmadas varias de las ideas de los autores analizados. Consciente de que el aumento de población anual en Alemania conlleva un gasto importante por parte del Estado para abastecer a todas esas personas, dictamina su interés por la supervivencia de los aptos que para él representan al nuevo hombre. Así dice: „La dificultad de alimentación de estos pobres y nuevos ciudadanos será mayor año tras año y terminará un día en una catástrofe, si es que no se encuentran los medios y caminos para prevenir a tiempo el peligro de este agotamiento por hambre". (...) La naturaleza no impide la capacidad de procreación, pero sí „se opone a la conservación de la prole al someter a ésta a pruebas y privaciones tan arduas, que todo aquel que no sea muy fuerte y poco sano, vuelve al seno de lo eternamente desconocido". El que sobreviva a pesar de los "rigores de la existencia", será entonces "fuerte y apto" para seguir engendrando, de tal manera que el proceso de selección pueda comenzar de nuevo. La disminución del número implica a su vez un fortalecimiento de la raza y de la especie. En este sentido, Hitler critica que el hombre se empeñe en limitar su descendencia, reduciendo

[101] Gracias a la inestimable ayuda de Rudolf Hess, que sería su secretario y receptor de sus ideas. Posteriormente se convertiría en jefe del Partido nazi y ostentaría varias carteras ministeriales.

[102] Weikart se plantea si se puede hablar de una concepción ética de Hitler, analizando la polémica suscitada en torno a si era un oportunista inmoral o un nihilista amoral, WEIKART, Richard: *Evolutionary Ethics, Eugenics, and Racism in Germany*, Palgrave Macmillan, New York, 2004, pp. 209-227.

la tasa de natalidad, en vez de colocarse en una "lucha natural por la existencia" que sólo deje vivo "al más fuerte y al más sano"; a la par que surge el interés por salvar también "al más débil" y "al más enfermo", alimentando el germen de la progenie que cada vez irá a peor[103].

También es posible ver sus ideas eugenésicas, a propósito de recordar sus años de aprendizaje y experiencias acaecidas en Viena, cuando propugna "*establecer las mejores bases para nuestro desarrollo en base de un profundo sentimiento de responsabilidad social, aparejado a la brutal determinación de anular a los depravados incorregibles.* Así como la naturaleza no concentra su mayor atención en el mantenimiento de lo existente, sino más bien en la selección de la descendencia como portadora de la especie, así también en la vida humana no puede tratarse de mejorar artificialmente lo malo existente –lo que es imposible en un 99% de los casos, dada la idiosincrasia del hombre– sino por el contrario procurarse asegurar trayectorias más sanas para un ciclo de desarrollo venidero[104].

Al cabo de pocos años, Hitler consigue importantes logros destacando en las distintas asambleas y reuniones de su partido. Se sentía que podía manejar a las masas, sabía lo que el pueblo quería oír. La culpa de la pérdida de poder de Alemania y, de los recientes fracasos sufridos, había sido por culpa de la desunión del pueblo. Con una oratoria embriagadora en la que los comunistas y muchos de los extranjeros –en particular, los no arios– no hacían más que restar poder al pueblo alemán[105]. Su éxito no se explica –según Reich– por su pa-

---

[103] HITLER, Adolf: *Mein Kampf*, tomo 1, op. cit., pp. 143-145.

[104] „*Tiefstes soziales Verantwortungsgefühl zur Herstellung besserer Grundlagen unserer Entwicklung, gepaart mit brutaler Entschlossenheit in der Niederbrechung unverbesserlicher Auswüchslinge.* So wie die Natur ihre größte Aufmerksamkeit nicht auf die Erhaltung des Bestehenden, sondern auf die Züchtung des Nachwuchses, als des Trägers der Art, konzentriert, so kann es sich auch im menschlichen Leben weniger darum handeln, bestehendes Schlechtes künstlich zu veredeln, was bei der Veranlagung des Menschen zu neunundneunzig Prozent unmöglich ist, als darum, einer kommenden Entwicklung gesündere Bahnen von Anfang an zu sichern", Ibídem, pp. 29 y 30.

[105] Años antes, Lenin, en el discurso a favor de resolución sobre la guerra de 27 de abril de 1917 también veía el potencial de las masas: "Cuando las masas son libres, intentar hacer algo en nombre de la minoría, sin esclarecer a las masas, sería un absurdo blanquismo, una tentativa aventurera. Sólo conquistando a las masas –si es posible conquistarlas–, sólo así crearemos una base firme para el triunfo de la lucha proletaria de clases", enmarcado dentro de la VII Conferencia de abril de toda Rusia

pel reaccionario en la historia del capitalismo, puesto que si él lo hubiera admitido abiertamente en su propaganda, habría obtenido un resultado contrario al esperado. Por tanto, el estudio de la eficacia psicológica de Hitler sobre las masas partía de que un *Führer* o un representante de una idea sólo podía tener éxito (tampoco desde una perspectiva histórica, sino básicamente limitada), si su concepción personal, su ideología o su programa se encontraban en armonía con la estructura media de una amplia capa de individuos integrados en la masa[106]. Con este panorama estaba asegurado un cambio de rumbo, tal y como posteriormente sucedió.

3. Algo más que una polémica

Una razón aséptica, libre de prejuicios, conduce a una determinada filosofía de la historia, que lleva a desechar, en cierto sentido, el valor de la tradición en conexión con la pretensión de verdad. La escuela positivista del derecho penal quiso dar nuevos aires al delito concretando sus aspectos, a través de una filosofía positivista. Las buenas intenciones metodológicas se tornaron perjudiciales con efectos perniciosos para la filosofía del derecho. Muñoz Conde, tiene razón, cuando detecta que "la separación entre el ser y valor, entre las esferas ontológicas y axiológicas, condujo paradójicamente a la Ciencia alemana del Derecho penal en la época de la República de Weimar a una esquizofrenia científica que repercutió luego en la actitud que muchos de los penalistas de la época adoptaron frente al régimen nacionalsocialista, al que no sólo miraron con simpatía, sino también abiertamente apoyaron con sus teorías y elucubraciones dogmáticas"[107].

Una filosofía penal descarnada, que sentó las bases teóricas de la posterior política *eugenésica* durante el nacionalsocialismo. Así determinados autores –no sólo cabe pensar en Binding y Hoche– consiguieron influir en pensadores coetáneos, en ocasiones, más de lo que se pudiera pensar. Unos y otros no reflexionaron debidamente so-

---

del POSDR (b), celebrada del 24 al 29 de abril de 1917, LENIN, Vladimir Ilich: *Obras escogidas*, tomo 2, Progreso, Moscú, 1960, p. 107.

[106] REICH, Wilhelm: *Die Massenpsychologie des Faschismus* (1933), Kiepenheuer & Witsch, Köln, 1971, p. 60.

[107] MUÑOZ CONDE, Francisco: "Política criminal y dogmática jurídico-penal en la República Weimar", op. cit., p. 1028.

bre las consecuencias que se podían derivar de sus acciones. Durante aquella época, afortunadamente, la clase política se negó en su mayoría a facilitar los medios económicos, a pesar de que ya existieran fundamentos teóricos para llevar a cabo el exterminio de las vidas carentes de valor vital. Hubo que esperar a la llegada al poder de Hitler, que utilizaría todas aquellas ideas eugenésicas en la elaboración de su diabólico plan. En este sentido, la Ley para la prevención de la descendencia con enfermedades hereditarias de 1933 y el Decreto de Eutanasia de 1939 fueron dos de los instrumentos jurídicos más importantes para justificar la eutanasia de los enfermos mentales y asociales. Hitler había estudiado varias de las leyes de esterilización de Estados Unidos, aprobadas con el objetivo de acabar con los individuos cuya capacidad de reproducirse resultaba indeseable para el pueblo alemán. Su excesiva veneración hacia aquel país no hizo sino cimentar su teoría acerca del mejoramiento de la raza.

Bibliografía

BARATTA, Alessandro: *Antinomie giuridiche e conflitti di coscienza*, Milano, Giuffrè, 1963.

— *Positivismo giuridico e scienza del diritto penale. Aspetti teoretici e ideologici dello sviluppo della scienza del secolo al 1933*, Giuffrè, Milano, 1966.

BEIERL, Florian y PLÖCKINGER, Othmar: „Neue Dokumente zu Hitlers Buch *Mein Kampf*", en *Vierteljahrshefte für Zeitgeschichte*, vol. 57, nº 2, 2009, pp. 261-318.

BINDING, Karl y HOCHE, Alfred: *Die Freigabe der Vernichtung lebensunwerten Lebens. Ihr Maß und ihr Ziel* (1920), Berliner Wissenschafts-Verlag, Berlin, 2006.

BINDING, Karl: *Die Normen und ihre Übertretung. Eine Untersuchung über die rechtsmässige Handlung und die Arten des Delikts.* Tomo 1. *Normas y leyes penales* (reimpresión de la 4ª ed. publicada en Leipzig en 1922), Scientia, Aalen, 1965.

BORCHARDT: "Die Freigabe der Vernichtung lebensunwerten Lebens", en *Deutsche Strafrechtszeitung*, vol. 9, 1922, columnas 206-210[108].

BRENNECKE, H.: „Kritische Bemerkungen zu den Forderungen Binding-Hoches", en *Psychiatrisch-Neurologische Wochenschrift*, vol. 23, 1921, pp. 4-9[109].

BRESLER, Johannes: „Karl Bindings ‚letzte Tat für die leidende Menschheit'", en *Psychiatrisch-neurologische Wochenschrift*, vol. 22, 1920, pp. 289-290.

---

[108] Se cita por sólo por el apellido, porque se desconoce el nombre de pila.
[109] Se cita por sólo por el apellido, porque se desconoce el nombre de pila.

DÖHRING, Erich: „Ebermayer, Ludwig Friedrich Peter“, en *Neue Deutsche Biographie*. Tomo 4, Duncker & Humblodt, Berlin, 1959, pp. 248-249.

EBERMAYER, Ludwig: „Die Freigabe der Vernichtung lebensunwerten Lebens“, en *Leipziger Zeitschrift für Deutsches Recht*, 14, 1920, columnas 599-604.

ELSTER, Alexander: "Freigabe lebensunwerten Lebens", en *Zeitschrift für die gesamte Strafrechtswissenschaft*, vol. 44, 1924, pp. 130-135.

ENGISCH, Karl: *Euthanasie und Vernichtung lebensunwerten Lebens in strafrechtlicher Bedeutung*, Kreuz, Stuttgart, 1948.

ESTÉVEZ ARAUJO, José Antonio: *La crisis del Estado de derecho liberal. Schmitt en Weimar*, Ariel, Barcelona, 1988.

FRIEDLANDER, Henry: *Origins of Nazi Genocide. From Euthanasia to Final Solution*, The University of North Carolina Press, Chapel Hill y London, 1995.

GADAMER, Hans Georg: "Die philosophischen Grundlagen des zwanzigsten Jahrhunderts“, en *Kleine Schriften*, vol. 1, Mohr, Tübingen, 1967, pp. 131-148.

GAUPP, Robert: "Die Freigabe der Vernichtung lebensunwerten Lebens", en *Deutsche Strafrechts-Zeitung*, vol. 7, Heft 11/12, 1920, columnas 332-337.

— *Die Unfruchtbarmachung geistig und sittlich Kranker und Minderwertiger*, Julius Springer, Berlin, 1925.

— "Alfred Erich Hoche †", en *Zeitschrift für die gesamte Neurologie und Psychiatrie*, núm. 176, 1943, pp. 1-6.

HITLER, Adolf: *Mein Kampf*, 851–855 ed., tomo 1 (1925) y tomo 2 (1927), Zentralverlag der NSDAP, Franz Eher Nachf., München, 1943.

HOCHE, Alfred: Jahresringe. Innenansicht eines Menschenlebens (1934), 43.-46. Tausend, J. F. Lehmanns, München, Berlin, 1937.

JAKOBS, Günther: *Tötung auf Verlangen, Euthanasie und Strafrechtssystem*, Beck, München, 1998.

JIMÉNEZ DE ASÚA, Luis: "Corsi e ricorsi: la vuelta de von Liszt", en LISZT, Franz von: *La idea de fin en el derecho penal* (trad. de Enrique Aimone Gibson. Revisión técnica y prólogo de Manuel de Rivacoba y Rivacoba), EDEVAL, Valparaíso, 1984, pp. 29-48.

JOST, Adolf: *Das Recht auf den Tod. Sociale Studie*, Dieterich'sche Verlagsbuchhandlung, Göttingen, 1895.

KELSEN, Hans: *Vom Wesen und Wert der Demokratie*, Mohr, Tübingen, 1920.

KLEE, Ernst: *'Euthanasie' im NS-Staat. Die 'Vernichtung lebensunwerten Lebens'* (1985), 11ª ed., Fischer, Frankfurt am Main, 2004.

— *Das Personenlexikon zum Dritten Reich. Wer war was vor und nach 1945*. 2ª ed. actualizada, Fischer, Frankfurt am Main, 2005.

KLEE, Karl: „Die Freigabe der Vernichtung lebensunwerten Lebens“, en *Ärztliche Sachverständigen-Zeitung*, vol. 27, 1921, pp. 1-7.

LENIN, Vladímir Ilich: *Obras escogidas,* tomos 1 y 2, Progreso, Moscú, 1960-1961.

LISZT, Franz von: „Der Zweckgedanke im Strafrecht" (1882), en *Strafrechtliche Vorträge und Aufsätze* (1905). Tomo 1, Walter de Gruyter, Berlin, reimpresión, 1970.

LOMBROSO, Cesare: *L'uomo delincuente,* Ulrico Hoepli, Milano, 1876.

MAYER, Bernhard: *Die Vernichtung lebensunwerten Lebens,* Volksblatt, Euskirchen, 1925.

MELTZER, Ewald: *Das Problem der Abkürzung 'lebensunwerten' Lebens,* Marhold, Halle, 1925.

— „Die Frage des unwerten Lebens (Vita non iam vitalis) und die Jeztzeit", en *Psychiatrisch-Neurologische Wochenschrift,* año 34, 1932, pp. 584-591.

MUÑOZ CONDE, Francisco: "Política criminal y dogmática jurídico-penal en la República Weimar", en *DOXA,* núm. 15-16, 1994, pp. 1025-1050.

— *Edmund Mezger y el derecho penal de su tiempo. Estudios sobre el derecho penal en el nacionalsocialismo* (2000), 4ª. ed. revisada y ampliada, Tirant lo Blanch, Valencia, 2003.

— "La esterilización de los asociales en el nacionalsocialismo. ¿Un paso para la 'solución final de la cuestión social'?", en Jacobo LÓPEZ BARJA DE QUIROGA y José Miguel ZUGALDÍA ESPINAR (eds.): *Dogmática y ley penal. Libro homenaje a Enrique Bacigalupo.* Tomo I, Marcial Pons y Instituto Universitario de Investigación Ortega y Gasset, Madrid, Barcelona, 2004, pp. 591-608.

NAGLER, Johannes: „Karl Binding zum Gedächtnis", en *Der Gerichtsaal,* vol. 91, 1925, pp. 1-66.

NAUCKE, Wolfgang: "Einführung", en BINDING, Karl y HOCHE, Alfred: *Die Freigabe der Vernichtung lebensunwerten Lebens. Ihr Maβ und ihr Ziel* (1920), Berliner Wissenschafts-Verlag, Berlin, 2006, pp. V-LXXI.

NICOLAI, Helmut: *Die rassengesetzliche Rechtslehre. Grundzüge einer nationalsozialistischen Rechtsphilosophie,* Eher, München, 1932.

PÉREZ GALLEGO, Roberto: "Constitución, derecho y poder judicial en la República de Weimar (A propósito del 80º aniversario de la Constitución de Weimar)", en *Jueces para la democracia,* vol. 37, 2000, pp. 56-67.

PESET, José Luis y PESET, Mariano: *Lombroso y la escuela positivista italiana,* Consejo Superior de Investigaciones Científicas, Madrid, 1975.

REICH, Wilhelm: *Die Massenpsychologie des Faschismus* (1933), Kiepenheuer & Witsch, Köln, 1971.

REICHHELM: "Zur Freigabe der Vernichtung lebensunwerten Lebens", en *Deutsche Strafrechtszeitung,* vol. 9, 1922, columnas 292-293[110].

[110] Se cita por sólo por el apellido, porque se desconoce el nombre de pila.

RINGER, Fritz K.: *The Decline of the German Mandarins. The German Academic Community, 1890-1933,* Harvard University Press, Cambridge, Massachusetts, 1969.

ROELCKE, Volker: "'Lebensunwertes Leben' und Rechtsfertigung zum Töten. Zu Entstehungskontexten und Rezeption der Publikation von Binding und Hoche aus dem Jahr 1920", en RIHA, Ortrun (ed.): *'Die Freigabe der Vernichtung lebensunwerten Lebens'. Beiträge des Symposiums über Karl Binding und Alfred Hoche am. 2. Dezember 2004 in Leipzig,* Shaker, Aachen, 2005, pp. 14-34.

RÖHRICH, Heinz: „Hoche, Alfred", en *Neue Deutsche Biographie.* Tomo 9, Duncker & Humblodt, Berlin, 1972, pp. 284-285.

ROTTLEUTHNER, Hubert: „Zum Wissenschaftscharakter der Eugenik", en Ignacio CZEGUHN, Eric HILGENDORF y Jürgen WEITZEL (eds.): *Eugenik und Euthanasie 1850-1945. Frühformen, Ursachen, Entwicklungen, Folgen,*Nomos, Baden-Baden, 2009, pp. 43-70.

ROXIN, Claus: „Zur strafrechtlichen Beurteilung der Sterbehilfe", en ROXIN, Claus y SCHROTH, Ulrich (eds.): *Medizinstrafrecht,* 3ª ed., Richard Boorberg, Stuttgart, 2007, pp. 313-356.

SCHÄFER, Leopold (ed.): *Die Strafgesetznovellen von 1933 und 1934,* Spaeth & Linde, Berlin, 1934.

SCHMIDT, Eberhard: *Der Arzt im Strafrecht,* Weicher, Leipzig, 1939.

— *Einführung in die Geschichte der deutschen Strafrechtspflege,* Vandenhoeck & Ruprecht, Göttingen, 1947.

SCHMITT, Carl: *Die Tyrannei der Werte* (1967). Con un epílogo de Christoph Schönberger, 3ª ed. corregida, Duncker & Humblot, Berlin, 2011.

— *Staatsgefüge und Zusammenbruch des zweiten Reiches. Der Sieg des Bürger über den Soldaten* (ed. con un prólogo y notas de Günter Maschke), Duncker & Humblodt, Berlin, 2011.

SCHUMANN, Eva: "Karl Bindings Schrift 'Die Freigabe der Vernichtung lebensunwerten Lebens'. Vorläufer, Reaktionen und Fortwirkung in rechtshistorischer Perspektive", en RIHA, Ortrun (ed.): *'Die Freigabe der Vernichtung lebensunwerten Lebens'. Beiträge des Symposiums über Karl Binding und Alfred Hoche am. 2. Dezember 2004 in Leipzig,* Shaker, Aachen, 2005, pp. 35-67.

SEELIG, Ernst: "Die Freigabe der Vernichtung lebensunwerten Lebens", en *Archiv für Kriminologie,* tomo 75, 1923, pp. 304-306.

STEINBERG, Holger: "Alfred Hoche in der Psychiatrie seiner Zeit vor dem Hintergrund der Schrift 'Die Freigabe der Vernichtung lebensunwerten Leben'", en RIHA, Ortrun (ed.): *'Die Freigabe der Vernichtung lebensunwerten Lebens'. Beiträge des Symposiums über Karl Binding und Alfred Hoche am. 2. Dezember 2004 in Leipzig,* Shaker, Aachen, 2005, pp. 68-102.

TRIEPEL, Henrich: "Binding", en *Neue Deutsche Biographie.* Tomo 2, Duncker & Humblodt, Berlin, 1955, pp. 244-245.

VORMBAUM, Thomas: "Nagler, Johannes", en *Neue Deutsche Biographie.* Tomo 18, Duncker & Humblodt, Berlin, 1997, pp. 715-716.

WALTER, Franz: "Die Vernichtung lebensunwerten Leben (Euthanasie)", en *Archiv für Rechts- und Wirtschaftsphilosophie*, tomo 16, 1922/1923, pp. 88-120.

WAUSCHKUHN, Eugen: „Die Freigabe der Vernichtung Lebensunwerten“, en *Psychiatrisch-Neurologische Wochenschrift*, vol. 24, 1922, pp. 215-217.

WEIKART, Richard: *Evolutionary Ethics, Eugenics, and Racism in Germany*, Palgrave Macmillan, New York, 2004.

EL RÉGIMEN DE LOS ALEMANES: HISTORIA DE LAS ACTITUDES SOCIOPOLÍTICAS DURANTE EL NAZISMO

CLAUDIO HERNÁNDEZ
Universidad de Granada

1. Introducción

En las últimas décadas, las actitudes de los ciudadanos que vivieron en regímenes de carácter dictatorial han ocupado un lugar cada vez más relevante entre las preocupaciones de los investigadores. Un creciente interés que se explica en buena medida por la convicción generalizada de que la participación ciudadana desempeñó un papel crucial en el nacimiento, consolidación y perdurabilidad de tales sistemas políticos y, gracias al cual, se han conseguido desmontar las interpretaciones clásicas en las que tales regímenes aparecían como el producto de un conjunto de intereses de una minoría de fanáticos que, merced al uso de la violencia y la manipulación ideológica, habrían logrado establecer un sistema político y social sobre una sociedad pasiva y carente de recursos para su defensa.

De este modo, tanto los estudios dedicados a las "grandes" dictaduras de la Europa de entreguerras, como los que se han analizado otros regímenes "menores" han contribuido a confeccionar una imagen más compleja de éstos mediante el análisis de los mecanismos utilizados para lograr la aceptación social de los ciudadanos y la caracterización precisa de la heterogeneidad de actitudes mostradas por la población que convivió con ellos.[1]

Sin embargo, el acercamiento a las actitudes de los ciudadanos bajo regímenes dictatoriales se ha realizado muchas de las veces desde una óptica claramente marcada por intereses políticos y con una finalidad explícita de exonerar o de implicar a determinados colectivos sociales en el sostenimiento de las dictaduras. Unos enfoques que no sólo han conducido a debates estériles y poco útiles para el desentrañamiento de las complejas actitudes y comportamientos exhibidos por sociedades regidas por regímenes dictatoriales, sino que –lo que es aún más grave– han abierto la puerta a discursos que, aun careciendo de sustento empírico y de una labor investigadora sobre la que cimentar sus afirmaciones, han logrado tener un calado entre la sociedad y un mayor eco que otros trabajos sólidamente documentados y con mayor inclinación a esclarecer aspectos relativos a la relación entre Estado y sociedad en dichos regímenes que a publicitarse gracias a un tema socialmente controvertido. Y este ha sido el caso, entre otras, de la historiografía alemana sobre el nazismo.

Por ello, en las páginas siguientes trato de examinar las actitudes de los alemanes bajo el régimen de Hitler, atendiendo a la evolución que los estudios sobre las mismas han experimentado en las pasadas décadas y analizando los progresos realizados por los investigadores y los caminos que todavía quedan por recorrer. Porque preguntarnos por cuál fue la relación entre el régimen y la población alemana, por las motivaciones que llevaron a unos ciudadanos a votar por Hitler antes de su llegada al poder y por las razones que hicieron que otros

---

[1] Un análisis general de la opinión popular bajo dictaduras en: Corner, Paul (ed.). *Popular Opinion in Totalitarian Regimes. Fascism, Nazism, Communism*, (Oxford, Oxford University Press, 2009). Algunos ejemplos en: Fitzpatrick, Sheila. *Everyday Stalinism. Ordinary Life in Extraordinary Times: Soviet Russia in the 1930s*, (Nueva York, Oxford University Press, 1999), Colarizi, Simona. *L'opinione degli italiani sotto il regime, 1929-1943* (Roma, Laterza, 1991); Burrin, Philip. *Francia bajo la ocupación nazi, 1940-1944*, (Barcelona, Paidós, 2003); y Fulbrook, Mary. *Anatomy of a Dictatorship. Inside the GDR, 1949-1989*, (Oxford, Oxford University Press, 1995).

colaboraran en el asesinato de los judíos, resulta esencial para descifrar por qué fue posible el nazismo y trazar el proceso de construcción del Estado.

Solo mirando a las actitudes de la gente corriente, a la vida cotidiana en los pueblos y las ciudades alemanas, a la interactuación entre autoridades y ciudadanos o al efecto que los discursos y prácticas del régimen tuvieron sobre la población, es posible conocer la capacidad y los límites de penetración del nazismo en la sociedad alemana y saber las razones de que cosechara una importante aceptación social entre la población.

Con este fin, en primer lugar, realizo un recorrido por los primeros estudios realizados sobre el nazismo para, en segundo lugar, mostrar cómo estas interpretaciones fueron haciéndose más detalladas e introdujeron los tonos grises en sus explicaciones sobre las actitudes de los alemanes. Finalmente, examino de manera concreta la difícil relación de los ciudadanos con la cuestión de la represión practicada por el nazismo. En definitiva, considero que de este modo, podrá comprobarse cómo los trabajos sobre las actitudes sociales nos han conducido a un panorama mucho más complejo, pero también más incierto, en que reinaron las heterogéneas actitudes de una mayoría silenciosa vital para explicar la llegad al poder y el desarrollo del Estado nazi.

2. De lo simple a lo complejo: el creciente interés por las actitudes de los alemanes corrientes

La historiografía de las actitudes de la población alemana que vivió el nazismo es la historiografía del propio régimen nazi. En un claro intento por mostrar que lo ocurrido en Alemania no era un fenómeno excepcional motivado por la peculiar manera de ser de sus habitantes y por absolver a la población de los crímenes y la brutalidad nazis, las interpretaciones aparecidas al término de la II Guerra Mundial argumentaron que el fenómeno del nacionalsocialismo formaba parte de un proceso generalizado de degradación de la política que había afectado al conjunto de Europa abriendo el camino a propuestas demagógicas como la de Adolf Hitler. Tales posiciones posibilitaron el surgimiento de visiones conservadoras del fenómeno nazi basadas fundamentalmente en dos elementos: que el nazismo era el resultado de una crisis moral del mundo occidental y que era producto de minorías fanáticas que habían impuesto sus "locuras" sobre el cuerpo pasivo de la nación. De este modo, proliferaron rápidamente interpretaciones en las que el régimen nazi aparecía representado como una aberración definida en términos de "catástrofe alemana" o producto del "poder demoniaco" de Hitler y discursos en los que se acusaba a la República de Weimar de un "exceso de democracia" en sus políticas que había permitido a las masas elevar al Führer al poder.[2]

En esta misma dirección no tardaron en emerger, especialmente desde los años cincuenta, otras perspectivas relacionadas con las teorías del totalitarismo, que dibujaron a la sociedad alemana como una masa de individuos desarticulada y amordazada por el terror empleado por las autoridades nazis. Los trabajos de Hannah Arendt, aunque también de otros autores, traían al primer plano un régimen omnipotente que lo envolvía todo y que destruía todas las relaciones sociales anteriores a 1933.

Tales planteamientos cubrían sobradamente el objetivo de eximir la responsabilidad de los alemanes en el fenómeno del nacionalsocialismo, pero ofrecían un análisis excesivamente reduccionista y teleológico de lo sucedido durante aquellos años, en la medida en que eliminaban la espontaneidad de los individuos y negaban cualquier capacidad de éstos para operar "desde abajo" al considerarlos susceptibles de ser manipulados y controlados por el Estado nazi.[3]

Algo que tampoco fue resuelto en la década siguiente cuando la historiografía alemana se mantuvo ocupada en otras cuestiones. Nuevos estudios aparecidos entonces y apoyados en los trabajos de Fritz Fischer contradijeron las teorías totalitarias, explicando el ad-

---

[2] Meinecke, Frederich. *The German Catastrophe: Reflections and Recollections.* (Boston, Beacon Press, 1963 [1948]); Ritter, Gerhard. "The Fault of Mass Democracy" en Snell, John (ed.). *The Nazi Revolution: Germany's Guilt or Germany's Fate?*, (Nueva York, Heath, 1959); Rothfels, Hans. *The German Opposition to Hitler*, (Hinsdale, Regnery,1948). Sobre estos debates véase Lorenz, Chris, "Border-crossings: Some Reflections on the Role of German Historians in Recent Public Debates on Nazi Germany" en Michman, Dan (ed.) *Remembering the Holocaust in Germany, 1945-2000: German strategies and Jewish responses*, (Nueva York, 2002), pp. 59-94, especialmente p. 68.

[3] La perspectiva totalitaria en: Bracher, Karl Dietrich. *La dictadura alemana: génesis, estructura y consecuencia del nacionalsocialismo*, (Madrid, Alianza, 1995); y Arendt, Hannah. *Los orígenes del totalitarismo*, (Madrid, Taurus, 1974 [1951]).

venimiento de Hitler como el producto de unas estructuras sociales obsoletas y del excesivo poder detentado por las elites agrarias germanas en una coyuntura marcada por el crecimiento de la economía y los profundos cambios sociales operados en el país. En definitiva, el nazismo quedaba presentado como la consecuencia del "camino especial" hacia la modernidad (*Sonderweg*) que había tomado la nación alemana.[4]

Desde finales de los años sesenta y comienzos de los setenta nuevas investigaciones vinieron a colarse en medio del debate entre dos posiciones que, siendo diametralmente opuestas, defendían interpretaciones formuladas "desde arriba" que no daban protagonismo alguno a los ciudadanos corrientes en el establecimiento y consolidación del Tercer Reich.

De un lado, quedaron en entredicho los planteamientos marxistas, incluso en su versión gramsciana, en los que el nazismo seguía siendo presentado como la forma más extrema del capitalismo y cuyo objetivo principal era restaurar la hegemonía de la clase dominante sobre el cuerpo social de Alemania. De hecho, autores como Tim Mason no tardaron en reivindicar la "primacía de la política" para la comprensión del nazismo.[5] Del otro, fueron igualmente cuestionadas aquellas explicaciones construidas en torno a la centralidad de la personalidad, las ideas y la fuerza de Hitler en el universo nazi y entre las que incluso hubo quienes llegaron a afirmar que el genocidio judío había sido el resultado de la psicopatía neurótica del Führer.[6]

Frente a estas últimas posturas, calificadas posteriormente como "intencionalistas", se situaron los denominados enfoques "estructuralistas" o "funcionalistas". Martin Broszat o Hans Mommsen, entre

---

[4] Véanse al respecto las obras de Wheler, Hans-Ulrich. *Das Deutsche Kaiserreich, 1871-1918,* (Gottingen, Vandenhoek & Ruprecht, 1980) y Mosse, George L. *The Crisis of German Ideology,* (Nueva York, Grosset & Dunlop, 1964); y las reflexiones en torno a esta controversia en Kocka, Jürgen, "German History before Hitler: the Debate about the German Sonderweg", *Journal of Contemporary History,* 23 (1988), pp. 3-16.

[5] Planteamientos representados por Poulantzas, Nicos. *Fascismo y dictadura: la III Internacional frente al fascismo,* (Madrid, Siglo XXI, 1973). Una crítica en Kershaw, Ian. "The Nazi State: an Exceptional State?", *New Left Review,* 176 (1989), pp. 44-67.

[6] Bullock, Alan. *Hitler: a Study in Tyranny,* (Nueva York, Harper & Row, 1964); Bracher, Karl Dietrich. "The Hitler Role: Perspectives on Interpretations" en Laqueur, Walter (ed.). *Fascism: a reader's guide: analyses, interpretations, bibliography,* (Berkeley, University of California Press, 1978, pp. 192-212); Kershaw, Ian. *The Nazi Dictatorship: Problems and Perspectives of Interpretation,* (Londres, Arnold, 1989 [1975], pp. 61-64).

otros, atacaron lo que consideraban un excesivo e injustificado acento en el papel jugado por Hitler durante el nazismo. Por ejemplo, en su obra *Der Staat Hitlers,* publicada en 1969, Broszat trató de probar las conexiones causales entre el desarrollo de la estructura interna de poder y la paulatina radicalización de la Alemania nazi, enfatizando la progresiva desorganización del Estado y cuestionando la presunta existencia de un plan coherente, prefijado y absolutamente controlado por el dictador. En consecuencia, Hitler veía reducido su papel de "planificador" al de un mero regulador del sistema, pasando de ocupar toda la escena explicativa a ser un "dictador débil" constreñido por la dinámica burocrático-administrativa del Tercer Reich. Pero, pese a que las perspectivas "estructuralistas" permitieron conocer con mayor profundidad el funcionamiento de la dictadura nazi, situaron el foco en el extremo opuesto, oscureciendo en exceso la figura de Hitler y reduciendo la ideología nazi a una simple herramienta de movilización propagandística.[7]

Fue necesario entrar de lleno en la década de los setenta para encontrar los primeros trabajos verdaderamente interesados en saber cuál había sido el papel de los principales protagonistas del régimen nazi: los alemanes. Un paso que vino de la mano del denominado "Proyecto Baviera" en 1973, cuya principal virtud fue complejizar la visión construida en torno a la resistencia popular al nazismo.

Si Tim Mason había tenido el acierto de abordar la problemática de la resistencia obrera al régimen nazi más allá de los relatos laudatorios y heroicos confeccionados por la historiografía comunista de la RDA, Broszat y sus colegas juzgaron insuficiente el término "oposición" empleado por Mason y acuñaron el de *resistenz.*

Con este nuevo concepto, los integrantes del "Proyecto Baviera" trataron de captar todas las formas de rechazo parcial o limitado fueran cuales fueran sus motivaciones o los aspectos específicos del gobierno nazi. En su opinión, la categoría de *resistenz* tenía ventajas explicativas sobre la de resistencia, al dar cuenta de actitudes de oposición parcial que podían convivir con otras de aceptación.

---

[7] Mommsen, Hans. *Beamtentum im Dritten Reich,* (Stuttgart, Deutsche Verlags-Anstait, 1966); Broszat, Martin. *The Hitler State. The Foundation and Development of the Internal Structure of the Third Reich,* (Londres, Logman, 1981 [1969]). Las críticas a ambas teorías en Kershaw, Ian. "Hitler and the Uniqueness of Nazism", *Journal of Contemporary History,* 39 (2004), pp. 242-243.

Pero, sin lugar a dudas, una de las grandes aportaciones de los seis volúmenes que finalmente constituyeron el proyecto fue la de cambiar el ángulo de visión, inclinándose por una perspectiva "desde abajo", centrada en la vida cotidiana como forma de saber en profundidad "cómo se comportaba la gente durante la dictadura nazi, cómo se comprometieron con el régimen, pero también dónde no toleraban –algunas veces con éxito– los intentos de interferencia, penetración y control del régimen".[8]

La atractiva y provocadora propuesta diseñada en el "Proyecto Baviera" no tardó en ser objeto de críticas. Diversos investigadores manifestaron sus reservas al empleo del término *resistenz*, al considerar, de un lado, que el concepto adolecía de una falta de precisión que lo hacía poco clarificador para el estudio de las actitudes y, de otro, que bajo tal denominación quedaban englobadas acciones que no habían tenido un efecto desestabilizador sobre la dictadura hitleriana.[9]

Sin embargo, la perspectiva "desde abajo" que proponían Broszat y su equipo siguió dando sus frutos y pronto aparecieron nuevas investigaciones que transitaron el camino abierto por el "Proyecto Baviera". Entre ellas las de Ian Kershaw, autor de una de las obras que adquirió mayor notoriedad. Su trabajo sobre la opinión popular y las formas de disenso mostradas por la sociedad bávara ofrecía de nuevo una visión compleja de las actitudes mantenidas por la población alemana durante el Tercer Reich. Kershaw hacía hincapié de manera especial en la incidencia negativa que las condiciones materiales, la mala situación económica y las políticas del Estado nazi para remediarla tuvieron sobre sus pretensiones de delinear una comunidad nacional (*Volksgemeinschaft*) homogénea y sin fisuras. Un trabajo que venía a confirmar el éxito del proyecto y abría una nueva etapa en los estudios sobre la Alemania nazi.[10]

---

[8] Broszat, Martin. *Bayern in the NS-Zeit*, (Munich y Viena, Oldenbourg, 6 Vols, 1977-1983); y "A Social and Historical Typology of the German Opposition to Hitler" en Large, David Clay. *Contending with Hitler Varieties of German. Resistance in the Third Reich*, (Nueva York, German Historical Institute y Cambridge University Press, 1991, pp. 25-33). Sobre la influencia del proyecto, véase Kershaw, Ian. *The Nazi Dictatorship... Op. Cit.*, pp. 183-217 y del mismo autor: "Martin Broszat (1926-1989)", *German History*, 8:3 (1990), pp. 310-316.

[9] Kershaw, Ian. *The Nazi Dictatorship... Op. Cit.*, pp. 192-195.

[10] Kershaw, Ian. *Popular Opinion and Political Dissent in the Third Reich. Bavaria, 1933-1945*, (Oxford, Oxford University Press, 1983).

En efecto, los años ochenta dieron a luz nuevos planteamientos ocupados en la comprensión de la dictadura de Hitler. De una parte, la historiografía del nazismo experimentó un pronunciado giro a la derecha asociado claramente a los acontecimientos políticos que marcaron la etapa final de la Guerra Fría. En medio de un clima historiográfico politizado, diversos estudios pusieron de relieve la mayor amplitud de las bases sociales cosechadas por el nazismo en el periodo anterior a su llegada al poder en 1933.

Contradiciendo las interpretaciones marxistas, tales investigaciones evidenciaron que el apoyo del régimen nazi no procedía exclusivamente de la pequeña burguesía, sino también de las clases medias emergentes, las clases altas e incluso sectores pertenecientes a los estratos más bajos de la sociedad alemana. La clave de su éxito residía, en opinión de muchos de estos autores, en la capacidad del partido para canalizar el descontento de heterogéneos grupos sociales pertenecientes al mundo rural y urbano que, insatisfechos con el sistema parlamentario, decidieron dar su voto a Hitler. Según Thomas Childers: "El NSDAP en 1932 se había convertido en [...] un partido comodín de protesta, cuyos componentes, aunque procedían fundamentalmente de la clase media, estaban unidos por encima de todo por un profundo desprecio al sistema político y económico existente".[11]

De otra parte, el énfasis que Broszat y Kershaw, entre otros, habían puesto en el análisis del nazismo mediante una perspectiva "desde abajo" encontró continuidad en la llamada *Alltagsgeschichte* o historia de la vida cotidiana. Un novedoso enfoque que nacía de la insatisfacción de una nueva generación de historiadores sociales con las interpretaciones "estructuralistas" que, inspiradas en la sociología de Weber y en las teorías de la modernización, habían sido defendidas por Hans-Ulrich Wheler, Jürgen Kocka y la Escuela de Bielefeld.

---

[11] Véanse: Hamilton, Richard F. *Who Voted for Hitler?*, (Princeton, Princeton University Press, 1982); Mühlberger, Detlef, "Germany" en Id. (ed.). *The Social Basis of the European Fascist Movements*, (Londres y Nueva York, Routledge, 1987, pp. 40-139); Kater, Michael H. *The Nazi Party. A Social Profile of Members and Leaders, 1919-1943*, (Oxford, Blackwell, 1983). La cita en Childers, Thomas. *The Nazi Voter: The Social Foundations of Fascism in Germany, 1917–1933*, (Chapel Hill, University of North Carolina Press, 1983).

Frente a unas explicaciones centradas en las "grandes estructuras" y en los procesos de "larga duración", los historiadores de la vida cotidiana buscaban examinar "a ras de suelo" las estructuras sociales, los procesos políticos y las experiencias populares, para así ir desgranando las necesidades, anhelos, deseos y actitudes de la gente corriente. La experiencia individual pasaba a ocupar el centro de la escena como vía mediante la que conocer "la relación entre Estado y sociedad" y saber "cómo vivía la gente bajo el Tercer Reich.[12]

Los detractores de la *Alltagsgeschichte* les acusaron de abordar cuestiones insignificantes y absolutamente irrelevantes para la comprensión de la dictadura nazi, pero, en realidad, se trataba del primer enfoque que podía contribuir al análisis de las actitudes de la sociedad alemana en todas sus dimensiones. De hecho, los historiadores de la vida cotidiana trascendían los límites del "Proyecto Baviera", porque traían nuevamente al primer plano la ideología.

Ni siquiera el propio Peukert, que tan acertadamente había cuestionado las teorías de la modernización y que había concedido un gran protagonismo a los elementos culturales en sus trabajos, llegó tan lejos como lo hicieron Alf Lüdtke o Lutz Niethammer. Broszat, Peukert e incluso Kershaw habían contribuido con sus trabajos a agrandar el abismo existente entre "ideología" y "contexto social" y, con su empeño en señalar las diferentes variedades de resistencia popular a la dictadura hitleriana, habían dado la sensación de querer preservar la honradez de la clase obrera frente a la capacidad de penetración de los postulados nazis.[13]

Quizás por ello, los representantes de la *Alltagsgeschichte* prestaron una especial consideración al mundo del trabajo y a las relaciones entre los obreros y el Estado nazi. Estudios que demostraron las contradictorias y no siempre opuestas actitudes exhibidas por los trabajadores alemanes y apelaron a la necesidad de tener presentes, junto a

---

[12] Peukert, Detlev. *Inside Nazi Germany. Conformity, Opposition, and Racism in Everyday Life*, (New Haven y Londres, Yale University Press, 1987, pp. 22-25); Lüdtke, Alf, T*he History of Everyday Life: Reconstructing Historical Experiences and Ways of Life*, (Princeton, Princeton University Press, 1995); Crew, David F. "*Alltagsgeschichte*: a New Social History from below?", *Central European History*, 22: 3-4 (1989), pp. 394-396. En castellano: Lüdtke, Alf. "De los héroes de la Resistencia a los coautores. 'Alltagsgeschichte' en Alemania", *Ayer*, 19 (1995), pp. 49-69.

[13] Eley, Geoff. "Hitler's Silent Majority? Conformity and Resistance under the Third Reich (Part One)", *Michigan Quarterly Review*, 42:2, (2003), p. 395.

los intereses materiales, elementos ideológicos decisivos para la aparición de posturas favorables al régimen de Hitler.[14]

3. El "giro cultural" y el predominio del gris: dos décadas de avances en el estudio de las actitudes en la Alemania de Hitler

El retorno de la ideología al centro del análisis del nazismo tuvo efectos desiguales sobre el avance en el conocimiento de las actitudes ciudadanas. Desde inicios de la década de los noventa, se produjo una revitalización del lenguaje del totalitarismo de la mano de las tesis de la religión política. Inspirados en los trabajos de George L. Mosse o Eric Voegelin, pero sobre todo, en las recientes propuestas de Emilio Gentile, algunos autores comenzaron a defender que el régimen nazi podía ser entendido como una religión secular.[15]

Desde esta perspectiva, el nazismo –como el comunismo soviético o el fascismo italiano– era concebido como un culto religioso que, adoptando los rituales y las prácticas litúrgicas de las religiones, habría conseguido generar una creencia de verdadera fe entre la población sometida a sus designios.[16] Estas tesis, sin embargo, ponían un excesivo énfasis en una aproximación "de arriba hacia abajo" y mostraban una sociedad homogénea aparentemente incapaz de sustraerse de la religión política de la dictadura nazi. Además, sobrevaloraba el papel de un lenguaje y unas prácticas religiosas, que en realidad estuvieron más orientadas a atraer a la población hacia la ideología nacionalsocialista que a crear una religión secular en Alemania.[17]

---

14 Eley, Geoff. "Labor History, Social History, *Alltagsgeschichte*: Experience, Culture and the Politics of Everyday –a New Direction for German Social History?", *Journal of Modern History*, 61 (1989), pp. 297-343; Lüdtke, Alf. "People Working: Everyday Life and German Fascism", *History Workshop Journal*, 50 (2000), pp. 75-91.

15 Véanse: Mosse, George L. *La nacionalización de las masas.* (Madrid, Marcial Pons, 2005 [1975] Gentile, Emilio. "Fascism as Political Religion", *Journal of Contemporary History*, 25:2-3 (1990), pp. 229-251; y Burrin, Philippe. "Political Religion: the Relevance of the Concept", *History and Memory*, 9 (1997), pp. 321-349.

16 Uno de los máximos defensores de la tesis de la religión política ha sido Burleigh, Michael. "National Socialism as a Political Religion", *Totalitarian Movements and Political Religions*, 1:2 (2000), pp. 1-26; y del mismo autor: *El Tercer Reich: una nueva historia* (Madrid, Taurus, 2002).

17 Las críticas en: Steigmann-Gall, Richard. "Nazism and the Revival of the Political Religion Theory", *TotalitarianMovements and Political Religions*, 5:3 (2004); Vondung, Klaus. "National Socialism as a Political Religion: Potentials and Limits of

Pese a ello, otros trabajos recuperaron la ideología para transitar por caminos bien diferentes. De un lado, George L. Mosse acuñó el concepto de "brutalización" cómo categoría explicativa que sirviera de puente entre la experiencia de la Primera Guerra Mundial y la llegada del Tercer Reich al poder. En opinión del célebre historiador estadounidense, el lenguaje del campo de batalla y los sentimientos de camaradería forjados en las trincheras por los combatientes se trasladaron a la escena política de la posguerra, de manera que antiguos soldados, la sociedad civil y la cultura política se vieron impregnados por la experiencia bélica.[18]

La tesis de la brutalización parecía ofrecer una respuesta al por qué muchos individuos había abrazado ideas extremas como las sostenidas por el fascismo, pero su potencial explicativo no tardó en verse amortiguado por otros estudios que demostraron que en otras naciones contendientes la experiencia de guerra había desembocado en reacciones diametralmente opuestas y generado actitudes tendentes a la reconciliación y al pacifismo. Unas críticas que, pese a todo, no oscurecían elementos muy válidos para futuras interpretaciones sobre los orígenes y evolución del nazismo y, sobre todo, recordaban la conveniencia de dirigir la mirada hacia lo sucedido en la Gran Guerra.[19]

De otro lado, Ian Kershaw devolvió protagonismo a la figura de Hitler y calibró el eco que su liderazgo carismático había tenido sobre los alemanes. En diferentes trabajos constató cómo la imagen de Hitler como führer había logrado cosechar simpatías más allá de aquellos grupos sociales e individuos que se identificaban o compartían las ideas y las políticas del régimen. Una atracción que no había sido lograda tanto por "arcanos y extraños preceptos" ajenos a los alemanes, sino en valores sociales y políticos tangibles y cercanos a sus vidas diarias.[20]

---

an Analytical Concept", *Totalitarian Movements and Political Religions*, 6:1 (2005), pp. 87-95; Gregor, Neil. "Politics, Culture, Political Culture: Recent Work on the Third Reich and its Aftermath", *Journal of Modern History*, 76:3 (2006), ver pp. 644-652.

18 Véase especialmente Mosse, George L. "Two World Wars and the Myth of the War Experience", *Journal of Contemporary History*, 21:4 (1986), pp. 491-513; y *Fallen Soldiers: Reshaping the Memory of the World Wars*, (Nueva York, Oxford University Press, 1990, especialmente el Capítulo 8).

19 Prost, Antoine. "The Impact of War on French and German Cultures", *The Historical Journal*, 37:1, (1994), pp. 209-217.

20 Kershaw, Ian. *El mito de Hitler. Imagen y realidad en el Tercer Reich*, (Barcelona, Paidós, 2001 [1980]); y *Hitler, 1889-1936*, (Barcelona, Península, 1998).

Kershaw no ocultaba la existencia de opiniones populares contrarias a Hitler, pero ponía de relieve la importancia de determinados elementos culturales en el análisis de la aceptación social hacia la dictadura y abría nuevas vías para examinar las motivaciones que llevaron a ciudadanos pertenecientes a las mayoritarias "zonas grises" a combinar actitudes críticas con la situación económica o la corrupción de las autoridades nazis, con un aprecio y admiración hacia la figura del Führer.[21]

Los componentes ideológicos y culturales han continuado siendo el eje vertebrador de buena parte de los trabajos aparecidos en los últimos años. Mientras que algunas investigaciones han insistido en la imagen de un régimen que invadía de manera imparable la vida de los alemanes, fusionando las esferas pública y privadas en un intento por crear la ansiada *Volkgemeinschaft* (comunidad del pueblo),[22] otros estudios han otorgado un mayor protagonismo a los alemanes de a pie.

En este sentido, han resultado especialmente relevantes las aportaciones de Peter Fritzsche, quien ha defendido la provocadora idea de que fue la sociedad la que abrazó el nazismo y no al revés. A su juicio, una significativa proporción de la población alemana se identificó con los principios fundamentales del nazismo: la creación de una comunidad del pueblo basada en una identidad racial.[23]

En líneas generales, las tesis de Fritzsche minimizaban en exceso la efectividad de los mecanismos coercitivos empleados por el Estado y sobreestimaban la capacidad del nazismo tanto para atraerse a los ciudadanos como para realinear las lealtades y modos de vida existentes en la sociedad alemana. Pero sus argumentos advertían nuevamente sobre la conveniencia de examinar cómo la experiencia bélica había afectado a los soldados, a sus familias y a millones de

---

21 Véanse, entre otros, Geary, Dick. "Image and Reality in Hitler's Germany", *European History Quarterly*, 19 (1989), pp. 385-390; Dobry, Michel. "Hitler, Charisma and Structure: Reflections on Hitorical Methodology" *Totalitarian Movements and Political Religions*, 7:2 (2006), pp. 157-171; y Lepsius, M. Rainer. "The Model of Charismatic Leadership and its Applicability to the Rule of Adolf Hitler", *Totalitarian Movements and Political Religions*, 7:2 (2006), pp.175-190

22 Aiçoberry, Peter. *The Social History of the Third Reich: 1933-1945*, (Nueva York, New Press, 1999).

23 Fritzsche, Peter. *De alemanes a nazis, 1914-1933*, (Buenos Aires, Siglo XXI, 2006 [1998]) y del mismo autor *Vida y muerte en el Tercer Reich*, (Barcelona, Crítica, 2008).

ciudadanos entre quienes los sentimientos nacionales habían calado profundamente.[24]

Es por ello que no puede ser minusvalorada la eficacia que el discurso nazi tuvo sobre una parte importante de la población alemana y, en especial, su capacidad para sintonizar con las percepciones negativas sostenidas por importantes sectores sociales respecto a la degeneración alcanzada por la República de Weimar, la democracia parlamentaria, la depresión económica o el sentimiento de humillación como consecuencia de la derrota bélica y las duras condiciones fijadas en el Tratado de Versalles. Unos elementos que, unidos a la fuerza alcanzada por el mito del Führer y a la atracción suscitada por determinados componentes culturales del nazismo, pudieron lograr simpatías entre determinadas capas sociales.[25]

Pese a ello, el grado de difusión de la ideología nazi entre la sociedad alemana debe ser contrastado con la existencia de actitudes contrarias a sus postulados y comportamientos que dificultaron considerablemente el establecimiento de una comunidad racial homogénea.

Diferentes investigaciones han subrayado los obstáculos que el régimen nazi encontró para transformar las relaciones sociales preexistentes en determinadas comunidades rurales y lo mal recibidas que fueron algunas medidas económicas que perjudicaban los modos de vida de los campesinos alemanes.

Del mismo modo, no han faltado quienes han mostrado su escepticismo respecto a la capacidad del régimen nazi para generar apoyos sociales basados en elementos materiales, al considerar que la prosperidad económica alcanzada por la dictadura fue menor de lo que se ha creído y que los beneficios económicos proporcionados por el Estado tuvieron un efecto muy desigual sobre la población alemana.[26]

---

[24] Véase Fritzsche, Peter. *De alemanes a nazis... Op. Cit.*, pp. 50-75; y Bessel, Richard. *Germany after the First World War* (Oxford, Clarendon Press, 1993).

[25] Welch, David. "Nazi propaganda and the *Volksgemeinschaft*: Constructing People's Community", *Journal of Contemporary History*, 39:2 (2004), pp. 213-238.

[26] Sobre los límites de penetración del nazismo véanse Stephenson, Jill. "Generations, Emotion and Critical Enquiry: A British View of Changing Approaches to the Study of Nazi Germany", *German History*m 26:2 (2008) pp. 272-283 y de la misma autora "Popular Opinion in Nazi Germany: Mobilization, Experience and

Sin embargo, las conclusiones a las que llegan tales investigaciones no pueden hacernos olvidar que la permeabilidad del régimen nazi en el conjunto de la sociedad germana estuvo lejos de ser un "siniestro total", ni tampoco ocultar la existencia entre los alemanes corrientes de actitudes de complicidad, aceptación y aquiescencia popular hacia las ideas y políticas del nacionalsocialismo.

Así, si bien es cierto que el régimen nazi fracasó en sus propósitos de crear una comunidad nacional homogénea impregnada en los preceptos del nazismo que quebrara lealtades previas, sí tuvo un considerable éxito –y así ha quedado constatado en los informes del Partido Socialdemócrata alemán (Sopade)– a la hora de crear una conciencia nacional, atraer a una parte importante de la juventud alemana o lograr que su propaganda y beneficios materiales calaran entre una parte importante de la población.[27]

Parece más indicado tener en consideración el predominio del "gris" el carácter heterogéneo de las actitudes de la sociedad alemana para comprender su carácter cambiante y, en ocasiones, contradictorio. Porque, efectivamente, fueron minoría tanto los individuos que creyeron fervientemente en la ideología nazi y aprobaron sin reparos las políticas diseñadas por el Estado, como quienes opusieron verdadera resistencia a la penetración del nazismo.

Lo más habitual fue la combinación de actitudes, censurando la carencia de alimentos, pero viendo con satisfacción la Alemania fuerte que estaba construyendo Hitler; rechazando la invasión de la vida privada practicada por el NSDAP, pero participando en las vacaciones organizadas por el Kraft durch Freude ("Fuerza a través de la Alegría"); quejándose, en fin, de la persecución de la Iglesia, pero reconfortados por cómo el Estado ganaba la "batalla del trabajo".[28] Al fin y al cabo, sin actitudes favorables al nazismo, sin complicidad, sin pasividad, sin

---

Perceptions: The View from the Württemberg Countryside", en Corner, Paul (ed.). *Popular Opinion… Op. Cit.*, pp. 107-121. También Tooze, Adam. *The Wages of Destruction. The Making and Breaking of the Nazi Economy*, (Londres, Penguin, 2006).

[27] Véase Wech, David. "Nazi propaganda…", Op. Cit., pp. 220-226; Aly, Götz. *La utopía nazi. Cómo Hitler compró a los alemanes*, (Barcelona, Crítica, 2005 [2006]

[28] Véase Peukert, Detlev. *Inside Nazi Germany… Op. Cit.*, pp. 67-73; Kershaw, Ian. "Consensus, Coercion and Popular Opinion in the Third Reich: Some reflections", Corner, Paul (ed.). *Popular Opinion… Op. Cit.*, pp. 33-46; Baranowski. Shelley. *Strenght through Joy: Consumerism and Mass Tourism in the Third Reich*, (Nueva York, Cambridge University Press, 2004).

aceptación o sin indiferencia resultaría también imposible entender el alcance de la represión practicada por el régimen hitleriano.

4. Razones por las que matar: la violencia nazi y la sociedad alemana

En los estudios dedicados a las actitudes sociales durante el régimen de Hitler, la "joya de la corona" es, sin duda alguna, la relación de los alemanes con la violencia nazi y, más concretamente, con el Holocausto. Al menos así parece desprenderse de los ríos de tinta que, especialmente en las últimas décadas, ha desencadenado la cuestión del genocidio judío. Un fenómeno originado esencialmente como consecuencia de la difícil tarea de lidiar con un pasado traumático en el que se vieron envueltas las generaciones precedentes de la actual población alemana y que ha generado intensos y acalorados debates que, con frecuencia, han sobrepasado las fronteras de la mera discusión historiográfica para situarse en terreno de lo político.[29]

Sin embargo, este vivo interés por las actitudes de los alemanes corrientes ante las prácticas violentas de la dictadura nazi no siempre ocupó el centro de las preocupaciones de los historiadores. Las primeras interpretaciones tras la II Guerra Mundial y aquéllas ligadas a las teorías del totalitarismo extendieron la idea de que los ciudadanos habían sido subyugados por los instintos asesinos y la maquinaria propagandística del Estado nazi que les había privado de recursos para oponerse al terror y violencia practicados "desde arriba".

Tales planteamientos que postulaban una victimización de la población germana no han desaparecido completamente, pero numerosas investigaciones han demostrado fehacientemente que el papel de una parte importante de la ciudadanía no se correspondió con el panorama de pasividad y sometimiento absoluto a las políticas impulsadas por el Estado.[30]

---

[29] Numerosos trabajos se vienen ocupando en las últimas décadas de la relación de los alemanes con el pasado nazi, pero resulta de especial interés: Baldwing, Peter (ed.). *Reworking the Past. Hitler, the Holocaust and the Historian's Debate*, (Boston, Beacon Press, 1990).

[30] Véanse las contribuciones del volumen coordinado por: Niven, Bill (ed.). *Gemans as Victims: Remembering the Past in Contemporary Germany*, (Houndmills, Palgrave, 2006).

Desde los años ochenta, la polémica cuestión de las actitudes sociales hacia los crímenes perpetrados por el nazismo ha centrado buena parte de los debates historiográficos sobre el nazismo. La mejor prueba de ello fue la *Historikerstreit* ("disputa de historiadores"), que ponía de relieve la compleja relación de los alemanes con el pasado nazi, con su propia identidad y, de manera especial, con el Holocausto.

Probablemente, el episodio más relevante de esta controversia fue el enfrentamiento mantenido entre el historiador alemán Martin Broszat y el historiador israelí Samuel Friedländer. La larga confrontación historiográfica fue iniciada por la propuesta de Broszat de "historificar" el nazismo. La esencia de su argumento radicaba en que, a su juicio, la época nazi debía ser "normalizada" y, en consecuencia, tratada de la misma manera y examinada con los mismos métodos empleados para analizar otros periodos históricos del pasado alemán.[31]

La respuesta de Friedländer, entre otros, no se hizo esperar. La propuesta de "normalización" de la época hitleriana y el empleo del enfoque de la *Alltagsgeschichte* para lograrla, resultaban peligrosos para el historiador hebreo. A su juicio, al poner el acento sobre la normalidad de la vida bajo el Tercer Reich, los planteamientos de Broszat y la perspectiva de la vida cotidiana podían allanar el camino para que permearan discursos revisionistas que minimizaran la importancia del Holocausto.[32]

Con sus advertencias, Friedländer se refería especialmente a las tesis de Ernst Nolte, que había cuestionado la excepcionalidad del genocidio nazi, al equipararlo con los crímenes sucedidos en otras naciones y, en especial, con los ocurridos en la URSS estalinista. Unos

---

[31] La primera propuesta de "historificación" del nazismo en Broszat, Martin. "Plädoyer für eine Historisierung des Nationalsozialismus", *Merkur*, 39 (1985), pp. 373-385. La polémica suscitada puede verse en Kershaw, Ian. *The nazi dictatorship... Op. Cit.*, pp. 218-236.

[32] Sobre esta disputa ver: Broszat Martin y Friedländer, Saul. "A Controversy about the Historicization of National Socialism", *New German Critique*, 44 (1988), pp. 85-126, especialemente 96-103; los diferentes artículos aparecidos en *German History*, 6:1 (1988); Eley, Geoff. "Nazism. Politics and the Image of the Past: Thoughts on the West German *Historikerstreit*", *Past and Present*, 120 (1988), pp. 171-208; y el reciente estudio de Rondags, Daniël. *Martin Broszat, Saul Friedländer and the Historicisation of the Third Reich* (Tesis doctoral, University of St Andrews, 2011).

argumentos que no tardaron en ser cuestionados por historiadores de diversas naciones, por lo que consideraban una injustificada nivelación de culpas y una relativización de los crímenes nazis[33].

La *Historikerstreit* fue la primera discusión pública sobre el pasado alemán. Pero las disputas mantenidas sobrepasaron frecuentemente el ámbito académico, se centraron excesivamente en una visión "desde arriba" y contribuyeron, en general, a arrojar poca luz respecto a la participación de los alemanes en la represión.[34] Hubo que esperar a la década de los noventa para que, en medio de un nuevamente exaltado debate historiográfico sobre el nazismo, se produjeran avances significativos al respecto. Aunque no era ni mucho menos la primera aproximación a la participación de los ciudadanos corrientes en la violencia nazi, todas las miradas se posaron sobre las desafiantes teorías sostenidas por un joven historiador estadounidense de origen judío Daniel J. Goldhagen.

Sus argumentos, sobradamente analizados por numerosos especialistas[35], dieron una respuesta simple pero enormemente exitosa de las causas que habían conducido el Holocausto. A grandes rasgos, la tesis de Goldhagen se resumía en que los judíos habían sido asesinados porque el excepcionalmente antisemita pueblo alemán así lo había deseado. A su juicio, el "antisemitismo eliminacionista" formaba parte del ADN de los alemanes y, con la llegada de Hitler al poder, se les ofreció la oportunidad para exterminar a los judíos. Su poca rigurosidad metodológica, su uso manipulado y sentimental de las fuentes, la nula atención al genocidio de otros grupos étnicos, la in-

---

[33] Las tesis de Nolte en su obra: *La guerra civil europea: nacionalsocialismo y bolchevismo.* (México D. F., Fondo de Cultura Económica, 1994). Véase también: Friedländer, Samuel. "Some Reflections on the Historicization of National Socialism" en Baldwing, Peter (ed.). *Reworking the Past... Op. Cit*, pp. 88-101; y Nolan, Mary. "The Historikerstreit and Social History", *New German Critique*, 44 (1988), pp. 51-80.

[34] "Forum: The Historikerstreit Twenty Years On," *German History*, 24:4 (2006), pp. 586-607.

[35] Goldhagen, Daniel J. *Los verdugos voluntarios de Hitler: los alemanes corrientes y el Holocausto*, (Madrid, Taurus, 1997 [1996]). Entre las innumerables páginas dedicadas a Goldhagen cabe mencionar: Finkelstein, Norman G. y Birn, Ruth B. *A Nation on Trial: The Goldhagen Thesis and the Historical Truth*, (Nueva York, H. Holt, 1998); y Eley, Geoff, (ed.). *"The Goldhagen Effect": History, Memory, Nazism – Facing the German Past.* (Ann Arbor, University of Michigan Press, 2000). A España también llegó la 'controversia Goldhagen': Moreno Luzón, Javier. "El 'debate Goldhagen', los historiadores, el Holocausto y la identidad nacional alemana", *Historia y Política*, 1 (1999), pp. 135-159.

capacidad para explicar por qué el antisemitismo existente en otras naciones no había tenido el mismo destino trágico y su atrevimiento para asegurar la certeza de suposiciones para las que no aportaba pruebas empíricas, acabaron por sepultar el "efecto Goldhagen".[36]

Las carencias del libro de Daniel J. Goldhagen, llevaron a algunos de sus detractores a afirmar que no aportaba nada a lo ya sabido sobre el Holocausto, pero lo cierto es que, pese a sus notables debilidades, la obra ayudó a que los historiadores se plantearan preguntas diferentes. Al fin y al cabo, las tesis de Goldhagen no solo volvían a agitar la sensibilidad de los alemanes respecto a su pasado más cruel, sino que trasladaba el foco de atención de las víctimas a los verdugos. Un camino que, varios años antes que Goldhagen, ya había sido recorrido por autores de trabajos fundamentados en un manejo más adecuado de las fuentes y una mayor rigurosidad metodológica.

Este fue el caso de Christopher Browning, cuya obra sobre el papel de los integrantes del Batallón de Reserva 101 de la policía nazi en los asesinatos de judíos en Polonia fue rescatada del olvido. Frente a las explicaciones monocausales de Goldhagen, Browning había elaborado una interpretación compleja, donde había más incertidumbres que certezas y en la que se ocupaba de las actitudes y comportamientos de "hombres grises" en un contexto de violencia extrema, analizando las motivaciones que habían llevado a muchos individuos a acabar con la vida de seres humanos.[37]

Pero los estudios de Browning no han sido los únicos que han tratado con rigor el papel de los ciudadanos en la violencia nazi. Por el contrario, en las últimas dos décadas el interés de los investigadores dedicados a la Alemania de Hitler se ha centrado fundamentalmente en tres cuestiones: la relación de la sociedad con el sistema de terror estatal, las actitudes de la población hacia la "cuestión judía" y la participación de los alemanes en el Holocausto.

---

[36] Véanse Kershaw, Ian. *Hitler, los alemanes y la Solución Final*, (Madrid, La Esfera de los Libros 2009, pp. 508-526); Vilanova, Francesc. "La larga sombra de la culpabilidad alemana: ecos y derivaciones de la Historikerstreit", *Ayer*, 40, (2000), pp. 137-167; y Eley, Geoff. "Ordinary Germans, Nazism and Judeocide", en Id. (ed.). *The "Goldhagen Effect"... Op. Cit.*, pp. 1-31.

[37] Browning, Christopher. *Ordinary Men: Reserve Battalion 101 and the Final Solution in Poland*, (Nueva York, Harper Collins, 1992). Véase también: Westermann, Edward. "'Ordinary Men' or 'Ideological Soldiers'? Police Battalion 310 in Russia, 1942", *German Studies Review*, 21 (1998), pp. 41-86.

En la primera de las direcciones comentadas se han movido investigadores como Robert Gellately, Reinhard Mann o Eric Johnson. En diferentes trabajos, Gellately ha destacado la importancia que la participación ciudadana tuvo para la efectividad de la labor policial de la Gestapo. En su opinión, la insuficiencia de agentes de policía quedó cubierta por la existencia de una sociedad "autovigilada", producto de la proclividad de muchos alemanes a delatar a sus conciudadanos y de la buena disposición de las autoridades para la recepción de las denuncias.

De hecho, Reinhard Mann demostró que un 55% de las denuncias recibidas por la Gestapo de Düsseldorf no fueron iniciadas por el aparato policial, sino gracias a la información suministrada por alemanes corrientes.[38] Por su parte, Johnson ha incidido en el relevante papel que la aquiescencia de la población desempeñó para la labor de control y vigilancia llevada a cabo por la Gestapo. Pero, en contraste con la sociedad entusiásticamente colaboradora con la policía que ha dibujado Gellately, Johnson ha devuelto la violencia al primer plano y defendido que la efectividad del terror nazi residió en su carácter selectivo, posibilitando la extensión de actitudes favorables al Estado entre aquellos individuos no afectados por la represión.[39]

Como parte del movimiento pendular que, a juicio de Kershaw, ha afectado a los trabajos ocupados de analizar las actitudes de la población alemana durante el nazismo, recientes investigaciones han vuelto a poner el acento en los mecanismos de coerción y represión empleados por la dictadura y ensombrecido aquellos relativos a un apoyo o complicidad con el Estado.

Diversos autores han advertido insistentemente sobre los "rasgos totalitarios" del régimen de Hitler y han profundizado en el análisis de los instrumentos de terror utilizados sobre la población. Así, se ha recordado que, junto a la Gestapo, hubo otros órganos y mecanismos

---

[38] Gellately, Robert. "The Gestapo and German Society: Political Denunciation in the Gestapo Case Files", *Journal of Modern History*, 60:4, (1988) pp. 634-694; *No solo Hitler. La Alemania nazi entre la coacción y el consenso.* (Barcelona, Crítica, 2005 [2001]); Mann, Reinhardt. *Protest und Kontrolle im Dritten Reich: Nationalsozialistische Herrschaft im Alltag einer rheinischen Großstadt* (Frankfurt, Campus, 1987).

[39] Johnson, Eric. *El terror nazi: La Gestapo, los judíos y el pueblo alemán*, (Barcelona, Paidós, 2002 [ed. original en inglés, 2000]); y Johnson, Eric y Reuband, Karl-Heinz. *What We Knew: Terror, Mass Murder and Everyday Life in Nazi Germany: an Oral History.* (Cambridge, Basic Books, 2005).

legales que jugaron un papel crucial en la dinámica represiva del Tercer Reich; se ha vuelto la mirada de nuevo sobre la importancia alcanzada por el sistema concentracionario nazi, insistiendo en que su funcionamiento implicaba a numerosos componentes del Estado, que rebasaban sobradamente las fronteras de las SS; y finalmente, se ha apuntado con gran acierto la importancia que tuvo el empleo de mecanismos represivos "menos visibles" sobre las familias "enemigas" del régimen para el logro de actitudes pasivas e incluso cómplices con las políticas del régimen nazi.[40]

En cuanto a las actitudes de la población alemana hacia la "cuestión judía", las investigaciones han empezado a mostrar que una parte importante de la sociedad respaldó las medidas antisemitas tomadas por las autoridades del Tercer Reich y contribuyó con sus actitudes al aislamiento social de los judíos. La existencia de un antisemitismo "latente" entre los ciudadanos, unido a las campañas propagandísticas orquestadas desde el Estado, provocó que fueran muchos los que contribuyeron a su exclusión, mediante su despersonalización, la aprobación de medidas económicas que les perjudicaban e incluso el apoyo a soluciones más drásticas como el uso de la estrella amarilla o las deportaciones.[41]

Al mismo tiempo, han sostenido que, durante los años de la guerra, los alemanes corrientes conocieron en gran medida el trágico destino de la población judía, llegaron a comprender las verdaderas dimensiones del genocidio y, sin embargo, mantuvieron actitudes de indiferencia y se encogieron de hombros ante los crímenes nazis. Actitudes indiferentes que, si para algunos fueron el resultado de un deseo por desentenderse del funesto destino de los asesinados, para otros constituyeron una clara muestra de la "complicidad pasiva" de la mayor parte de los alemanes con el genocidio nazi.[42]

---

[40] Wachsmann, Nikolaus. *Hitler's Prisons: Legal Terror in Nazi Germany* (New Haven: Yale University Press, 2004); Id. y Caplan, Jane (eds.) *Concentration Camps in Nazi Germany: The New Histories* (London, Routledge, 2010); Gregor, Neil. "Forum: Nazi Terror", *German History*, 29:1 (2011), pp. 79-98; y Evans, Richard J. *El Tercer Reich en el poder*, (Barcelona, Península, 2007).

[41] Véanse Kershaw, Ian. *Hitler, los alemanes... Op. Cit.*, Capítulo V; y del mismo autor: *Popular Opinion... Op. Cit.*, Capítulo 6. También Bartov, Omer. "Defining Enemies. Making Victims, German, Jews and the Holocaust", *The American Historical Review*, 103:3 (1998), especialmente pp. 778-781.

[42] Bankier, David. *The Germans and the Final Solution. Opinion under Nazism*, (Oxford, Blackwell, 1992); Kershaw, Ian. *Hitler, los alemanes... Op. Cit.*, Capítulo 5;

Las recientes aportaciones de la historiografía sobre el nazismo han evidenciado la existencia de visiones enfrentadas sobre el genocidio judío que, paradójicamente, han enriquecido nuestro conocimiento sobre el alcance, los verdugos y las víctimas de la represión nazi. Mientras autores como Aly han enfatizado el papel que las recompensas materiales y los beneficios económicos pudieron tener en la proclividad de la sociedad alemana al asesinato de los judíos, otros han incidido en la relevancia de las ideas antisemitas como desencadenante del Holocausto.

Es el caso de Saul Frieländer, que ha defendido que el antisemitismo formaba parte del proyecto de Hitler por redimir Alemania y cuyas tesis contrastan con las de quienes han recordado que el hecho de que fueran muchos los ciudadanos que aprobaban la exclusión social de los judíos no significa que quisieran que se les asesinara.[43] Todo ello ha puesto claramente de manifiesto la complejidad de las relaciones entre alemanes y judíos durante el periodo nazi, ya que, si en algunos casos el contacto social y el intercambio comercial se mantuvo independiente de la legislación antisemita, en otras ocasiones fueron los propios ciudadanos los que se anticiparon "desde abajo" a la acción del Estado impulsando prácticas la exclusión comunidad judía.[44]

Finalmente, el estudio de la implicación de los alemanes corrientes en el Holocausto ha encontrado una de sus vías más fructíferas en la investigación del comportamiento de los soldados de la Whermacht durante la II Guerra Mundial. Hace ya años que Omer Bartov advir-

---

Dov Kulka, Otto. "The German population and the Jews: State of Research and New Perspectives" en Bankier, David (ed.). *Probing the Depths of German Antisemitism. German Society and the Prosecution of the Jews, 1939-1941,* (Nueva York, Bergham Books, 1999, pp. 271-281).

[43] Friedländer, Saul, *El Tercer Reich y los judíos,* (Barcelona, Galaxia Gutemberg, 2009 [1997]); Las críticas en Wiese, Christian y Betts, Paul (eds.). *Years of Persecution, Years of Extermination. Samuel Friedländer and the Future of the Holocaust Studies,* (Londres, Continuum, 2010).

[44] Benz, Wolfgang. "La exclusión como fase integrante de la persecución: la situación de los judíos en Alemania, 1933-1941" en Bankier, David (ed.). *La Europa nazi y la Solución Final,* (Madrid, Losada, 2005 [2003], pp. 47-65); Bajohr, Frank. *"Aryanisation" in Hamburg: the economic exclusion of Jews and the confiscation of their property in Nazi Germany,* (Nueva York, Berghan Books, 2002); Dov Kulka, Otto. "Popular Opinion in Nazi Germany as a Factor or the Solution of the Jewish Question: The Nuremberg Laws and the Reichskristallnacht" en Corner, Paul (ed.). *Popular Opinion... Op. Cit.*, pp. 81-106.

tió del papel central que la ideología nacionalsocialista tuvo en el contexto de brutalización generado por la contienda y cuya consecuencia más atroz habría sido el asesinato de los judíos.[45]

Algunos de sus argumentos –como el empleo de la noción de "fantasías genocidas" para referirse a las actitudes de los soldados alemanes frente a los crímenes– han recibido quizá merecidas críticas, pero sus análisis han inspirado la aparición de otros trabajos que han cuestionado el mito de la "Wehrmacht limpia" y han recordado la profunda implicación de sus componentes en el asesinato de los prisioneros de guerra. Además, la aparición de nuevas fuentes documentales ha reforzado la necesidad de no perder de vista las complejas y contradictorias actitudes de los soldados del Ejército alemán y de entender que, mientras algunos individuos aceptaron a regañadientes las consignas ideológicas dictadas por sus superiores, otros actuaron por convicción propia y se implicaron voluntariamente en los crímenes.[46]

5. Conclusiones

El estudio de las actitudes de los alemanes durante el nazismo es una pieza esencial para la comprensión del funcionamiento de la dictadura nazi. Su examen es también fundamental para entender el proceso de construcción del sistema nazi, porque condicionaron sus discursos y prácticas de manera decisiva. Pero, al mismo tiempo, se trata de uno de los aspectos de más difícil análisis para los investigadores. Las preguntas, las hipótesis y las incertidumbres predominan sobre las aseveraciones rotundas y las certezas absolutas acerca de cómo se comportaron los ciudadanos de la Alemania de Hitler.

Pese a ello, hoy somos conscientes de que las actitudes de la población que vivió la dictadura de Hitler no fueron estáticas, sino móviles y contradictorias, que las motivaciones que gobernaron sus

---

[45] Bartov, Omer. *Hitler's Army: Soldiers, Nazism and War in the Third Reich*, (Nueva York, Oxford University Press, 1991); y del mismo autor: *Germany's War and the Holocaust: Disputed Histories*, (Ithaca, Cornell University Press, 2003).

[46] Ver Wette, Wolfram. *La Wehrmacht. Los crímenes del Ejército alemán*, (Barcelona, Crítica, 2007 [2002]); Priemel, Kim. "Into the grey zone: Wehrmacht Bystanders, German Labor Market Policy and the Holocaust", *Journal of Genocide Research*, 10:3 (2008), pp. 389-411; y Netzel, Sönke y Welzer, Harald. *Soldados del Tercer Reich. Testimonios de lucha, muerte y crimen*, (Barcelona, Crítica, 2012).

comportamientos fueron múltiples y de diversa naturaleza y que para entenderlas tenemos que prestar atención a elementos materiales y tangibles, pero también a factores ideológicos y culturales no menos importantes. Por esta razón, ya no es posible examinar las actitudes de la ciudadanía en términos de consentimiento y oposición. Tenemos que recalcar el papel del terror, del miedo y del control ejercido por el Estado, el de la capacidad de atracción y los beneficios sociales y económicos proporcionados por el régimen nazi, pero, sobre todo, el de quienes "normalizaron" la represión, el de los que mezclaron actitudes de apoyo a la dictadura con críticas, comentarios maliciosos o quejas a sus políticas y el de los que se sintieron identificados con el nazismo en sus inicios y se alejaron con el paso de los años. En definitiva, debemos abandonar los paisajes en blanco y el negro para transitar, como lo hicieron la mayoría de los alemanes, por el camino del gris.[47]

Como se ha visto, son muchas las vías abiertas para profundizar en el conocimiento de cómo los alemanes dieron vida y consolidaron el régimen nazi. Pero, en mi opinión, ninguna tan fértil como la provista por el análisis desde "lo local" adoptado por algunos trabajos recientes sobre la dictadura de Hitler.

Una mirada a lo sucedido en los pueblos y en las ciudades alemanas permitirá saber mejor el impacto de los discursos y políticas nazis, la eficacia de sus instituciones en la propaganda de los principios nacionalsocialistas, la participación de la sociedad en la construcción de la dictadura o los comportamientos desviados u opuestos a las directrices gubernamentales.

Pero, también, nos ayudará a conocer la implicación de los ciudadanos en el castigo de sus vecinos, las complejas relaciones de los alemanes con la comunidad judía o el verdadero alcance del terror estatal.[48] Después de todo, puede que haya llegado el momento de realizar una nueva relectura de la *Alltagsgeschichte*, que nos permita

---

[47] Al respecto, véase Trommler, Frank. "Between Normality and Resistance: Catastrophic Gradualism in Nazi Germany", *Journal of Modern History*, 64 (1992), pp. 82-101.

[48] Por ejemplo: Stephenson, Jill. *Hitler's Home Front: Württemberg under the Nazis*, (Londres, Continuum, 2006); Wildt, Michael. *Hitler's Volksgemeinschaft and the dynamics of racial exclusion: violence against Jews in provincial Germany, 1919-1939*, (Nueva York, Berghan Books, 2012); Loeffel, Robert. *Family Punishment in Nazi Germany. Sippenhaft, Terror and Myth*, (Basigstoke, Palgrave Macmillan, 2012).

volver a lo cotidiano, –ampliando la lente y teniendo en cuenta el peso del lenguaje, pero no perdiendo de vista al sujeto– y ayudarnos a conectar las experiencias individuales y fragmentarias del día a día con los grandes contextos.

Bibliografía

Aly, Götz. *La utopía nazi. Cómo Hitler compró a los alemanes,* (Barcelona, Crítica, 2005).

Bankier, David. *The Germans and the Final Solution. Opinion under Nazism,* (Oxford, Blackwell, 1992).

Bartov, Omer. *Hitler's Army: Soldiers, Nazism and War in the Third Reich,* (Nueva York, Oxford University Press, 1991).

Broszat, Martin. *Bayern in the NS-Zeit,* (Munich y Viena, Oldenbourg, 6 Vols, 1977-1983.

Browning, Christopher. *Ordinary Men: Reserve Battalion 101 and the Final Solution in Poland,* (Nueva York, Harper Collins, 1992).

Childers, Thomas. *The Nazi Voter: The Social Foundations of Fascism in Germany, 1917–1933,* (Chapel Hill, University of North Carolina Press, 1983).

Corner, Paul (ed.). *Popular Opinion in Totalitarian Regimes. Fascism, Nazism, Communism,* (Oxford, Oxford University Press, 2009).

Eley, Geoff. "Hitler's Silent Majority? Conformity and Resistance under the Third Reich (Part One)", *Michigan Quarterly Review,* 42:2, (2003).

Evans, Richard J. *El Tercer Reich en el poder,* (Barcelona, Península, 2007).

Friedländer, Saul, *El Tercer Reich y los judíos,* (Barcelona, Galaxia Gutemberg, 2009 [1997]).

Fritzsche, Peter. *De alemanes a nazis, 1914-1933,* (Buenos Aires, Siglo XXI, 2006 [1998]).

Gellately, Robert. *No solo Hitler. La Alemania nazi entre la coacción y el consenso.* (Barcelona, Crítica, 2005 [2001]).

Johnson, Eric. *El terror nazi: La Gestapo, los judíos y el pueblo alemán,* (Barcelona, Paidós, 2002 [ed. original en inglés, 2000]).

Kershaw, Ian. *Hitler, los alemanes y la Solución Final,* (Madrid, La Esfera de los Libros 2009, pp. 508-526).

Kershaw, Ian. *Popular Opinion and Political Dissent in the Third Reich. Bavaria, 1933-1945,* (Oxford, Oxford University Press, 1983).

Kershaw, Ian. *The Nazi Dictatorship: Problems and Perspectives of Interpretation,* (Londres, Arnold, 1989 [1975].

Loeffel, Robert. *Family Punishment in Nazi Germany. Sippenhaft, Terror and Myth,* (Basigstoke, Palgrave Macmillan, 2012).

Lüdtke, Alf. "De los héroes de la Resistencia a los coautores. 'Alltagsgeschichte' en Alemania", *Ayer*, 19 (1995), pp. 49-69.

Mosse, George L. *Fallen Soldiers: Reshaping the Memory of the World Wars,* (Nueva York, Oxford University Press, 1990).

Peukert, Detlev. *Inside Nazi Germany. Conformity, Opposition, and Racism in Everyday Life,* (New Haven y Londres, Yale University Press, 1987, pp. 22-25).

Stephenson, Jill. *Hitler's Home Front: Württemberg under the Nazis,* (Londres, Continuum, 2006).

Trommler, Frank. "Between Normality and Resistance: Catastrophic Gradualism in Nazi Germany", *Journal of Modern History,* 64 (1992), pp. 82-101.

Wachsmann, Nikolaus y y Caplan, Jane (eds.) *Concentration Camps in Nazi Germany: The New Histories* (London,Routledge, 2010).

Wiese, Christian y Betts, Paul (eds.). *Years of Persecution, Years of Extermination. Samuel Friedländer and the Future of the Holocaust Studies,* (Londres, Continuum, 2010).

Wildt, Michael. *Hitler's Volksgemeinschaft and the dynamics of racial exclusion: violence against Jews in provincial Germany, 1919-1939,* (Nueva York, Berghan Books, 2012).

INTENCIONES, FUNCIONES Y ESTRUCTURAS: BOSQUEJO DE UNA ANATOMÍA DEL PODER NACIONALSOCIALISTA

Evaristo Prieto Navarro

Universidad Autónoma de Madrid[1]

Sumario: 1. Introducción: el enfoque intencionalista del poder hitleriano.- 2. La dialéctica intencionalismo-funcionalismo: un balance provisional.- 3. Funcionalismo metafísico: modernidad y exterminio.- 4. Funcionalismo empírico: competencia policrática, descomposición administrativa y radicalización política.

1. Introducción: el enfoque intencionalista del poder hitleriano

La interpretación de la naturaleza del poder nazi no ha sido nunca pacífica[2]. La historiografía del Tercer Reich ha venido surcada, casi desde sus inicios, pero de modo más nítido y contundente a par-

---

[1] Este trabajo está inserto en el marco del Proyecto de Investigación I+D FFI2012-31635 "Los residuos del mal en las sociedades postotalitarias: respuestas desde una política democrática", financiado por el Ministerio de Economía y Competitividad (2013-2015)

[2] No es mi objetivo ofrecer un panorama genérico de la decantación histórica del Nacionalsocialismo en el poder, para lo que se disponen de excelentes obras de síntesis. Me atrevo a sugerir un par de obras, distintas en su intención y alcances, más sintética la primera y más ambiciosa y exhaustiva la segunda: Michael Burleigh, *El Tercer Reich. Una nueva historia,* Madrid, Taurus, 2002, y la trilogía de Richard J. Evans

tir de los años ochenta del pasado siglo, por una controversia entre las que se identifican como dos escuelas distintas y, para muchos, irreconciliables en sus planteamientos[3].

El núcleo de la disputa se articula en torno al papel de la agencia humana en la construcción de los cursos y acontecimientos históricos. Para la historiografía liberal, el sentido de la historia no puede leerse ni entenderse sin el concurso ineludible de las acciones humanas. El hecho histórico es consecuencia directa, bien que no siempre inmediata y visible, de un conjunto de planes humanos para la acción, enhebrados a partir de una intención consciente y deliberada que va tejiendo sus resultados hasta alcanzar las metas últimas alentadas desde el mismo inicio, cuando los objetivos fueron pergeñados por los distintos sujetos participantes. El hombre se hace así responsable de lo acaecido como su principal autor y centro de imputaciones, y echa sobre sus hombros la tarea de prever y, eventualmente corregir, las consecuencias cercanas y remotas que se derivan de los planes de acción que lleva a la práctica.

El enfoque o escuela intencionalista parte de esta intuición, que eleva la intención y la acción humanas a la categoría de premisas y causas del decurso histórico. Hay una nítida vocación lineal en su lectura de la secuencia histórica, que traza una senda con escasos desvíos entre lo querido, y a menudo también manifestado, y lo finalmente acontecido. De ahí que, retrospectivamente, y convendría subrayar el adverbio, la interpretación suministrada por los historiadores intencionalistas parezca descifrar mejor y de manera más cercana a la intuición menos formada el curso revelado del acontecer ya conocido.

Así Hitler, a título de ejemplificación, quiso la guerra contra la Unión Soviética desde un momento muy temprano, tal y como consta en *Mein Kampf*, como también el exterminio de los judíos, recogido en manifestaciones literales en este lugar y en muchos otros.

La llegada del Tercer Reich, El Tercer Reich en el poder, El Tercer Reich en guerra, Barcelona, Península, 2005 y 2012.

[3] Las posturas aparecen delineadas desde los años sesenta, aunque la controversia toma ímpetu a partir de los ochenta. Los términos con que se identifican las posturas en liza son acuñación de Tim Mason, y aparecen en su artículo de 1981, "Intention and Explanation: A Current Controversy about the Interpretation of National Socialism", en Gerhard Hirschfeld y Lothar Kettenacker (eds.) *Der "Führerstaat": Mythos und Realität. Studien zur Struktur und Politik des Dritten Reiches,* Stuttgart, Klett-Cotta, 1981.

Como resultado ineludible de este razonamiento, tanto la conquista del *Lebensraum*, basada en imperativos geopolíticos y raciales, como la aniquilación de los judíos, fruto de un prejuicio étnico ciego, que configuran el núcleo duro de la *Weltanschauung* hitleriana, acabaron plasmándose casi por necesidad en decisiones prácticas y en políticas reales.

El intencionalismo subraya el papel de la libertad humana como fuente última de la realidad social, frente a las filosofías objetivistas que pretenden restringirla en nombre de las coacciones ineludibles que las estructuras y las circunstancias imponen sobre la agencia humana[4]. El individualismo, ligado no sólo a una metodología particular que hace inteligible la realidad social y política, sino, lo que es más relevante, en su papel de clave de bóveda moral para trazar el contorno de la responsabilidad del hombre, queda mejor preservado tras un planteamiento respetuoso con las posibilidades y exigencias de la acción humana.

Al mismo tiempo, la lectura intencionalista respeta en mayor medida la singularidad de la acción y el acontecimiento, al remontar ambas a la personalidad de los participantes, a las ideologías, motivos, intereses e incluso patologías que sirven para distinguirlos frente a otros actores y sus alternativas prácticas.

Una lectura anclada en el carácter único de la personalidad y la circunstancia ligada a ella plantea visiblemente problemas de explicación histórica, al recluir ésta al horizonte de lo idiosincrásico, perjudicando cualquier comparación o extrapolación contrafáctica de cursos de desarrollo. De ahí que el planteamiento intencionalista se haya ampliado, en el campo de los estudios sobre el nazismo, desde una lectura más centrada en la psico-historia, avalada por los variados y solventes estudios biográficos sobre Hitler[5], a una interpretación

---

[4] En el fondo, no resulta muy difícil atisbar en los supuestos metafísicos de la controversia un momento más de la antigua dialéctica entre las escuelas objetivistas, durkheimianas, que subrayan la facticidad de los acontecimientos y las estructuras como limitaciones de la acción, y las subjetivistas, más atentas a las intenciones y responsabilidades que asume el agente individual, más cercanas a los planteamientos weberianos. No es lugar, no obstante, para explorar estas implicaciones fundacionalistas para nuestro debate, que abarcan problemas de agencia y racionalidad humana, y sus correspondientes implicaciones práctico-morales.

[5] Son numerosos los estudios biográficos estimables sobre Hitler. Entre ellos, mención especial merecen los de Joachim Fest *Hitler. Una biografía,* Barcelona,

programatista, más atenta a la ideología y cosmovisión nazis que a los actores del drama[6].

Para esta propuesta interpretativa, hemos de atenernos a la reconocible y poderosa consistencia de la ideología nacionalsocialista, en su formulación hitleriana, y a su continuidad desde los primeros años veinte hasta la misma destrucción del régimen. La inalterabilidad de la cosmovisión nazi se revela en un curso político que, salvados los inevitables desvíos tácticos que las circunstancias internas e internacionales imponían, es homogéneo con las visiones ideológicas expresadas desde la primera hora.

Para los programatistas, las estructuras institucionales, lejos de representar una limitación o un obstáculo a los planes de acción, supondrían más bien el fruto de la intención directa de Hitler. El tan aludido caos administrativo, que el intencionalismo está lejos de negar, habría sido en realidad auspiciado por el propio *Führer* como un modo de animar una competencia entre las élites del partido, desactivando así la posibilidad de que un grupo pudiera imponerse hegemónicamente y retar su monopolio de poder.

El *divide et impera,* sugiere Karl-Dietrich Bracher[7], constituye el principio maquiavélico básico de la regla de gobierno de Hitler para hacerse con el papel de mediador y bisagra del régimen frente a las rivalidades azuzadas entre los cuadros del partido. Sólo la función integradora del Führer garantizaba la estabilidad y continuidad del poder, lo que reforzó al cabo su omnipotencia, alejándolo al mismo tiempo de las luchas faccionales que podrían haber puesto en jaque su gran prestigio personal[8].

Planeta, 2012 y el inaugural de Alan Bullock *Hitler: estudio de una tiranía,* Barcelona, Bruguera, 1972, a los que se han añadido otros más ponderados y ricos, fruto de las nuevas fuentes reveladas y de la investigación historiográfica desarrollada en los últimos tiempos. Entre los últimos destaca la biografía de Ian Kershaw *Hitler,* Barcelona, Península, 2 vols., 2002.

6 La línea programatista me parece muy bien representada en las obras de Klaus Hildebrand *El Tercer Reich,* Madrid, Cátedra, 1988 y Eberhard Jäckel, *Hitler's World view: a Blueprint for Power,* Cambridge, Harvard University Press, 1981 (2ª ed.), aunque también se apunta nítidamente en los libros y ensayos de Karl-Dietrich Bracher y Andreas Hillgruber, entre otros.

7 Karl-Dietrich Bracher *La Dictadura alemana: génesis, estructura y consecuencias del nacionalsocialismo,* Madrid, Alianza, 2 vols., 1974.

8 El prestigio de Hitler es un principio nuclear para entender muchas claves de la política nazi, como veremos más adelante. Lo cierto es que Hitler pudo preser-

En resumen, para el programatismo es básico subrayar que fue la voluntad dictatorial consistente y firme de Hitler el motor y combustible del régimen, y que sus manifestaciones ideológicas, sin negar que también funcionaron como aliento propagandístico para la movilización de las bases, pueden entenderse como un genuino guión (Jäckel) para las políticas del régimen: se hizo lo que se quería hacer (Hildebrand), lo que incluye las consecuencias más extremas y genocidas de los la cosmovisión nazi[9].

2. La dialéctica intencionalismo-funcionalismo: un balance provisional

Los méritos del enfoque intencionalista quedan bien a la vista, aunque tampoco son escasas sus dificultades. La importancia atribuida a las intenciones, plasmadas en las vehementes manifestaciones ideológicas, va más allá de las declaraciones meramente propagandistas. Hay un sentido de movilización e integración dinámica innegable tras las soflamas de Hitler, lo que no ensombrece el hecho obvio de que algunas de ellas funcionaron como profecías consumadas años más tarde. La vinculación entre ideología y programa es particularmente significativa en el núcleo de la cosmovisión nacionalsocialista: la guerra de expansión del *Lebensraum* y la agresión a la Unión Soviética, y el exterminio de los judíos. La literalidad de las amenazas se convierte en un guión político allí donde el radicalismo ha alcanzado tal grado que las últimas limitaciones políticas, diplomáticas y morales han sido arrumbadas[10]. Sólo en el paroxismo de la violencia final podemos emprender la asimilación entre profecía y su realización violenta, la "realización de lo impensable" de la que Mommsen habla[11].

---

var su imagen contra la erosión política del partido y el Estado hasta casi el final de la guerra, lo que ha llevado a Kershaw a subrayar la importancia del mito de Hitler, de su juicio correcto e inapelable, como factor integrador del nazismo. *El Mito de Hitler: imagen y realidad en el Tercer Reich,* Barcelona, Paidós, 2003.

9 Una buena recapitulación de las respuestas programatistas al funcionalismo en Klaus Hildebrand, *Monokratie oder Polykratie. Hitlers Herrschaft und das Dritte Reich,* en *Der "Führerstaat", op.cit,* págs. 23-42.

10 Phillippe Burrin apunta que la literalidad de las amenazas de destrucción de los judíos sólo se hizo veraz en el contexto de la mundialización del conflicto, con el ataque de la Unión Soviética y la posterior entrada en la guerra de los Estados Unidos. *Hitler and the Jews: the Crisis of the Holocaust,* London, Edward Arnold, 1994.

11 No obstante, la explicación de Mommsen sobre la génesis del Holocausto es declaradamente funcionalista, "The Realization of the Unthinkable: The "Final

Al margen de esos momentos puntuales, no parece que sea de recibo una interpretación literalista de las manifestaciones de Hitler[12], embebidas de un fanatismo y una radicalidad que no permite afirmar su credibilidad más allá de la aludida agitación propagandística. No está claro que Hitler se comprometiera nunca con un plan de acción predeterminado, ni que aceptara vincularse con prioridades de acción cerradas. Como veremos, lo contrario parece ser cierto: Hitler siempre se alejó de cualquier decisión que pudiera comprometerle a cursos concretos de acción, y menos aún si eso amenazaba su prestigio o el apoyo que le dispensaba una población extasiada ante su carisma. Las ambigüedad acostumbrada de las fuentes, por último, no permite deducciones contundentes de las intenciones manifiestas de la élite nazi[13].

El intencionalismo es esencialmente hitlerocentrismo (Hildebrand), lo que da razón de un principio de legitimidad carismático revolucionario que parece compadecerse mal con una comprensión de la actividad política en clave legal-racional y burocrática, más propia de un enfoque estructuralista. La presencia corrosiva de esta legitimidad dual es una de las características más representativas del régimen nacionalsocialista, y explica la imposibilidad notoria de los nazis para estabilizar institucionalmente su poder.

El poder carismático es por esencia dinámico y amorfo, más ligado al principio de lealtad personalista de las camarillas cercanas al líder que a unos cuadros administrativos alineados jerárquicamente y guiados por una escala vertical de mandatos. Y, sin embargo, este principio parasitario de gobierno avala la tesis funcionalista tanto como desmiente la intencionalista, dado que la regla carismática de Hitler[14], unida al carácter informal, oportunista, improvisado y ca-

---

Solution of the Jewish Question" in the Third Reich", en *From Weimar to Auschwitz,* Cambridge, Polity Press, 1991, págs. 224-253.

[12] Que en sus manifestaciones más extremas, llega hasta posturas ultraintencionalistas, como la de Lucy Dawidowicz, que sostiene que los planes de exterminio de Hitler se remontan al término de la Primera Guerra. *The War against the Jews: 1933-1945,* NY, Bantam, 1976.

[13] La crítica al literalismo y la apelación a la ambigüedad y fragmentariedad de las fuentes es un reproche clásico a los enfoques intencionalistas. A modo de ejemplo, Tim Mason, *op.cit,* págs. 29-33. Kershaw ofrece una buena recapitulación de las debilidades intencionalistas en *Nazi Dictatorship. Problems and Perspectives of Interpretation,* Oxford, Oxford University Press, 200, 4ª ed, pág. 78.

[14] Kershaw, *The Nazi Dictatorship, op.cit,* pág. 80.

prichoso de la misma, a su dinamismo sin término como instinto y necesidad, provoca a la postre una disgregación del poder entre las facciones de su séquito, con la consiguiente rivalidad sin término que aboca al caos.

Lo que, como digo, confirma la justeza de las tesis funcionalistas, más atentas al principio policrático y al caos entre subunidades políticas como corrosión de toda forma racional y moderna de ejercicio del poder, frente a la lineraridad programatista auspiciada por el intencionalismo.

No menores reservas merece el principio metodológico sobre el que se asienta el análisis intencionalista. Como atinadamente apunta Mason[15], el modo de comprensión que alienta remite al *Verstehen*, ese entendimiento empático ligado a la interioridad de la personalidad y la intención característica de las diltheyanas ciencias del espíritu, y que remite a la obra de Jakob Burckhardt en el ámbito de la indagación histórica. Parece, no obstante, que mucho ha llovido desde entonces, y que el acceso empático a la comprensión histórica, bien que mediado por el odio –pues de cercanía no parece pudoroso hablar dada la catadura moral de los sujetos-objetos de estudio– no parece alforja suficiente para tan larga jornada. Por el contrario, la explicación histórica de que se reclama el funcionalismo sí marcharía acompasada al desarrollo de las modernas investigaciones sobre la adopción de decisiones en los sistemas políticos y la naturaleza del poder en los contextos burocráticos modernos.

El descubrimiento clave del funcionalismo, al que dedicaremos amplias reflexiones, consiste en realzar el papel que la estructura político-administrativa adquiere en el Tercer Reich[16]. Pero esto no

---

15 *Op.cit*, pág. 29

16 Las principales fuentes funcionalistas empleadas son las obras de sus representantes más reconocidos. Martin Broszat: en particular sus ensayos *Der Staat Hitlers. Grundlegung und Entwicklung seiner inneren Verfassung*, München, DTV, 2000, 15ª ed., y *Nach Hitler: Der schwierige Umgang mit unserer Geschichte*, München, DTV, 1988. Hans Mommsen: *From Weimar to Auschwitz*, *op.cit* y *Von Weimar nach Auschwitz. Zur Geschichte Deutschlands in der Weltkriegsepoche*, Stuttgart, Ullstein, 2001. Uwe Dietrich Adam *Judenpolitik im Dritten Reich*, Düsseldorf, Droste, 2003. Peter Diehl-Thiele *Partei und Staat im Dritten Reich. Untersuchungen zum Verhältnis von NSDAP und allgemeiner innerer Staatsverwaltung 1933-1945*, C.H. Beck, München, 2ª ed 1991. Los dos primeros autores pueden considerarse canónicos de esta postura, aportando los dos siguientes aclaraciones significativas sobre la dinámica de la estructura policrática del poder en

sucede, como los intencionalistas asumen, en la forma de un ensamblaje eficiente de cadenas de órdenes y decisiones para trasformar de modo lineal los impulsos ideológicos y programáticos de la cúspide política en planes de gobierno, sino de un modo mucho más azaroso y desorganizado, amorfo e imprevisible.

Esta estructura anómica de poder desmantela la comprensión intuitiva de la agencia y sus posibilidades transformadoras de la realidad según el molde de la ideología, con la atención necesaria a la circunstancia y el contexto, piedra de toque del programatismo intencionalista. Este desvelamiento impide seguir albergando una comprensión de la historia que aún se lee en clave de los motivos e intenciones de los actores principales del drama, urgiendo una explicación más atenta a la posición funcional y a las dinámicas internas que plantea la posesión y el ejercicio del poder en el aparato de dominación nazi. Por último, y lo que no es menos crucial, el modelo comprensivo de racionalidad que el intencionalismo pone a su base naufraga en su reconstrucción teleológica de la secuencia histórica, que sólo obra retrospectivamente, alumbrada a partir de unos desarrollos finales que juzga necesarios por su supuesta conexión con los motivos, simultáneamente causas y explicaciones suficientes[17].

El funcionalismo, por su lado, demanda nuevos modos de afrontar el problema de la racionalidad de la acción política en un contexto ingobernable en el que las decisiones no se vinculan mágicamente a sus resultados previsibles, y en el que los actores avanzan a trompicones entre las propias coacciones, ajenas y autoinducidas, y optan a menudo por desconectarse de la realidad, llevados por impulsos autodestructivos ajenos a cualquier razón y medida utilitarias[18].

Con gran plasticidad, Cristopher Browning plantea un modelo metafórico para acercarnos a la comprensión global de los enfoques explicativos y sus modos de comprender los desarrollos históricos[19].

---

los ámbitos de las políticas antijudías, y de las cruciales relaciones entre el Partido y la burocracia estatal.

17 Kershaw, *op.cit*, pág. 78.

18 El antiutilitarismo es uno de los motivos más desconcertantes y, sin embargo, cruciales, para desvelar la trama totalitaria. Así lo vio Arendt en *Los orígenes del totalitarismo*, Madrid, Taurus, 1998, págs. 502 y ss.

19 "From Ethnic Cleansing to Genocide to the Final Solution. The Evolution of Nazi Jewish Policy, 1939-1941, en *Nazi Policy, Jewish Workers, German Killers*, Cambridge, Cambridge University Press, pág. 1. El modelo fue propuesto para entender la génesis

El modelo intencionalista se asemejaría al "Proyecto Manhattan", en el que un grupo de personas se unieron para servir a un propósito bien definido de antemano, actuando de modo coordinado y eficiente hasta su consumación. El funcionalismo viene mejor descrito por el "modelo Chernobyl", en el que el mismo resultado –la destrucción atómica– es resultado de una serie de errores, fruto de acciones descoordinadas, improvisación, negligencia y falso afán de protagonismo, el reino del caos contra cualquier atisbo de planificación racional.

Al funcionalismo se le han reprochado por su parte debilidades derivadas de su postergación de los elementos clave del programa intencionalista[20]. El primer escollo que plantea es su separación de la comprensión más cercana e intuitiva, lo que no constituye un reproche menor. La lejanía del sentido común, de la semántica cotidiana de la intención y los motivos para explicar el porqué de nuestros actos no ha de ser aceptada gratuitamente, sin una constatación clara de qué ganamos retirándonos de la proximidad intuitiva de las explicaciones hacia una oscuridad que no sabemos en principio si es profundidad o confusión enrevesada.

La complejidad sólo se justifica si no es gratuita, si presta un servicio a una comprensión que trasciende las coordenadas del cálculo, las intenciones y los motivos ligados a las acciones individuales. No obstante, en un contexto de invisibilidad de las consecuencias, en el que los resultados se desligan de las acciones de las que traen causa, y en la que lo que finalmente acaece parece ser más un producto de fuerzas anónimas que se rigen por su propia lógica, que de un programa pilotado con reflexión deliberada, parecen postularse nuevos moldes para la interpretación.

En relación directa con esto, conviene recordar la idea ya apuntada, que parece asistir a los críticos, de la vinculación entre ideolo-

---

del Holocausto, pero creo que sirve para explicar de forma extensiva los planteamientos básicos de las dos corrientes que estudiamos. Aprovecho para apuntar que las, a mi juicio, mejores valoraciones sobre las fortalezas y debilidades relativas a ambos modelos han sido realizadas en el ámbito de los estudios del Holocausto. Encarezco la lectura de las consideraciones que hace Browning, particularmente en dos recopilaciones de artículos, *Fateful Months. Essays on the Emergence of the Final Solution,* NY, Holmes & Meier, 1991, págs. 9-39 y *The Path to Genocide. Essays on Launching the Final Solution,*, Cambridge, CUP, 1992, págs. 86-121.

[20] Por ejemplo, en Kershaw, *op.cit,* pág. 79. También Mason, *op.cit,* págs. 35-7.

gía como sustrato de la planificación, y los resultados finales producidos en lo que toca a los dominios centrales de la *Weltanschauung: Lebensraum* y genocidio, que parecería confirmar la correspondencia intención-producto. También carece de recibo el reproche que apunta a la supuesta metafísica de la estructura sin fantasma, o de la función sin programa: cuando se observa la decantación destructiva de las políticas del Reich, en lo que hace a la destrucción de sus enemigos, se revela una guía de victimización, una selección basada en premisas inequívocamente ideológicas, y no un mero comportamiento aleatorio que arremetiera ciego contra cualquier grupo interpuesto.

Tampoco el hitlerocentrismo parece un capricho, y los intencionalistas siempre pueden escudarse en el experimento contrafáctico de una Alemania sin Hitler para reforzar su centralidad y protagonismo. El papel del Führer precisa, pues, de una reevaluación en el marco funcionalista, si es que deseamos hacernos con todas las riendas de la explicación final[21]. Y no menor, por último, se antoja la cuestión de las responsabilidades asignadas y las culpas a expiar, a la que el intencionalismo parece estar en disposición de ofrecer soluciones más claras y cercanas que un funcionalismo enredado en una profusión muy trabada de participaciones y tareas de múltiples actores sin un papel claramente asignado[22].

En fin, todo parece componerse, más que resolverse, en un juego de debilidades y aciertos recíprocos, de simetrías imperfectas, y de complementariedades necesarias, hasta allí donde sea razonable y componible hacerlo. Y a esta tarea dedicaremos precisamente las páginas que siguen, bien que desde una preferencia confesada por los enfoques funcionalistas como marco genérico de comprensión.

---

[21] De hecho, los mejores trabajos funcionalistas han emprendido una reevaluación del papel del Führer, mas siempre sobre la base de su centralidad integrativa del Movimiento nazi, y de su protagonismo último en las políticas más reconocibles del régimen. Los trabajos aludidos de Broszat son la mejor muestra de ello.

[22] El intencionalismo puede y debe ampliarse para reconocer la responsabilidad de múltiples actores del régimen, junto al propio Hitler. Tampoco el funcionalismo tiene por qué abdicar de estas cuestiones evaluativas, pues el correcto conocimiento del funcionamiento de la máquina del poder es una premisa necesaria para evaluar el papel de cada grupo en las decisiones y sucesos finales. Las posturas moderadas de una y otra corriente confluyen básicamente en la consideración de estas cuestiones práctico-morales, o al menos no plantean alternativas irreconciliables.

3. Funcionalismo metafísico: modernidad y exterminio

Lo que parece obvio, pese a su ignorancia o postergación en los análisis de un sinnúmero de teóricos que pontifican sobre el nazismo, es que su estructura última y el modo en que ejerció la dominación estuvieron condicionados por su comprensión de la política y el poder. La concepción intencionalista cree que el nazismo quería usurpar el poder en su molde tradicional, burocrático y legal, transformándolo en una regla totalitaria, pero sirviéndose de sus procedimientos e instituciones para afianzarse y acrecer aquél hasta límites inéditos.

En la tarea de imponer la utopía nazi, de transformar las quimeras ideológicas del programa de 1919[23] o las más embarulladas pero más esclarecedoras a la postre del *Mein Kampf*, la maquinaria del derrotado Estado de Derecho burgués prestaría impagables servicios. Nada menos que una burocracia moderna, diseñada a imagen del imbatible ejército prusiano y compartiendo muchas de sus virtudes y valores, al servicio de una visión del mundo liberada de las restricciones timoratas de la moralidad burguesa y del liberalismo democrático. La conjunción sólo podía resultar en un paroxismo de efectividad transformadora al servicio de unas metas crecientemente destructivas, conforme la realidad fuera allanándose a las prescripciones de la voluntad poderosa del nazismo.

Esta es la interpretación que subyace a la lectura del Zygmunt Bauman[24] sobre la peculiar aleación entre Modernidad y Holocausto. El autor anglo-polaco declara sin mucho margen para equívocos que el Estado nazi vendría a ejemplificar el ideal weberiano de dominación racional-legal, propia de los modernos Estados burocratizados, con su cortejo de rasgos ya clásicos: espíritu racional, principio de eficiencia en el cumplimiento de tareas, mentalidad científica, relegación de los valores al reino de la subjetividad, entre otros[25].

A los que añade el elenco de características básicas del funcionamiento administrativo, también representados de modo excelente

---

[23] Me refiero a los famosos 24 puntos programáticos aprobados en ese año como guía irrenunciable del NSDAP.

[24] *Modernidad y Holocausto*, Madrid, Sequitur, 1997.

[25] Bauman, pág. 13.

en el Estado nazi: precisión, rapidez, falta de ambigüedad en la formulación de las tareas, conocimiento de los expedientes, continuidad, discreción, principios de unidad y subordinación, etc. La consecuencia que Bauman extrae se encuentra, sin decirlo expresamente, claramente en línea con la desconsolada y apocalíptica lectura de la época de la razón moderna que ofrecen Adorno y Horkheimer desde los años cuarenta[26].

La racionalidad contemporánea, calculadora, encogida a su dimensión técnica y científica, y desligada de los valores morales que la habían informado en la prehistoria ilustrada, produce los monstruos de la alienación y el exterminio del hombre a manos del hombre. El nazismo está lejos de ser el reverso ominoso de la racionalidad moderna: representaría más bien su consumación, o al menos, uno de sus resultados probables. El Holocausto, su monumento al odio y la destrucción, es el necesario y obvio fruto del ejercicio de la racionalidad burocrática[27], e hijo legítimo de una modernidad asentada sobre el poder de la ciencia y la técnica.

El funcionalismo metafísico que expone Bauman no es ajeno a los propósitos del intencionalismo. Ambos comparten la fe en la capacidad de la maquinaria funcionarial en manos de la vesania nazi para alumbrar un nuevo tiempo y una nueva realidad, mediante la conversión mecánica del propósito ideológico en programa político y decisión ejecutiva. A diferencia del intencionalismo, Bauman desliga, en esa clave weberiana que adopta, la solución de las tareas del nazismo del cumplimiento de ninguna supuesta agenda anterior; no en vano, uno de los rasgos más caros a la burocracia es la indiferencia hacia los fines, que moran en el reino de la irracionalidad práctica. También le alejaría de aquél una suerte de fe metafísica en la capacidad de la máquina para alimentar su tarea una vez comenzada, emancipada de los intereses y propósitos que la pusieron en marcha, y guiada por el solo imperativo de la eficiencia y la necesidad de dar cima a su labor destructiva.

Bauman, por último, vendría a compartir la ceguera del intencionalismo extremo con relación al funcionamiento real del nazismo, lo

---

[26] *Dialéctica de la Ilustración,* Madrid, Trotta, 1994. En la misma línea, las ineludibles reflexiones de Horkheimer en su *Crítica de la razón instrumental,* Madrid, Trotta, 2002.

[27] Bauman, *op.cit,* págs. 20 y 22.

que es más grave en un teórico tan cercano a la sana contaminación empírica, que tan excelentes obras ha alumbrado antes y después[28].

4. Funcionalismo empírico: competencia policrática, descomposición administrativa y radicalización política

Más acá de estas lejanías metafísicas, la clave para entender la política nazi radica en el carácter del NSDAP como formación política, y su integración en las rutinas de un aparato de gobierno una vez que alcanzó el poder en 1933. Dos ideas sirven para articular cualquier comprensión cabal en clave estructuralista: el carácter particular de la ideología nazi como principio de movimiento e integración partidaria, y del Partido Nacionalsocialista como herramienta de propaganda y movilización electoral.

De ambas premisas se obtiene una conclusión radical: la incompatibilidad manifiesta y última entre Partido e institucionalidad estatal, lo que provocó un parasitismo disolvente de la forma burocrática de dominación al hilo de la fragmentación policrática del poder entre élites rivales. Al término del proceso, el síndrome Partido-Estado alentado por el propio Hitler acarreó consecuencias destructivas para ambos, e indujo una espiral de radicalización acumulativa sobre la base de los elementos más destructivos de la cosmovisión nacionalsocialista[29].

Martin Broszat[30] funda el éxito del nacionalsocialismo en su conquista de las clases medias. Estas habían sido las víctimas más conspicuas de los acontecimientos económicos y políticos que jalonaron la atormentada historia de la República de Weimar, sacudidas por el miedo a la recesión y a las recetas radicales del comunismo, tanto como por la revelada incapacidad de los partidos burgueses para ofrecer una salida a la crisis y conducir a Alemania a recobrar su perdida grandeza, su merecido lugar en el mundo. Los nazis cimentaron su

---

[28] La obra no me parece errada en su conjunto, ni mucho menos. Sólo en esta peculiar música de fondo, que es la que, desgraciadamente, empasta toda la melodía.

[29] Esta conclusión se extrae de las obras de Broszat y Mommsen aludidas en la nota 16.

[30] *Der Staats Hitlers,* págs. 33 y ss. *y* "Soziale Motivation und Führerbindung", en *Nach Hitler, op. cit,* págs. 12 y ss.

éxito electoral en una propuesta que combinaba continuidad y cambio, componiendo un equilibrio inestable entre elementos contradictorios. Baste pensar en el oxímoron que revela la autocomprensión del movimiento como "revolución conservadora"[31], o en la particular aleación de elementos autoritarios y socialistas en su programa del 19, o en la presencia de un ala progresista en el Partido, capitaneada por Gregor Strasser.

Sin embargo, lejos de constituir una rémora, la indefinición programática se reveló como un cauce flexible a la voluntad de cambio, al deseo de derribar las antiguas estructuras. La indefinición de contrarios, su composición alejada de cualquier racionalidad política refleja los deseos contradictorios de esa clase media en su deriva extremista (los autores hablan de un "*Extremismus der Mitte*[32]"), que conjugaba irreflexivamente liberación nacional con restauración del orden estamental, constitución autoritaria e igualitarismo en la nueva comunidad popular (*Volksgemeinschaft*)[33].

La idea central que reúne y supera en sí las contradicciones es la misma concepción del Partido como Movimiento (*Bewegung*). Hannah Arendt ha escrito páginas luminosas sobre la idea del movimiento como principio político totalitario, haciendo ver que más importante que las ideas, combustible y motor, es la propia *dynamis* tomada en sí misma, su liberación de energías de transformación, el deseo de actividad que enciende entre sus bases[34]. El principio del movimiento, no obstante, crea unas dinámicas internas escasamente conciliables con una institucionalización ordinaria del poder político, lo que explica las dificultades que padeció el modelo nazi una vez alcanzado el poder en enero de 1933. El NSDAP estaba concebido y diseñado como una maquinaria de propaganda y movilización electoral, y todas sus premisas de actividad respondían a este imperativo

---

[31] George L. Mosse *The Crisis of German Ideology. Intellectual Origins of the Third Reich*, NY, Howard Fertig, 1998. Mosse ofrece una buena síntesis de los elementos románticos y nacionalistas de la cosmovisión nacionalsocialista, organizados en un movimiento pretendidamente revolucionario.

[32] Broszat, "Soziale Motivation…", *op.cit*, pág. 16.

[33] Peter Fritzsche *Vida y muerte en el Tercer Reich*, Barcelona, Crítica, 2009, págs. 44 y ss.

[34] Hannah Arendt "De la naturaleza del totalitarismo. Ensayo de comprensión", en *Ensayos de Comprensión 1930-1954*, Madrid, Caparrós, 2005, págs. 410 y ss.

inmediato[35]. De ahí que los mensajes programáticos se entendieran como armas de reclutamiento social e ignición emocional de unas bases radicalizadas, y de ahí también la indiferencia a la hora de trasladar sus contenidos a una realidad que no podía ni confirmarlos ni falsarlos, dado el carácter utópico y quiliástico de sus mensajes centrales.

El caso del antisemitismo es muy ilustrativo al respecto. Una lectura superficial de los párrafos dedicados a los judíos del *Mein Kampf* revela un odio irracional, descarnadamente violento contra ellos, a los que se dedican los epítetos más ominosos y para los que se plantean los remedios más expeditivos y crueles. Del carácter en apariencia inequívoco de algunas de las expresiones y profecías reveladas, seguidas años después por lo que sin muchas dudas es su confirmación drástica, los teóricos intencionalistas deducen la existencia de un guión perfectamente trazado desde esos tiempos inaugurales[36].

Y, sin embargo, la interpretación dogmáticamente apegada a la pura literalidad es engañosa, pues la fuerza expresiva de los términos (*Ausrottung, Vertreibung,* Exterminio, expulsión) es más reveladora del carácter de los estímulos con que se alimentaba la tropa *völkisch* más embrutecida que de la existencia de un genuino guión para la acción. De hecho, las decisiones y políticas adoptadas en los primeros años treinta no parecen avalar esta agenda exterminadora, sino más bien una moderación de los impulsos más radicales de parte de la militancia.

El problema que Hitler hubo de afrontar fue el de equilibrar la necesidad de esta moderación de la bases más radicales una vez alcanzado el poder, con la oportunidad de contar con el combustible necesario para preservar un momento de movilización permanente, de pseudorrevolución, que conjurara el instinto natural al aquietamiento y la inercia de la vida institucional del poder[37]. Hitler necesitaba mantener las energías liberadas en jaque, pero sin disiparlas

---

[35] Hans Mommsen "Hitlers Stellung im nationalsozialistischen Herrschaftssystem", *Von Weimar..., op.cit,* pág. 223. "Die NSDAP: Typus und Profil einer faschistischen Partei", *ibid.* págs. 201-213.

[36] Dawidowicz, *op.cit.*

[37] Hitler siempre consideró que el movimiento podía funcionar para moderar la *vis* inmovilista y potencialmente opositora de la Administración recibida, a través de la coacción y el chantaje con que se presionaba su actuación. Los primeros meses del gobierno nazi son muy reveladores de esta estrategia de amenazas, reproducida

del todo en el molde del ejercicio burocrático de la política. De ahí la difícil convivencia entre la política oficial, el Estado normativo (*Normenstaat*) de que habla Ernst Fraenkel, y una subpolítica que procedía de la *Kampfzeit*, y servía como combustible para la acción totalitaria, expresada en el Estado de medidas (*Massnahmenstaat*)[38].

Los rasgos de la subpolítica radical nazi, practicada por el Partido y sus centros fragmentados y dispersos de poder, determinan un fraccionamiento del dominio en el medio de una autonomía funcional de élites que da lugar a un sistema neofeudal[39] de patrocinios y clientelas. Esto era en cierta medida producto de la propia formulación de las metas programáticas del nazismo, cuya vaguedad y flexibilidad daban pábulo a una apertura interpretativa que fue aprovechada por élites rivales deseosas de acaparar parcelas de poder. No debemos, sin embargo, sobrevalorar esta divergencia, a la vista de la centralidad de Hitler como cemento y voz última autorizada en la exégesis de las metas de la acción política. Sólo a él correspondía dirimir las disputas hermenéuticas y asignar y quitar razones, aunque no cabe negar que ejercía tal competencia con muchas reservas, sólo cuando las controversias amenazaban con hacerse públicas o ponían en riesgo su propia posición de poder.

Hitler amparó y alentó el sistema policrático de las élites nazis[40], dejó campar a sus anchas a sus viejos camaradas de la *Kampfzeit*, les premió con el botín del poder institucional, y acogió sus pretensiones frente a los deseos de los más conservadores de racionalizar la política una vez alcanzado el mando. Basta rastrear los denodados y fracasados intentos de reforma de la Administración propuestos desde el Ministerio del Interior de Wilhelm Frick.

---

en los momentos puntuales en que Hitler sintió la necesidad de impulsar políticas más radicales.

[38] No se ha prestado la atención que merece a la obra de Ernst Fraenkel, eclipsada por las de Franz Neumann (*Behemoth. Struktur und Praxis des Nationalsozialismus 1933-1944*) o Eugen Kogon (*Der SS-Staat*) en la inmediata postguerra. Sus análisis sobre la dualidad del Estado nazi son de un poder de sugerencia y penetración difíciles de superar. *Der Doppelstaat* y *Der Ur-Doppelstaat* (1978 y 1934, respectivamente. El primero es una versión americana del segundo, que recoge el manuscrito que salvó en su huida de Alemania). Ambos en Ernst Fraenkel *Gesammelte Schriften. Band 2: Nationalsozialismus und Widerstand,* Baden-Baden, Nomos Verlag, 1999, págs. 33-473.

[39] Kershaw, *op.cit,* pág. 83.

[40] Broszat "Hitlers Stellung...", *op.cit,* págs. 51-2.

O los no menos ilustrativos planes sucesivamente abortados por el propio Hitler para dotar al Partido de una estructura organizativa más ajustada a la consolidación del poder, con órganos consultivos, una jerarquía clara con delimitación visible de las competencias y hasta provisiones para la eventual sucesión del líder. La conclusión es que Hitler no supo o no quiso acompasar Partido y Estado a las nuevas realidades del poder, o que su peculiar e idiosincrásica visión de éste no se avenía con la lógica del juego de actores políticos e instancias ejecutivas propio del Estado de Derecho weberiano[41].

El estilo político que imprimía la subpolítica de Hitler oscilaba, pues, entre la tarea inmediata sobre la que las energías se concentraban sin atención a alternativas o a consecuencias previsibles a medio y largo plazo[42], y la formulación de metas utópicas que aglutinaban en un consenso cosmovisivo tan irrenunciable como vago. Esto produjo un extraño vaivén entre radicalismo y moderación en los primeros años del régimen, pues si de una parte se frustraban las demandas más extremas de las bases extremistas, hasta llegar al descabezamiento de las SA tras el golpe de julio del 34, por otro lado se impulsaban periódicamente medidas que venían a acercar a la realidad algunos de los postulados programáticos fuertes del nazismo, como lo prueba la progresión radicalizada de la legislación antisemita o la conformación totalitaria de la sociedad alemana[43].

El radicalismo potencial, transformado en realidad en el curso de la guerra, es la herramienta básica del gobierno de Hitler, basado en la doctrina del excepcionalismo como técnica política[44]. El objetivo

---

41 No deben confundirnos los intentos legales de producir una relación presuntamente ordenada entre ambas instancias como la ley de finales de 1933 (*Gesetz zur Sicherung der Einheit von Partei und Staat).* Para una valoración de las relaciones entre Partido y Estado, pueden consultarse las obras de Thiele y Broszat, *op.cit.* En realidad, no se fue nunca más allá de la aludida corrosión parasitaria de la Administración y del vaciamiento de competencias del Partido, relegado finalmente a tareas de asistencia social.

42 Mommsen "Ausnahmezustand als Herrschaftstechnick des NS-Regimes", en *Von Weimar.., op.cit,* pág. 259.

43 Peter Longerich ha descifrado con gran perspicacia el empleo estratético de esa aleación entre violencia y legislación en la progresión de las políticas antijudías, precisamente con la vista puesta en una transformación totalitaria de la sociedad alemana en su excelente *Politik der Vernichtung. Eine Gesamtdarstellung der nationalsozialistischen Judenverfolgung,* München, Piper Verlag, 1998.

44 Hans Mommsen "Ausnahmenzustand...", *op.cit.* Fraenkel *Der Doppelstaat.* La filiación de esta concepción es reconociblemente schmittiana. Remito a mi lectura

último de este recurso es la instauración de un nuevo orden totalitario, la intromisión absoluta del nuevo poder en los intersticios de la sociedad alemana y la creación de sujetos obedientes y creyentes de los dogmas nacionalsocialistas. Estas aspiraciones se reúnen en la idea de una comunidad étnica que viene a derogar los postulados de la *Gesellschaft* liberal en favor de la integración basada en valores nacionalistas y étnicos, fuertemente adscriptivos, centrípetos y densos [45] de la *Volksgemeinschaft*. Pero la construcción del nuevo orden como tarea nacional planteaba demasiados problemas de concreción e impulso, lo que decantó la tarea integrativa hacia metas negativas, singularmente la estigmatización y expulsión de enemigos y extraños del cuerpo comunitario.

La concepción política de Hitler es biopolítica e inmunitaria[46], y la sociogénesis nazi es una alogénesis[47], esto es, una construcción comunitaria basada en la delimitación negativa frente a los contrarios. Y para esta tarea sí era más sencillo concitar esfuerzos compartidos y forjar un consenso básico entre las élites nazis. Así, fuera cual fuera su entendimiento particular sobre el sentido del nuevo orden, siempre quedó claro quiénes no tenían cabida en él, lo que facilitó la radicalización común y la selección victimizadora cuando las metas positivas comenzaron a flaquear[48]. Hablamos de una suerte de huida hacia delante (*Flucht nach vorne*) por la pendiente deslizante de la violencia y la radicalización destructiva como respuesta a una realidad cada vez más refractaria a los intentos nazis de su conformación[49].

Hitler, cuyo poder absoluto como fuente última de las lectura del dogma es innegable, alentó siempre la deriva radicalizada de sus huestes. Pese a la necesidad de moderar los excesos y embridar los

---

de este autor en "Poder, soberania e exeçao: una leitura de Carl Schmitt", en la *Revista Brasileira de Estudos Politicos,* nº 105, 2012, págs. 101-150.

45 Sobre los diferentes estilos antiliberales de comunitarización, remito a mi "Comunidad, enemigos y extraños", en *Incomunidad. El pensamiento político de la comunidad a partir de Roberto Esposito,* Madrid, Libros de la Arena, págs. 185-215.

46 En la línea planteada por Roberto Esposito en sus obras *Inmunitas. Protección y negación de la vida* y *Bios. Biopolítica y Filosofía,* Buenos Aires, Amorrortu, 2005 y 2006, respectivamente.

47 Evaristo Prieto "Comunidad...", *op.cit,* pág. 199.

48 Sobre la dialéctica de elementos cosmovisivos positivos y negativos, Broszat "Soziale Motivation...", *op.cit,* págs. 25 y ss.

49 Sobre selección de metas negativas y radicalización acumulativa, Broszat, *ibídem* y Mommsen, "Ausnahme...", *op.cit,* pág. 33.

entusiasmos mal entendidos, sancionó en todo momento esas actitudes como un mal necesario. En una buena medida, él compartía ese instinto nihilizador con sus leales. Y éstos, por su parte, siempre manejaron estas pretensiones extremistas en consonancia con lo que entendían como voluntad del Führer, hasta el punto de que las propuestas que avanzaron más adelante estaban imbuidas de la firme convicción de estar en línea con los deseos de Hitler, cosa que éste tampoco se molestó en rebatir, como revela la sanción retrospectiva a las iniciativas crecientemente destructivas de su periferia.

En los primeros tiempos, en los que las manifestaciones radicales eran visiblemente una bravata para el consumo interno de la militancia y una metáfora movilizadora[50], el dinamismo se mantuvo en los niveles de la subpolítica del partido. La agitación revolucionaria ligada a tal autoentendimiento de la política como movilización permanente explica en buena medida, como ya señalamos, la degradación institucional imparable que auspició el régimen de Hitler, agudizada por la primacía del principio de lealtad personal[51] frente a la alineación de las jerarquías en la ejecución de sus mandatos. Hitler remuneró dicha lealtad con poder e influencia en la maquinaria del Estado, con lo que la ineficiencia, la corrupción y la improvisación dinámica del Partido se trasladaron al ámbito del gobierno organizado.

El antiburocratismo de Hitler conduce, a la postre, a una confusión de esferas políticas y administrativas en la que los altos funcionarios del Partido ocupan las oficinas y los cargos superiores, creando agencias híbridas de funcionarios del Estado y militantes reclutados de las camarillas policráticas[52]. El principio de división de competencias y la jerarquización de tareas se difuminan en las luchas por el apoderamiento que libran los distintos centros de poder del Partido. A menudo se observa cómo varias instancias reclaman la misma tarea y luchan encarnizadamente por imponerse, cómo las autoridades locales ignoran las directrices del gobierno central, cómo los ministerios son desautorizados en su labor por miembros poderosos del movimiento. En la lucha entre el Partido y el Estado, el primero prevalece al precio de su propia descomposición.

---

50 Broszat, *op.cit*, pág. 32.

51 Mommsen "Hitlers Stellung...", *op.cit*, pág. 224.

52 Mommsen "Ausnahme...", *op.cit*, pág. 255.

La antigua burocracia conservadora mantiene una postura equívoca en estos juegos de poder. Jane Caplan[53] ha analizado magistralmente el sustrato ideológico del funcionariado alemán que encuentra Hitler, su desafección a los valores liberal-democráticos, su fuerte conservadurismo y su apego al poder. El deseo de supervivencia en este nuevo entorno hostil de luchas le lleva a modificar sus tácticas de alineamiento con los nuevos poderes, para preservar al menos una limitada capacidad de influencia[54]. La descomposición interna de la Administración alemana es resultado y causa de estas nuevas configuraciones de poder, en la medida en que la burocracia corroída por las prácticas de las élites arribistas del partido, copia sus estrategias, a medio camino entre la adaptación forzada y la complicidad activa.

Uwe Dietrich Adam[55] ha recogido magistralmente algunas de esas tácticas en su descripción de la maquinaria administrativa de la discriminación legal contra los judíos en los años de preguerra: así, la anulación de cualquier práctica unificada, la competencia reclamada por parte de agencias ministeriales y oficinas del partido, el protagonismo creciente del entramado de las SS y de Himmler, la elevación de subalternos administrativos a puestos decisorios, las prácticas informales de publicación, la oralidad como sustitutiva del formalismo en la tramitación de expedientes, la circulación de borradores (*Umlaufweg*) entre instancias administrativas, la imposición de los más osados o de los menos escrupulosos, los extraños maridajes de conveniencia entre oscuros funcionarios del partido y burócratas deseosos de impulsar sus carreras profesionales, y un largo etcétera que sería prolijo detallar aquí. Los síntomas de descomposición allanan cualquier duda sobre el carácter real de la práctica burocrática en la Alemania hitleriana, y tornan irreales las reconstrucciones que insisten en el funcionamiento sin fisuras de un bloque administrativo alineado con su característica eficiencia al servicio de los nuevos amos y sus nuevas ideas.

Las nuevas élites hibridadas se enzarzaban frecuentemente en competiciones darwinistas para imponer su visión política de la realidad. Hitler odiaba mediar en los conflictos entre ellas, formalmen-

---

53 "Civil Service Support for National Socialism: An Evaluation", en Hirschfeld y Kettenacker, *op.cit,* págs. 167-193.

54 Mommsen "Hitlers Stellung", *op,cit,* pág. 228.

55 *Judenpolitik im Dritten Reich, op.cit,* en especial, págs. 68 a 82.

te proscritos, salvo en aquellos casos en que la unidad interna o su propio poder se vieran amenazados, y alentaba la lucha como medio para dirimir las diferencias. El principio puesto en práctica fue conocido entonces como *Sich Wachsen lassen*[56] (que vendría a traducir la idea de que las cosas sigan su propio curso), que propiciaba que el desigual poder de los más fuertes consiguiera imponerse, con lo que la decisión que desgastaba y comprometía el prestigio del *Führer* era evitada. No obstante, la resolución puntual de una controversia no consolidaba por lo común la posición de poder del vencedor, que bien podía ser derrotado en una ocasión posterior, lo que abría el juego y la competencia de todos contra todos[57].

La técnica de decisión de Hitler, al margen de cualquier procedimiento o regla, agravaba aún más el caos. Por lo común, Hitler renunciaba a adoptar decisión alguna, y mucho menos algo que pudiera parecerse a un programa cerrado de prioridades para la acción política, prefiriendo moverse entre la indeterminación y irrupción súbita. Su alergia a la dirección política se hizo patente muy pronto, y sus intervenciones puntuales fueron más el fruto de su innegable intuición política y de las ocurrencias ocasionales basadas en creencias ideológicas inamovibles, bien que mediadas por la apreciación táctica del contexto, que de un plan delineado y llevado con determinación a la práctica. Hitler se rodeaba por lo demás de consejeros ocasionales, ante los que podía dispensar sus decisiones improvisadas, por lo que la ocasión de acceder al *Führer*, y el saber aprovechar la feliz ocasión en que se manifestaba podía obrar casi como una sanción legislativa[58].

Mención aparte merece la técnica de apoderamientos con que Hitler socavó la división de competencias, piedra miliar del funcionamiento racional de cualquier burocracia moderna. Movido por las urgencias padecidas ante circunstancias que estimaba excepcionales,

---

56 Mommsen "Hitlers Stellung...", *op.cit*, pág. 224.

57 Cuestión aparte es la de si esta competencia anárquica entre las élites fue maquiavélicamente programada por Hitler, como quiere Bracher, o es un resultado de su principio carismático y antiinstitucionalista de dirección política, como apuntan los funcionalistas.

58 El acceso al Führer (*Zugang zum Machthaber,*) administrado por el todopoderoso Martin Bormann, fue elevado por el propio Carl Schmitt a categoría jurídico-constitucional. "Der Zugang zum Machthaber", en *Verfassungsrechtliche Aufsätze 1924-1954,* Berlin, Duncker & Humblot, 4ª ed, 2003, págs. 430 y ss.

Hitler llevó a cabo apoderamientos *ad hoc* a favor de determinadas instancias de poder, en abierto desconocimiento del reparto funcional previamente existente, creando de este modo conglomerados administrativos sumamente influyentes, junto con un sinnúmero de problemas de coordinación entre nuevas y viejas autoridades no formalmente desapoderadas. A ello contribuía no poco la propia indeterminación de las nuevas competencias, en sintonía con el principio de su ilimitación de ejercicio e idoneidad para el logro de sus metas (*Allzuständigkeitsprinzip*)[59].

A título de ilustración, pensemos en instituciones tan determinantes para las políticas del régimen y la conducción del conflicto bélico como las SS, centro del poder policial del todopoderoso Himmler, que asumió, entre otras tareas, el protagonismo en la solución de la cuestión judía, o en la Oficina del Plan Cuatrienal de Göring, apoderada para encauzar los preparativos de la guerra en ciernes.

La situación de caos policrático, que ya había corroído a la burocracia gubernamental, no hizo sino agravarse tras el inicio de la guerra. En primer término, los centros de poder se vieron sensiblemente incrementados con la entrada en escena de los gobernadores regionales del Reich, que en alianza con otros actores ya asentados, ganaron en influencia y capacidad de decisión, expandiendo las tendencias neofeudales ya apuntadas en el régimen[60]. El papel de los gobernadores, los expertos desplazados a los territorios del este[61], las SS y el Ejército enriqueció la escena de los invitados a los juegos del poder, y obligó a considerar la iniciativa e impulso de las iniciativas de la periferia, contra una coordinación central de las políticas poblacionales.

En esta línea, se ha insistido mucho y documentadamente sobre el papel protagónico de la periferia oriental en los procesos que desembocaron en la Solución Final. Las mejores interpretaciones, en

---

[59] Mommsen "Hitlers Stellung...", *op.cit,* pág. 227.

[60] Como muestra, baste recordar los esfuerzos del Gobernador General de Polonia, el jurista Hans Frank, para evitar que su territorio se convirtiera en el vertedero étnico del Reich, con la inestimable alianza de Göring, frente a las insistencias de Himmler en acelerar las deportaciones en dirección al Este.

[61] El papel de las burocracias académicas y científicas en la planificación polaca (Ostforschung) ha sido magistralmente expuesto por Götz Aly y Susanne Heim en su obra *Vordenker del Vernichtung: Auschwitz und die deutsche Pläne für eine neue europäische Ordnung,* Fischer Verlag, Frankfurt, 1993.

clave funcionalista moderada, apuntan a una realimentación entre ésta y el centro berlinés, y reconocen la capacidad de iniciativa de la primera, frente a la competencia de sanción, generalización y coordinación del último. Este proceso, de nuevo, no es lineal, ni responde a una férrea lectura programatista; de hecho, parece más cercano al camino espiral o torcido (*twisted road*) de que hablara Schleuness en la década los setenta[62]. Creo que podríamos enmarcar las avenidas de la destrucción en esa secuencia perversa de estados de excepción y soluciones de emergencia de que habla Mommsen[63]: las autoridades policráticas habrían creado, de modo real o ficticio, las propias situaciones de emergencia y crisis a las que habrían de responder mediante medidas excepcionales, cada vez más radicalizadas, que de nuevo gestaban nuevas emergencias, en un círculo amenazador de agresión y victimización.

Las políticas de ingeniería demográfica del Reich, guiadas por imperativos contradictorios –librarse de los judíos y repatriar a los alemanes étnicos (*Volksdeutsche*), por ejemplo–, habrían acabado por producir "cuellos de botella" (*Engpässe*), de los que se trató de escapar en lo que no era sino una huida hacia adelante, disociada de los imperativos de eficiencia y de cualquier contacto razonable con la realidad[64]. En esa clave se entiende la paradójica decisión antiutilitaria de acelerar el programa de exterminio detrayendo recursos para la lucha en el frente soviético.

Esta desconexión creciente entre política y realidad apunta a uno de los rasgos más llamativos del régimen nazi. El núcleo cosmovisivo central, que había venido suministrando las metáforas ideológicas para preservar el carácter dinámico del nazismo, transformó su carácter, merced al fracaso de la integración positiva sobre un nuevo or-

---

[62] Karl A. Schleuness *The Twisted Road to Auschwitz. Nazi Policy toward German Jews 1933-1939,* Chicago, University of Illinois Press, 1990 (ed. revisada de la original de 1970).

[63] "Ausnahmezustand…", *op.cit,* pags. 263 y ss. Mommsen llega a hacer esta lapidaria aseveración en su lectura del ejercicio nazi del poder: "La política en el Tercer Reich no fue en último término más que una cadena incesante de situaciones de excepción de carácter político, militar, y moral, tras la fachada de una normalidad pequeñoburguesa". "Hitlers Stellung…", *op.cit,* pág. 242.

[64] Una buena reconstrucción basada en estas asunciones la encontramos en el ya recogido ensayo de Mommsen "The Realization of the Unthikable…", *op.cit.*

den, en combustible para la radicalización acumulativa (Broszat)[65]. No era osado suponer ni es complicado comprobar que era más fácil suscitar la avenencia de los centros dispersos de poder con un consenso mínimo sobre los rasgos negativos, en un proceso facilitado por la deshumanización y embrutecimiento con que el régimen había aprendido desde sus inicios a tratar a los excluidos de su comunidad étnico-moral.

Los poderes en competencia por el favor de Hitler siempre podían contar con estar en línea con sus deseos si trataban de llevar a la práctica sus soflamas ideológicas cada vez más fanatizadas, lo que provocó, con el creciente desapego a una realidad frustrante, el despeñamiento hacia una violencia política cada vez más acentuada. Así, las implicaciones abiertamente genocidas de muchas de las políticas demográficas del Reich fueron conformando un clima favorable hacia soluciones cada vez más drásticas, impulsadas a su vez por el fracaso sucesivo de las políticas del régimen, en una espiral de destrucción y autoliquidación que sólo podía encontrar su término en el apocalipsis de una guerra racial sin límites[66].

Conviene no olvidar, no obstante, que la selección de las víctimas y el clima de radicalización y sanción de iniciativas genocidas surgieron al amparo de los imperativos ideológicos del nazismo, que mutaron su condición de meros estandartes de reclutamiento de una militancia radical, a genuinos programas de gobierno. De la utopía a la realidad, en un modelo de generación técnica de realidades políticas que no podía ser sino fuertemente violento[67]. De nuevo comparece,

---

[65] Las metáforas se vuelven así realidades, y cobran la apariencia de predicciones sobre la destrucción por venir. Recomiendo la lectura de las últimas páginas del ensayo de Broszat "Soziale Motivation...", en especial, 25 y ss., y su reconstrucción de la pendiente destructiva hacia la Solución Final en su excelente "Hitler und die Genesis del Endlösung: Aus Anlass der Thesen von David Irving", en *Nach Hitler, op.cit,* págs. 45 y ss.

[66] A mi entender, la mejor reconstrucción de los procesos y acontecimientos que desembocaron en la Solución Final es la ofrecida por la obra de Christopher Browning. A las ya recogidas añadiría su magistral *The Origins of the Final Solution: The Evolution of Nazi Jewish Policy September 1939- March 1942* (escrito en colaboración con Jürgen Matthäus), Lincoln, University of Nebraska Press- Yad Vashem, 2007.

[67] Lo que nos lleva al núcleo del problema del mal totalitario, o al menos, a uno de sus rasgos nucleares: la peculiar relación que se entabla entre política y verdad, que se construye sobre el modelo de generación técnica de una realidad desde el patrón de la ideología, lecho de Procusto para una correspondencia que ha de ser urgida por cualquier medio eficaz a nuestro alcance, casi siempre con gran violencia. Sobre

y así concluimos, esa aleación de intención y contexto, de ideología y estructuras sin la que no podemos arrojar algo de luz sobre una de las páginas más ominosas de la historia de la humanidad.

Bibliografía

ADAM, Uwe Dietrich, *Judenpolitik im Dritten Reich,* Düsseldorf, Droste, 2003.

ALY, Götz y HEIM, Susanne, *Vordenker del Vernichtung: Auschwitz und die deutsche Pläne für eine neue europäische Ordnung,* Fischer Verlag, Frankfurt, 1993.

ARENDT, Hannah "De la naturaleza del totalitarismo. Ensayo de comprensión", en *Ensayos de Comprensión 1930-1954,* Madrid, Caparrós, 2005.

ARENDT, Hannah, "Política y Verdad", *Entre el Pasado y el Futuro. Ocho ejercicios sobre la reflexión política,* Barcelona,,Península, 1996, págs. 239-277.

ARENDT, Hannah, *Los orígenes del totalitarismo,* Madrid, Taurus, 1998.

BAUMAN, Zygmunt, *Modernidad y Holocausto,* Madrid, Sequitur, 1997.

BRACHER, Karl-Dietrich, *La Dictadura alemana: génesis, estructura y consecuencias del nacionalsocialismo,* Madrid, Alianza, 2 vols., 1974.

BROSZAT, Martin, *Der Staat Hitlers. Grundlegung und Entwicklung seiner inneren Verfassung,* München, DTV, 2000, 15ª ed.

BROSZAT, Martin, *Nach Hitler: Der schwierige Umgang mit unserer Geschichte,* München, DTV, 1988.

BROWNING, Christopher, "From Ethnic Cleansing to Genocide to the Final Solution. The Evolution of Nazi Jewish Policy, 1939-1941, en *Nazi Policy, Jewish Workers, German Killers,* Cambridge, Cambridge University Press.

BROWNING, Christopher, *Fateful Months. Essays on the Emergence of the Final Solution,* NY, Holmes & Meier, 1991.

BROWNING, Christopher, *The Origins of the Final Solution: The Evolution of Nazi Jewish Policy September 1939- March 1942* (escrito en colaboración con Jürgen Matthäus), Lincoln, University of Nebraska Press- Yad Vashem, 2007

BROWNING, Christopher, *The Path to Genocide. Essays on Launching the Final Solution,,* Cambridge, CUP, 1992.

BULLOCK, Alan, *Hitler: estudio de una tiranía,* Barcelona, Bruguera, 1972.

BURLEIGH, Michael, *El Tercer Reich. Una nueva historia,* Madrid, Taurus, 2002.

---

ello, Hannah Arendt "Política y Verdad", *Entre el Pasado y el Futuro. Ocho ejercicios sobre la reflexión política,* Barcelona, Península, 1996, págs. 239-277, y Roberto Esposito "Mal", *Confines de lo Político. Nueve Pensamientos sobre Política, Madrid, Trotta,* págs.151-168.

BURRIN, Phillip, *Hitler and the Jews: the Crisis of the Holocaust,* London, Edward Arnold, 1994.

CAPLAN, Jane, "Civil Service Support for National Socialism: An Evaluation", en Hirschfeld y Kettenacker, *op.cit,* págs. 167-193.

DAWIDOWICZ, Lucy, *The War against the Jews: 1933-1945,* NY, Bantam, 1976.

DIEHL-THIELE, Peter, *Partei und Staat im Dritten Reich. Untersuchungen zum Verhältnis von NSDAP und allgemeiner innerer Staatsverwaltung 1933-1945,* C.H. Beck, München, 2ª ed 1991.

ESPOSITO, Roberto, "Mal", en *Confines de lo Político. Nueve Pensamientos sobre Política, Madrid, Trotta,* págs.151-168.

ESPOSITO, Roberto, *Bios. Biopolítica y Filosofía,* Buenos Aires, Amorrortu, 2006.

ESPOSITO, Roberto, *Inmunitas. Protección y negación de la vida,* Buenos Aires, Amorrortu, 2005.

EVANS, Richard J., *La llegada del Tercer Reich, El Tercer Reich en el poder, El Tercer Reich en guerra,* Barcelona, Península, 2005 y 2012.

FEST, Joachim, *Hitler. Una biografía,* Barcelona, Planeta, 2012.

FRAENKEL, Ernst, *Der Doppelstaat,* en *Gesammelte Schriften. Band 2: Nationalsozialismus und Widerstand,* Baden-Baden, Nomos Verlag, 1999.

HILDEBRAND, Klaus, *El Tercer Reich,* Madrid, Cátedra, 1988.

HILDEBRAND, Klaus, *Monokratie oder Polykratie. Hitlers Herrschaft und das Dritte Reich,* en *Der "Führerstaat", op.cit,* págs. 23-42.

HIRSCHFELD, Gerhard y KETTENACKER, Lothar (eds.) *Der "Führerstaat": Mythos und Realität. Studien zur Struktur und Politik des Dritten Reiches,* Stuttgart, Klett-Cotta, 1981.

HORKHEIMER, Max y ADORNO, Theodor W., *Dialéctica de la Ilustración,* Madrid, Trotta, 1994.

HORKHEIMER, Max, *Crítica de la razón instrumental,* Madrid, Trotta, 2002.

JÄCKEL, Eberhard, *Hitler's World view: a Blueprint for Power,* Cambridge, Harvard University Press, 1981 (2ª ed.).

KERSHAW, Ian, *The Nazi Dictatorship. Problems and Perspectives of Interpretation,* Oxford, Oxford University Press, 200, 4ª ed.

KERSHAW, Ian, *El Mito de Hitler: imagen y realidad en el Tercer Reich,* Barcelona, Paidós, 2003.

KERSHAW, Ian, *Hitler,* Barcelona, Península, 2 vols., 2002.

KOGON, Eugen, *Der SS-Staat. Das System der deutschen Konzentrazionslager,* München, Wilhelm Heyne Verlag, 2001, 39ª ed.

LONGERICH, Peter, *Politik der Vernichtung. Eine Gesamtdarstellung der nationalsozialistischen Judenverfolgung,* München, Piper Verlag, 1998.

MASON, Tim, "Intention and Explanation: A Current Controversy about the Interpretation of National Socialism", en Hirschfeld y Kettenacker, *op.cit.*

MOMMSEN, Hans, "The Realization of the Unthinkable: The "Final Solution of the Jewish Question" in the Third Reich", en *From Weimar to Auschwitz*, Cambridge, Polity Press, 1991, págs. 224-253.

MOMMSEN, Hans, *Von Weimar nach Auschwitz. Zur Geschichte Deutschlands in der Weltkriegsepoche*, Stuttgart, Ullstein, 2001.

MOSSE, George L., *The Crisis of German Ideology. Intellectual Origins of the Third Reich*, NY, Howard Fertig, 1998.

NEUMANN, Franz, *Behemoth. Struktur und Praxis des Nationalsozialismus 1933-1944*, Frankfurt, Fischer Verlag, 2004, 5ª ed (trad. cast. *Behemoth. Pensamiento y acción en el Nacionalsocialismo*, México. FCE, 1983 (reimpresión de la edición original de 1943).

PRIETO, Evaristo, "Comunidad, enemigos y extraños", en *Incomunidad. El pensamiento político de la comunidad a partir de Roberto Esposito*, Madrid, Libros de la Arena, págs. 185-215.

PRIETO, Evaristo, "Poder, soberania e exeçao: una leitura de Carl Schmitt", en la *Revista Brasileira de Estudos Politicos*, nº 105, 2012, págs. 101-150.

SCHLEUNESS, Karl A., *The Twisted Road to Auschwitz. Nazi Policy toward German Jews 1933-1939*, Chicago, University of Illinois Press, 1990 (ed. revisada de la original de 1970).

SCHMITT, Carl, "Der Zugang zum Machthaber", en *Verfassungsrechtliche Aufsätze 1924-1954*, Berlin, Duncker & Humblot, 4ª ed, 2003, págs. 430 y ss.

LA JURISPRUDENCIA DE INTERESES ANTES Y DESPUÉS DEL NACIONALSOCIALISMO

María José García Salgado
Universidad de Oviedo

"El mismo método aplicado a nuevos problemas arrojará nuevos contenidos"
(Heck: 1936 b, 7)

1. Introducción

"La modificación del Derecho sin modificación de las leyes es", en palabras de Bernd Rüthers, "uno de los temas más fascinantes de la Ciencia Jurídica y de la Sociología política del siglo XX" (1987, 7). Durante el nacionalsocialismo la transmutación de las mismas leyes en otro derecho alcanzó cotas difíciles de igualar y se llevó a cabo, además, mediante una fórmula muy sencilla, ya sobradamente conocida: las normas anteriores al *Führer* debían ser reinterpretadas de acuerdo con los principios del nacionalsocialismo. "*Wir denken die Rechtsbegriffe um*" es la frase de Schmitt que tan acertadamente selecciona Rüthers para reflejar cuál es la esencia del método jurídico nazi:

repensar los conceptos y reinterpretarlos a la luz del nuevo principio metodológico de suprema voluntad del *Führer*. El nacionalsocialismo exprimió al máximo este principio, ayudado por juristas que, ya sea por convicción, o para sobrevivir sin sobresaltos y/o impulsar sus carreras, proporcionaron con su retórica y sus teorías el barniz jurídico que el movimiento requería[1], y apuntalaron la *entfesselte Jurisprudenz*, la Jurisprudencia desatada, desbocada, que será marca de la época[2]. La aplicación del Derecho, en cualquiera de sus ámbitos, se liberó así de las ataduras normativas y se situó bajo el yugo, más evanescente, de la compartida *Wealtanschauung*.

Uno de los juristas que participó en las disputas de la iusmetodología nazi fue Philipp Heck, el padre de la Jurisprudencia de intereses, que con casi 80 años se empeñó en mostrar a la Academia que su método de interpretación y aplicación de normas era el más adecuado para la tarea de renovación jurídica que el nacionalsocialismo demandaba. No convenció a los nazis pero, como ha puesto de manifiesto recientemente Fernández-Crehuet, sí sedujo (algo cercenado) a algún civilista español, que encontró en sus escritos munición para sus propios propósitos[3].

Seguir la pista de la Jurisprudencia de intereses significa adentrarse en una época de la historia alemana particularmente convulsa, en la que se producen grandes cambios jurídicos a través, en gran medida, de la actividad hermenéutica. Y es que, nuevamente con Rüthers, ni la

---

1 Anota Rüthers que la ciencia jurídica es, en nuestro ámbito cultural, seguramente la fuerza más importante de configuración del Derecho (1987, 101).

2 Y que, como ha mostrado Rüthers y ya tantos otros, significa dejar de lado la vinculación a la ley y renunciar al positivismo jurídico (Rüthers: 2009, 404; 2001, 79-81). Sobre el error de considerar al positivismo jurídico culpable de la catástrofe nazi y la posición de los jueces respecto a la ley durante el periodo nacionalsocialista, vid. por todos, García Amado (1991, 344 y ss.). Una original forma de calificar la doctrina nazi es la de Rivaya (2002, 421 ss), que mantiene que la teoría nazi del derecho es una teoría iusnaturista (que no iusnaturalista, que es la expresión que aparece en el texto ya publicado, debido a una errata del corrector).

3 Así, como ha visto Fernández-Crehuet, Felipe Clemente de Diego se apoya gustosamente y con mucha frecuencia en los escritos de la época nazi de Heck, para confeccionar sus propios discursos de apertura como presidente del Tribunal Supremo. Fernández-Crehuet analiza con detalle el discurso de 1939, en el que De Diego utiliza una "monografía" (no más de 40 páginas en realidad) de Heck, *Rechtserneuerung und juristische Methodenlehre*, para refrendar sus propias reflexiones (que serán las del franquismo) respecto a cuál debe ser la relación del juez con la ley (Fernández-Crehuet: 2011, 132 y ss).

reinterpretación del derecho ni la exigencia de "renovación jurídica" son privativas de la sociedad nacionalsocialista (aunque en ella hayan alcanzado excepcionales niveles de perversión)[4]: la sociedad exige en muchas ocasiones juristas modernos, capaces de aplicar las leyes de ayer a los problemas de hoy, e incluso a los del futuro. Se pide al viejo derecho que legitime nuevos hechos y situaciones, de forma que entre la norma y la situación normativa, entre el "Derecho" y la "vida" no existan grietas[5]. La relación entre el derecho y, por una parte, su aplicación, y por otra, la cosmovisión dominante, es indisoluble (Rüthers: 1987, 27-28).

2. La disputa del método jurídico antes del nacionalsocialismo

La historia vital de la Jurisprudencia de intereses, desde su nacimiento a finales del siglo XIX hasta su declive tras postularse como metodología nazi, es especialmente ilustrativa ya que es una doctrina que atraviesa coyunturas políticas, sociales y económicas tan diversas como el Imperio, la Primera Guerra Mundial, la República de Weimar y el mencionado nacionalsocialismo, y que participa de lleno en el famoso *Methodenstreit*, la disputa del método que ocupó a los intelectuales alemanes a finales del XIX y principios del XX, y que, en lo que a la metodología jurídica se refiere, puede sintetizarse en el ya manido enfrentamiento entre un modelo de juez que todo lo puede, y un modelo de juez autómata de la subsunción. Puesto que, como

---

[4] De hecho, y según sus propias palabras, en lo que a procesos de adaptación del derecho se refiere, el derecho alemán ha alcanzado cotas difícilmente superables. Buena prueba de ello es que los grandes códigos, civil y mercantil, han sobrevivido, vigentes, válidos y con muy pocos cambios, a la revolución de 1918, la inflación de 1923, la toma de poder de 1933, la caída de 1945 y la reforma monetaria de 1948. Han pasado por una monarquía constitucional, una democracia liberal, un Estado nacionalsocialista y un Estado social de derecho (1973, 3).

[5] En este sentido, creo que un caso paradigmático podría ser la criptosociología, que es el nombre con el que se designa la forma de proceder de los jueces del XIX que para decidir los casos tenían en cuenta consideraciones valorativas, sociológicas o de justicia, pero las camuflaban como deducciones conceptuales, resultado de una construcción. Ese juez del XIX sería uno de esos constructores de puentes entre el Derecho y la vida, que no lo tiene fácil: es un juez sometido a Derecho pero sin que existan normas para muchos de los casos que tiene que resolver, y se ve obligado a utilizar una pluralidad de fuentes poco armonizada, con una dogmática (la Jurisprudencia de conceptos) de corte aún justineana. Más detalles sobre la criptosociología se encuentran en mi libro sobre la Jurisprudencia de intereses (2011, 62 y ss).

veremos, los nazis rechazaron sin paliativos los métodos de pensamiento jurídico (y los discursos del método) ya consagrados, por ser incompatibles con la pretendida renovación nacionalsocialista, merece la pena esbozar someramente cuál era el paradigma iusmetodológico tan vehementemente impugnado.

La visión tópica de la disputa metodológica de finales del XIX es bien conocida: el juez que el siglo XX habría heredado del XIX y contra el que se habría rebelado es el juez de la Jurisprudencia de conceptos, un autómata esclavo de la subsunción, que se limita a aplicar de forma mecánica las normas, que desprecia los razonamientos teleológicos, consecuencialistas o valorativos y cuyas sentencias pueden ser impecables desde un punto de vista conceptual o formal, pero resultan inadmisibles e incomprensibles para sus destinatarios (surgiendo así las grietas de las que habla Rüthers). Contra esta forma de administrar justicia reaccionan la Escuela del Derecho Libre y la Jurisprudencia de intereses, conscientes de la falacia de la plenitud y empeñadas en sustituir al autómata de la subsunción por un juez que gozase de mayor margen de maniobra al aplicar las normas y que estuviese en condiciones de dictar sentencias jurídicamente correctas pero, sobre todo, socialmente adecuadas. Los intentos de conciliar esta "libertad" judicial con el sometimiento del juez al derecho, polarizarán el debate metodológico alemán del primer tercio del siglo XX y constituirán la principal fuente de discrepancias entre las direcciones de pensamiento protagonistas de la disputa[6].

[6] Merece la pena preguntarse cuánto hay de cierto en esta visión estereotipada del debate metodológico. Porque no deja de ser llamativo que juristas de la talla de Windscheid o de Puchta, por ejemplo, no hayan sabido ver las dificultades –y las valoraciones– que conlleva construir el famoso silogismo judicial. Igual que resulta llamativo que otros defiendan la liberación del juez de toda atadura legal, permitiéndole decidir cada caso como mejor convenga. Y si, como la literatura más reciente se ha encargado de mostrar, las teorías concretas de los concretos autores encajan mal en esta versión estereotipada del debate metodológico, ¿cómo se explica su nacimiento y, sobre todo, su machacona persistencia? ¿De dónde sale ese juez autómata de la subsunción que se ha convertido, incluso hoy en día, en una especie de enemigo comodín permanentemente resucitado? Una respuesta plausible es que el planteamiento cliché del debate metodológico se explica como colofón de la teoría política de la división de poderes, que implica supremacía del legislador y sometimiento del juez a la ley, y sólo como parte de una teoría política, y no como proyecto metodológico, resulta defendible y sostenible. El autómata de la subsunción y la teoría del silogismo serían artificios doctrinales que buscan someter al juez políticamente independiente a la observancia más absoluta de la ley y que se defienden contra toda evidencia, pese a que su inconsistencia ya había sido denunciada muchos años antes. Para profundizar

En este debate metodológico, la teoría de Heck se sitúa en una posición intermedia que, rechazando el modelo de la subsunción conceptual y asumiendo la necesidad de que el juez valore y decida, intentará proporcionar una guía rectora para que esas valoraciones no sean puramente subjetivas. Esa guía es, precisamente, el método de la Jurisprudencia de intereses, cuyo objetivo es que los jueces obtengan el derecho necesario para resolver los casos que se les plantean, del modo más respetuoso con los intereses que había querido proteger el legislador. En el diseño de Heck, la Jurisprudencia de intereses es un puro procedimiento de interpretación y aplicación de normas (reténgase el adjetivo puro), que trata de convertir al juez en un ayudante, reflexivo y responsable, del legislador, cuyo cometido será buscar el mejor modo de hacer efectivo en cada caso, el interés del que trae causa la norma. El juez de Heck es un obediente que piensa: el buen criado, o el buen soldado, al servicio de su señor. La confianza que tiene Heck en la posibilidad de dirigir la discrecionalidad judicial y controlar su racionalidad a través de este método es lo que le diferencia de los planteamientos del Movimiento del Derecho libre, y una de las razones del lógico rechazo de los juristas nazis.

En lo que sigue trataré de sintetizar cuáles son los elementos característicos de la Jurisprudencia de intereses de Heck para mostrar, en el apartado siguiente, hasta que punto son incompatibles con las demandas del nacionalsocialismo[7].

3. Breve caracterización de la Jurisprudencia de intereses *prenazi*

Aunque las obras anteriores de Heck ya dan pistas acerca de lo que será su metodología, puede decirse que la Jurisprudencia de intereses se populariza a partir de un artículo de 1905 –*Jurisprudencia de intereses y fidelidad a la ley*–, que recoge claramente los planteamientos

---

en esta idea vid. García Salgado (2011: 28 y ss), a partir de los aleccionadores trabajos de Ogorek (1986: 389).

[7] Hago esta caracterización de la Jurisprudencia de intereses y de su época a partir de las ideas que ya figuran en el libro que he dedicado a su análisis, cuyo título es precisamente *La Jurisprudencia de intereses de Philipp Heck*, donde se encuentran referencias bibliográficas y análisis profundos de aspectos que aquí sólo van a ser mencionados.

centrales de este método[8]. Desde entonces Heck plantea su teoría en dos frentes, uno de lucha contra la Jurisprudencia de conceptos, que no interesa aquí[9], y otro constructivo, de diseño de su propio método. Los pilares sobre los que se asienta esta tarea prospectiva son: el carácter práctico de la ciencia jurídica, la independencia filosófica de la Jurisprudencia de intereses, el concepto de interés como herramienta de trabajo y la vida como sustrato de las normas y faro de la actividad jurídica. Y lo que resulta combinando esos elementos es un método, la Jurisprudencia de intereses, cuyo punto de partida es que las normas son siempre el resultado de un conflicto de intereses, que el legislador resuelve dando preferencia a un interés en detrimento de otro u otros que resultarán sacrificados. Puesto que el juez no es un poder independiente del Estado sino que está sometido al Derecho, su objetivo será conseguir que el conflicto de intereses que tiene en su sala se resuelva del mismo modo que lo ha resuelto el legislador. Veamos ahora brevemente cada uno de esos elementos.

La ciencia jurídica es para Heck una ciencia práctica, como la medicina, cuya objetivo no es conocer por conocer, sino conocer para actuar (Heck: 1932, 28)[10]. El derecho y sus operadores (juez, legislador, científico) tienen como misión satisfacer los intereses y las demandas de la comunidad, conseguir que esos intereses sean efectivos, responder a necesidades vitales, y la Jurisprudencia de intereses se presenta a sí misma como el método más adecuado para conseguirlo (Heck: 1936b, 9, 24; 1912, 3). La Jurisprudencia de intereses se presenta así como una metodología pura, un puro método de interpretación y aplicación de normas filosóficamente independiente porque se elabora a partir de la observación directa de las experiencias jurídicas y

---

[8] La fidelidad a la ley, que va a salir tan mal parada de la experiencia nazi, se presenta así desde el principio como uno de los signos de identidad de la Jurisprudencia de intereses y una de las razones por las que Heck no conseguirá hacer de los juristas nazis juristas de los intereses.

[9] Tratado con detalle en García Salgado (2011: 43-92).

[10] La comparación con la medicina, frecuente en la época, es interesante porque también resultaba muy querida a los nazis (Rivaya 1998, 162 y ss., 2002, 421 y ss.) y aunque seguramente Heck sólo pretendía resaltar con ella que la Jurisprudencia, igual que la medicina, no persigue el saber por el saber, sino el saber para actuar, lo cierto es que la imagen médica tiene una carga simbólica interesante, ya que el saber del médico está orientado a devolver al individuo al estado de salud, así que al comparar al jurista con el médico se está asumiendo que existe una especie de estado de salud ideal de la sociedad, que el conflicto destruye y que el derecho debe restablecer (García Salgado: 2011, 94, 227, 228).

de sus necesidades, y no es deudor de ninguna concepción filosófica ni tampoco de un determinado sistema de valores (Heck: 1914, 308; 1932, 25; 1937, 140). Simplificando en exceso: quien crea el derecho pretende que ese derecho se realice, y la Jurisprudencia de intereses se propone como el mejor método para que el derecho, cualquier derecho, se haga realidad. Su independencia filosófica la convertiría en un método igualmente idóneo para la República de Weimar como para el sistema de gobierno nacionalsocialista. De hecho esta supuesta polivalencia será precisamente la baza con la que Heck tratará de ganarse las simpatías del entorno nazi, y será también una de las razones por las que ese entorno nazi le rechaza: la neutralidad filosófica de la Jurisprudencia de intereses, o bien no existe –la Jurisprudencia de intereses no puede escapar de la filosofía de su tiempo– o, de existir, es incompatible con el nacionalsocialismo, que busca el compromiso y la participación, y está muy lejos de valorar positivamente la neutralidad.

La vida es otro elemento central en la teoría de Heck, un topos que se repite constantemente y que sitúa a Heck en la órbita de las *Lebensphilosophie*, tan extendidas en esa época. La vida es fuente de conocimiento, almacén de experiencias extrapolables al ámbito jurídico y punto de partida de cualquier investigación. El derecho, y todos sus operadores, deben servir a la vida, pero la vida es demasiado imprecisa para que el derecho pueda operar con ella, por eso Heck recurre al concepto de interés, que funciona de nexo entre la Jurisprudencia y la vida, de decodificador que traduce las necesidades de la vida a un lenguaje que sea comprensible para el derecho. Pensada en términos de intereses, la vida se domestica: las leyes solucionan conflictos de intereses, el legislador observa situaciones de interés, el juez pondera intereses, etc. Aunque el recurso al concepto de interés está lejos de ser una panacea, sobre todo, porque Heck lo utiliza en un sentido tan amplio, que cualquier cosa puede ser un interés (incluso los propios parámetros de ponderación con los que resuelven los conflictos de intereses, serán, a su vez, intereses).

Heck recurre al concepto de interés no sólo para explicar el nacimiento de toda norma –teoría genética de los intereses– sino principalmente como instrumento de trabajo –teoría productiva de los intereses– (1932, 73), lo que realmente implica un cambio en la forma de afrontar la aplicación del derecho, que ahora debe pasar sobre los mandatos hasta llegar a los intereses que son causa de los mismos.

El concepto de interés que maneja Heck es muy amplio y abarca intereses religiosos, materiales, sociales, políticos, culturales, etc., tanto actuales como potenciales (1912, 26 ss). Los intereses serían para Heck los elementos mínimos a los que se puede reducir el derecho y funcionarían como puerta que permite acceder al sistema jurídico cualquier apetencia o deseo con cierta relevancia pública que, en un momento determinado, reivindique la sociedad o construya el legislador.

Toda norma resuelve un conflicto de intereses –religiosos, culturales, económicos, sociales, personales, etc.–, y ese conflicto de intereses es lo que debe tener presente el juez que recurre a la norma potencialmente aplicable para resolver el caso. ¿Cómo se pasa de los intereses a las normas y de ahí a la decisión judicial? Mediante un correcto método de interpretación, que sería el de la Jurisprudencia de intereses.

Para Heck la interpretación de las normas es sólo una parte del proceso que lleva a la resolución judicial, por eso prefiere la expresión *obtención del derecho –Rechtsgewinnung–* para referirse al conjunto de operaciones que culmina con la consecución, por parte del juez, de la norma más adecuada para resolver el caso. Ese proceso de obtención judicial del derecho está integrado por dos actividades bien diferenciadas: la investigación histórica de los intereses –que para Heck es una actividad cognoscitiva–, y el ulterior desarrollo judicial –que pertenece al pensamiento emocional– (1914, 101). En ambas operaciones juega un papel muy importante la intuición del juez, su *sentimiento jurídico* (1914,102).

Para elaborar su teoría de la obtención judicial del derecho Heck se basa, de forma rudimentaria y algo ingenua, en la pura observación de procesos cotidianos de mandato y obediencia, por ejemplo las relaciones de un criado con su señor o las relaciones de un soldado con el mando, para extrapolar después los principios que rigen en esos ámbitos al ámbito de la interpretación jurídica. De ese modo, Heck obtendría una especie de teoría vital de la interpretación, una técnica de interpretación que sirve para cualquier situación en la que alguien –en este caso el juez– esté obligado a satisfacer el interés que persigue quien le encomienda un mandato –en este caso, el legislador–.

Fijándose en esos procesos sencillos de mandato y obediencia en la vida diaria, Heck concluye que para una correcta aplicación de las normas no basta con preguntarse cuál es el fin de la ley, sino que es imprescindible tener presente el conflicto de intereses que quiso resolver el legislador.

La teoría del conflicto se convierte así en su aportación novedosa y en lo que, en palabras del propio Heck, resulta más difícil de entender. Para Heck, toda norma es el resultado de una decisión, de una elección en la que se protege un interés contra otro, u otros, que pesan menos o son incompatibles con el preferido. De ahí que para Heck la ley sea una resultante, una diagonal de fuerzas contrarias. Cuando el juez aplica la norma debe verla en ese contexto de tensión, y debe conocer no sólo el interés que ampara esa norma, sino también cuáles eran los intereses que no merecieron ese amparo. El juez compara entonces el conflicto que debe resolver con el conflicto ya resuelto por el legislador. Por esta vía, los intereses despreciados, los intereses vencidos, adquieren un valor hermenéutico primordial: el conflicto resuelto por la norma se revive en cada caso de nueva aplicación.

Al hacerlo así, el juez obtiene información vinculante para la decisión judicial. Esta fase de obtención de la información supone, según Heck, el desarrollo de una actividad cognoscitiva y, en ese sentido, objetiva. El juez tiene que conocer la voluntad normativa del legislador, vivenciando el conflicto de intereses del que trae causa la norma, y para ello puede valerse de los medios de interpretación habituales. Es lo que Heck denomina *investigación histórica de los intereses*, que es la primera parte de la operación que debe realizar el juez para obtener el derecho para resolver el caso.

La segunda parte, de *ulterior desarrollo judicial*, ya no es una operación cognoscitiva sino que, en terminología de Heck, se inserta en el llamado pensamiento emocional. En esta segunda fase se procesa la información recogida en la primera, se ponderan los intereses, se resuelven las eventuales lagunas y se conforma el silogismo que permitirá al juez tomar la decisión jurídicamente correcta. En terminología moderna, es una fase de argumentación y es, desde luego, una fase creativa, en la que el juez realiza una actividad que de ningún modo puede considerarse automática o absolutamente predeterminada por la ley. Pero eso no significa que no se pueda controlar su racionalidad y sometimiento al derecho.

Como ya he apuntado, la llegada del nacionalsocialismo al poder supuso para un Heck ya mayor un desafío que no pudo dejar de afrontar. La renovación jurídica promovida por los juristas afines al régimen nazi dejaba fuera de juego a la Jurisprudencia de intereses, tachada de metodología burguesa, liberal, positivista y absolutamente inadecuada para articular la puesta en práctica del nuevo paradigma jurídico. Heck, a quien no debió costar simpatizar con las ideas nacionalsocialistas, ve en ese rechazo una afrenta y se embarca en una defensa de la idoneidad de su método para el nuevo sistema político, que le ocupará hasta el final de su vida.

4. La operación estética de la Jurisprudencia de intereses durante el nacionalsocialismo[11]

La llegada de Hitler al poder produce una convulsión en el mundo jurídico que afecta de lleno al ámbito de la metodología por dos razones principales ya apuntadas: porque se rechazan los métodos consagrados del pensamiento jurídico-científico por no ser adecuados para la pretendida renovación nacionalsocialista[12], y porque esa renovación (que se planteaba metas tan ambiciosas como redactar un nuevo Código Civil) sólo podrá llevarse a cabo por la vía del método. El método jurídico se convirtió así en el principal vehículo de transmisión y realización de la nueva ideología[13] y la Jurisprudencia de intereses, que por fin había logrado consolidarse durante la República de Weimar, se vio compelida a defender su idoneidad para los nuevos tiempos. Y aunque este enfrentamiento entre la Jurisprudencia

---

[11] Parte de lo que aquí se expone, con diversas modificaciones, se encontraba en García Salgado (2011, 197-227).

[12] "Numerosos juristas siguen creyendo que la renovación jurídica en sentido nacionalsocialista puede detenerse ante los «métodos consagrados» tradicionales del pensamiento científico-jurídico; que con algunas modificaciones de las leyes y una labor de reforma limitada a complejos vitales singulares, todo quedaría ya terminado. Quien así piensa no ha comprendido aún que estamos ante una renovación total de nuestra vida espiritual, renovación de la cual tampoco el derecho queda excluido..." (Larenz: 1942, 215)

[13] Evidenciando así hasta qué punto en épocas de ruptura el aspecto técnico de la metodología cede ante su vertiente material y política. Así lo reflejan algunas de las máximas de interpretación que guiaron la tarea de reinterpretar el derecho: "Toda interpretación debe ser una interpretación en sentido nacionalsocialista"; "los preceptos del código civil se mantienen pero adquieren un nuevo objeto a partir de la idea de derecho del movimiento vencedor"; "el fundamento para la interpretación de toda fuente del derecho es la concepción del mundo nacionalsocialista, tal y como se manifiesta especialmente en los programas del partido y en las declaraciones del Führer" (Rüthers: 2001, 78).

de intereses y sus enemigos revista una cierta apariencia "técnica", lo cierto es que las críticas que recibe la teoría de Heck tienen que ver sobre todo con la cuestión ideológica de si la renovación nacionalsocialista puede llevarse a cabo mediante una metodología de otra época (Shoppmeyer: 2001, 185)[14].

Para defenderse de los ataques de sus nuevos enemigos Heck diseña una estrategia que pasa por reafirmar su adhesión personal y política al nuevo régimen, negando las críticas y emprendiendo, al mismo tiempo, una sutil operación de maquillaje de la Jurisprudencia de intereses para adaptarla a las nuevas exigencias, cuando menos lingüísticas, de los juristas nazis[15].

A. adhesión personal de Heck al régimen nazi

En el ámbito personal, la simpatía de Heck por el régimen nazi no resulta extraña y es conciliable con su trayectoria política y con lo que sabemos de su personalidad. Seguramente a Heck no le costó nada simpatizar con el nuevo régimen (basta un breve repaso de la lista de partidos y asociaciones en cuyas filas militó para corroborarlo) y probablemente sintió su rechazo no sólo como una muestra de desprecio teórico sino también como una afrenta personal[16]. Heck nun-

---

14 Que se trata de desencuentros más políticos que técnicos lo corrobora el hecho de que, curiosamente, nadie niega las valiosas aportaciones de la Jurisprudencia de intereses en la renovación de la ciencia jurídica práctica. Ni siquiera Larenz, principal hostigador de la campaña contra Heck y su teoría, tuvo reparos en reconocer sus indiscutibles méritos en el ámbito de la aplicación y obtención del derecho y su inestimable contribución a las aspiraciones de renovación jurídica del nacionalsocialismo, merced a su exitoso combate contra la jurisprudencia de conceptos y el dominio de un proceso de pensamiento abstracto y formal, lo que favoreció el acercamiento de la aplicación del derecho a la vida (Larenz: 1938, 34).

15 Heck sale al paso de las críticas recibidas en tres artículos que constituyen una unidad: *Die Interessenjurisprudenz und ihre neuen Gegner* (La Jurisprudencia de intereses y sus nuevos enemigos), *Rechtserneuerung und juristische Methodenlehre* (Renovación del derecho y metodología jurídica) y *Rechtsphilosophie und Interessenjurisprudenz* (Filosofía del Derecho y Jurisprudencia de intereses).

16 La biografía más completa y documentada de Heck se encuentra en el primer capítulo de Schoppmeyer (2001, 3-43), dedicado a sus orígenes y su personalidad. Estas cuarenta páginas de anotaciones biográficas son, además, especialmente valiosas porque la familia Heck puso a disposición del autor partes de su aún inédita autobiografía, y con la precaución necesaria ante toda autobiografía hay que considerarlas. Años antes, también Dubischar (1977, 101 nota 4) había podido utilizar, por gentileza del hijo de Heck, Karl, extractos de esa autobiografía referentes a cuestio-

ca fue miembro del Partido Nacionalsocialista (NSDAP)[17] ni de otras organizaciones nacionalsocialistas con excepción de la Academia de Derecho alemán, a la que sí perteneció (Schoppmeyer: 2001, 30)[18], aunque habló con admiración de Hitler en contextos en los que podría haberlo evitado (Heck: 1936b, 13)[19].

¿Compartía Heck el antisemitismo característico y caracterizador del nacionalsocialismo? Cuando 1935, desde las páginas de la *Juristischen Wochenschrift*, Rübke decía que la Jurisprudencia de intereses era una corriente judía ya que su principal representante, Kantorowicz, era judío, Heck tardó menos de un año en desmentirlo

nes profesionales. Es tentador pensar que con esta especie de "censura" familiar se pretenden silenciar aspectos de la vida política de Heck, visto su apego al nacionalsocialismo, pero eso no es más que una conjetura, ya que bien podría deberse a razones familiares, puramente privadas y personales.

17 Cuando Hitler llega al poder, Heck ya lleva cinco años jubilado de la Universidad, aunque sigue manteniendo una febril actividad investigadora. Cuando se jubiló Heck era sin duda un jurista de reconocido prestigio, que fue distinguido con dos doctorados *Honoris Causa*, uno de la Facultad de Ciencias Económicas de la Universidad de Freiburg y otro de la Facultad de Filosofía de la Universidad de Tübingen. (Schoppmeyer: 2001, 21). Es muy difícil valorar la no pertenencia de Heck al NSDAP, igual que es difícil valorar el hecho de que, a diferencia de otros colegas como Stoll, no haya firmado en el año 1933 los llamamientos cercanos al partido nacionalsocialista (Kotowski, citado por Schoppmeyer: 2001, 29); el mismo Schoppmeyer advierte que, tras su jubilación en 1928, Heck tampoco tenía ningún motivo para afiliarse al partido nacionalsocialista puesto que su carrera había terminado y no iba a proseguir y ya no formaba parte de la universidad (2001, 30). Con otras palabras, no sufría las eventuales presiones a las que podían estar sometidos otros compañeros.

18 Frank, ministro de justicia del Reich, le nombró miembro de esa Academia en 1936, después de la aparición de su escrito *Rechtserneuerung*. Poco después, en su ochenta cumpleaños, Hitler le concedió la Medalla de Goethe del arte y la ciencia (Dubischar: 1977, 116), que Heck agradeció mediante un escrito que termina con un *"Heil Hitler"* (Schoppmeyer: 2001, 30, n. 164).

19 Salvo por la edad, Heck encajaría en el perfil de los juristas que, a partir de enero de 1933, se entregaron con ahínco a la legitimación del Estado nacionalsocialista y a la renovación jurídica. Según Rüthers, lo primero que tienen en común estos autores es que han nacido entre 1885 y 1905 y han vivido en dos sistemas políticos diferentes, el Imperio, que finalizó con la primera guerra mundial y el tratado de Versalles, y la República de Weimar, permanentemente sumida en todo tipo de crisis. Un segundo punto en común es el entorno social burgués homogéneo: en esa época sólo los hijos –y en menor número las hijas– de la burguesía adinerada podían afrontar los costes que suponía estudiar derecho. En tercer lugar, vinculado con el anterior, propio de ese entorno burgués es el rechazo de la recién creada República, a la que se culpa de la catastrófica situación que atraviesa Alemania en ese periodo –piénsese en la inflación– (Rüthers: 2001, 39).

diciendo que Kantorowicz, efectivamente judío, era el representante de la Escuela del Derecho Libre y no de la Jurisprudencia de intereses, que siempre le había rechazado "sin pérdida de tiempo y con total determinación". Según Heck serían precisamente las corrientes radicales quienes habrían conseguido atraer la atención de los no arios, entre quienes se cuentan Kelsen –"el último enemigo del método teleológico"– Kantorowicz, Ehrlich, Fuchs, Einzheimer, etc. La moderada y contenida Jurisprudencia de intereses, cuyos representantes son todos arios –Rümelin, Müller-Erzbach, Stoll, Ulmer, Kreller, Locher, de Boor y el propio Heck– no habría tenido éxito entre los no arios (Heck: 1936a, 151 y nota 52). Aunque parezca insignificante, este párrafo de Heck es ya una muestra de la operación de maquillaje a la que nos estamos refiriendo, cuyo pincel dibuja una revisión interesada y una falsedad: el contundente rechazo de la Jurisprudencia de intereses hacia Kantorowicz no existía, y menos por ser judío, en 1910, cuando en el *Erster deutscher Soziologentag* (Primer Encuentro de Sociólogos alemanes) Heck agradece a Kantorowicz que se haya referido a él en su conferencia y afirma que sus puntos de vista son, en muchos aspectos, idénticos (1911, 316-320). La falsedad, puesta de manifiesto por Schoppmeyer, tiene que ver con el carácter ario de todos los representantes de la Jurisprudencia de intereses, lo que dejaría fuera a Wilhelm Kaufmann, especialista en derecho internacional público, cuya pertenencia a dicho movimiento fue conscientemente mantenida por Heck, incluso pese a su origen judío (Schoppmeyer: 2001, 31 y nota 169).[20]

Creo que el antisemitismo de Heck es indudable, ya que no sólo no calló sino que recurrió al elocuente argumento de la raza para tratar de defender la idoneidad de su método para el Estado nazi[21].

---

[20] Un argumento a favor de la tibieza del antisemitismo que Schoppmeyer atribuye a Heck. Con triste ironía escribía H. Arendt en *Eichmann en Jerusalén* que durante el periodo nazi "cada alemán de los ochenta millones que formaban la población tenía su 'judío decente'" (p. 201). Quizá Wilhelm Kaufmann fuese el "judío decente" de Heck.

[21] Así en Heck (1936a, 150 ss; 199). El antisemitismo es correlato necesario del principio de la raza, cuyo carácter articulador de la concepción nacionalsocialista ya era resaltado por la mayor parte de los escritores de la época. A modo de ejemplo, de los muchos que se podrían citar, Eisser hacía hincapié en que la raza era el *leitmotiv* del nacionalsocialismo y del Estado nacionalsocialista y que no había nada que el nuevo Estado no observase y valorase bajo el punto de vista de la raza (1935, 3). En un sentido similar, Behrends mantiene que corrientes antiformalistas como el Movimiento del de-

Además no deja pasar ocasión sin acentuar su pertenencia y la de sus colegas a la raza aria (Heck: 1936a, 199 nota 157), como para que esa animadversión sea algo puramente coyuntural y obligado. Según Schoppmeyer las convicciones pangermanistas y políticas de Heck, adquiridas incluso mucho antes de la Primera Guerra Mundial, le acercaron de forma natural a las teorías nacionalsocialistas, acercamiento al que también habría contribuido la militancia nazi de alguno de sus buenos amigos. Pero lo que Heck no habría sabido ver, o habría ignorado con una llamativa ingenuidad, es hasta que punto sus convicciones y sus hábitos burgueses, así como su creencia en los principios del Estado de derecho liberal burgués, eran incompatibles con la ideología y los postulados nazis (Schoppmeyer: 2001, 33)[22].

B. *El maquillaje de la Jurisprudencia de intereses*

La Jurisprudencia de intereses lo tenía todo en contra para ser apreciada por los nazis. Visto el empeño de Heck en lograr su aceptación ¿abjuró de los elementos básicos de su teoría para adecuarla al nazismo o se mantuvo firme pese a la eventual incompatibilidad con la nueva *Weltanschauung*?[23]. En mi opinión, lo que hace Heck es des-

recho libre, que habrían allanado el camino al iusnazismo, no pueden considerarse en modo alguno pro-nazis porque les era completamente ajeno lo específico del nacionalsocialismo, que es el racismo biológicamente fundado (1989, 38).

[22] Como ejemplo de esa ingenuidad, de esa posición ambivalente de Heck, menciona Schoppmeyer el escrito que Heck envía el 10.2.1937 a la Gestapo de Stuttgart. Cinco días antes, en un registro al domicilio de Heck, se le había confiscado un informe jurídico que él había elaborado en un asunto penal y que, a petición y a cargo del demandante, había impreso, lo que lo convirtió en sospechoso de distribuir impresos peligrosos para el Estado. Para defenderse de dicha acusación, Heck presenta un recurso en el que afirma que en ese escrito no hay nada que vaya en contra de los ideales del nacionalsocialismo, que son también sus ideales. Y sigue diciendo que la crítica que eventualmente pueda contener su informe a determinados métodos de interpretación en un proceso penal, no puede en modo alguno ser prohibida por peligrosa para el orden público, ya que una prohibición de ese tipo imposibilitaría la utilización de medios jurídicos legales e iría en contra de la pretendida y deseada renovación jurídica. Como señala Schoppmeyer, si en el año 1937 Heck seguía creyendo realmente en la libertad y neutralidad de la ciencia y seguía confiando en la eficacia de los métodos jurídicos legales, era ciertamente un ingenuo (Schoppmeyer: 2001, 32).

[23] Frente a Koch, que distingue claramente la etapa prefascista y la fascista de la Jurisprudencia de intereses, mantiene Schoppmeyer que Heck no realizó cambios significativos en su teoría y que se mantuvo fiel hasta el final a los elementos nucleares de la misma (Schoppmeyer: 2001, 211; 209-213).

ubicar la Jurisprudencia de intereses de su contexto de producción y resaltar, en ocasiones a costa de desfigurarla, aquellos elementos metodológicos que mejor casan con el iusnazismo[24]. Como trataré de mostrar, Heck "reinterpreta" su propia teoría en clave nacionalsocialista, haciendo en sede teórica lo mismo que se pedía que hiciese el juez en sede práctica. Pero Heck no lleva a cabo esa reinterpretación abiertamente, sino sin desdecirse, aparentemente, de lo que antes había afirmado. El maquillaje de la Jurisprudencia de intereses lo procuran, sobre todo, los adverbios y las expresiones de intensidad mediante las que Heck torna principios fundamentales de su teoría aspectos que antes no lo eran y relega otros que sí lo eran a un segundo plano. Lo que cambia es el acento, que no es poco cambio si de él depende el significado de la palabra[25]. Por poner un ejemplo que permita ver claramente de qué estamos hablando: en 1936, Heck recoge como "uno de nuestros principios más importantes", la integración de lagunas legales mediante la creación judicial del derecho (1936b, 6). Efectivamente, Heck nunca tuvo reparos en reconocer que la integración de lagunas podía comportar una actividad judicial creativa (Heck: 1914, 228), pero la libre creación judicial nunca fue uno de los principios nucleares de la Jurisprudencia de intereses. Antes al contrario, lo fundamental, lo que primaba, lo que marcaba la diferencia respecto a otros movimientos, era precisamente el carácter esencial de la vinculación del juez a la ley y a los juicios de valor del legislador y el carácter excepcional de la creación judicial. Puesto que el estricto sometimiento del juez a la ley no es compatible con el iusnazismo, se obvia ese sometimiento y se acentúa la libertad judicial. En eso consiste la operación de maquillaje.

Los escollos que Heck tiene que sortear en su intento de arribar a puerto nacionalsocialista se localizan, sobre todo, en los siguientes aspectos de su teoría: a) el juez vinculado y el método como herramienta para facilitar el sometimiento del juez; b) el concepto de interés y el conflicto de intereses; c) la neutralidad filosófica de la Jurisprudencia de intereses. Vamos a examinar cómo se produce el cambio de acento

---

[24] Según Koch (1977, 117), si la Jurisprudencia de intereses puede proponerse para la "gran renovación jurídica del nacionalsocialismo" es porque Heck hace importantes concesiones al conocido espíritu de la época.

[25] Y cuando, como en el caso de la Jurisprudencia de intereses, lo que la diferenciaba de movimientos afines, como la Escuela del Derecho Libre, era precisamente ese acento.

al que antes nos referíamos, comparando en esos aspectos los trabajos de Heck de la época nazi con sus trabajos anteriores.

B1. La adaptación del juez

Por lo que se refiere al juez, el desencuentro entre la Jurisprudencia de intereses y el nacionalsocialismo estaba servido de antemano: como ha señalado Rüthers, desvincular al juez de la ley, especialmente de las leyes heredadas, se convirtió en el punto central del programa metodológico de los juristas nacionalistas (2001, 79), mientras que el punto central del programa metodológico de la Jurisprudencia de intereses, al menos antes de los nazis, era la posibilidad de controlar, aunque fuese mínimamente, al juez a través del método (Heck: 1914, 103). En los trabajos de la época nazi son aún más evidentes los equilibrios que Heck tiene que hacer con los términos ley, derecho y comunidad, para poder seguir hablando de un juez sometido –y que su método siga teniendo sentido– al tiempo que lo desvincula de la ley –para no parecer positivista–, y vuelve a vincularlo a la ley –para diferenciarse del movimiento del Derecho libre–. En según qué momentos, el juez debe extraer el derecho de la ley, de las necesidades de la vida, de la comunidad o de las palabras del *Führer* y las declaraciones contenidas en las exposiciones de motivos de las leyes (Heck: 1936b, 13). Esta amalgama de fuentes normativas es compatible con el nacionalsocialismo, con lo que no casa es con la Jurisprudencia de intereses. Cierto que Heck sigue manteniendo, con distintas intensidades, la vinculación del juez a la ley y a la comunidad, pero ahora la ley y la comunidad se funden y se confunden en la figura del *Führer*, por lo que el juez está vinculado al *Führer* en una especie de ósmosis que los identifica. La primitiva Jurisprudencia de intereses tenía la vinculación del juez a la ley como fundamento y sustrato esencial: el juez estaba sometido a la ley porque la ley era manifestación de la autonomía de la comunidad, es decir, a través de la ley se vinculaba a la comunidad, y esto era un principio básico que regía incluso aunque no hubiese Constitución y semejante subordinación no estuviese constitucionalmente proclamada (Heck: 1914, 13 y ss.)[26]. Ahora la comunidad –el pueblo– adquiere, si cabe, mayor

---

26 "El juez extrae el criterio de adecuación, en primer lugar, de los juicios de valor de la comunidad pronunciados en forma de ley. El juez está bajo la ley", decía Heck en 1914. Para continuar diciendo que el sometimiento del juez no sólo es una

protagonismo, pero ya no habla a través de la ley, sino a través de la figura mística de Hitler, que aúna voluntades y valores, de modo que nunca éstos estuvieron tan claros y nunca fue tan fácil ponderarlos para resolver casos concretos (Heck: 1936b, 13). Las palabras son las mismas, pero no significan lo mismo[27].

Los cambios de acento también afectan a los aspectos más técnicos de la Jurisprudencia de intereses, por ejemplo, el detectado por Koch de que, en la versión prefascista, el cambio de intereses de la comunidad sólo influía en la decisión judicial de forma excepcional y ahora se convierte en clave interpretativa de toda la legislación anterior al nacionalsocialismo. Lo que Koch describe, y que Heck no tuvo ningún inconveniente en adoptar, es el ya mencionado dualismo metodológico impuesto por los juristas nazis y que básicamente consistía en reinterpretar las normas heredadas conforme a los parámetros de la nueva *Weltanschauung*. El juez, dice Heck, debe obedecer las leyes nuevas por encima de sus propias convicciones personales, salvo que exista un error en la ley, o una carencia, o los ideales y/o la situación de la comunidad hayan cambiado, en cuyo caso el juez puede apartarse de la ley para tratar de realizar los nuevos ideales. Las leyes antiguas, en lo que no hayan sido derogadas, siguen estando vigentes, pero son sólo un elemento más a tener en cuenta dentro de la actividad de obtención judicial del derecho, es decir, el juez también pue-

---

consecuencia del principio de seguridad jurídica sino que es consecuencia necesaria de un principio de derecho del Estado, el principio de que tras la voluntad de la mayoría recogida en forma de ley está la voluntad de los ciudadanos individuales. También el juez es súbdito del Estado y por tanto incluso sin preceptos específicos y sin juramento estaría obligado a obedecer la ley. Este es un principio fundamental e indisponible. La comunidad constituida en Estado debe tener la posibilidad de construir una voluntad unitaria, de decidir de manera definitiva los conflictos entre los diferentes intereses e ideales de vida y de que esa decisión sea autoritaria también para el juez (Heck: 1914, 13). Obsérvese que Heck habla de ley, de sometimiento a la ley, no de Derecho].

[27] Más juegos con palabras: dice Heck que el servicio a la comunidad por parte del juez es para el nacionalismo, igual que en el pasado, una evidencia. Sí y no. Para los nazis es evidente que el juez está al servicio de la comunidad por la simple razón de que fuera de la comunidad no hay nada, de que no se concibe el juez como algo distinto ni de la comunidad ni del legislador. Cuando Heck afirmaba que el juez estaba al servicio de la comunidad quería decir que el juez no podía aplicar las normas recurriendo a sus propias valoraciones porque eso dañaría la autonomía de la comunidad jurídica, de la que era un servidor y que había hablado por boca de la ley. Son las mismas palabras, pero no significan lo mismo.

de dejarlas de lado cuando entren en conflicto con nuevos ideales de la comunidad o con nuevas leyes (Heck: 1936b, 16,17)

b2. El diluido concepto de interés

El concepto de interés[28] y el papel del conflicto de intereses son otra fuente de problemas y otro de los aspectos de su metodología que Heck debe maquillar para adaptarlo a las nuevas exigencias nazis. Larenz (1942, 44-45) y, en general, todos los promotores de la renovación jurídica habían advertido de la imposibilidad de seguir utilizando el concepto de interés por incompatibilidad con los nuevos ideales nacionalsocialistas. Obviamente, Heck no puede renunciar al concepto de interés porque sería tanto como renegar abiertamente de toda su teoría así que lo reduce a su mínima expresión: el término 'interés', dice, es sólo un rótulo, una forma de designar "la apetencia guiada por fines" que nada tiene que ver con el contenido mismo de los ideales de vida (Heck: 1936a, 319).

Pero a Larenz, como a muchos juristas nazis, no le convence el sentido amplio en que Heck utiliza el término *interés* y que, según él, le libraría del reproche de egoísmo, individualismo, materialismo, etc. La idea de comunidad, dice Larenz, superó la oposición de intereses, y la estrategia de acudir al carácter omniabarcador del término interés no invalida la crítica, porque el fallo es precisamente ése, que no pueden colocarse en el mismo nivel los valores nacionales y éticos y los intereses materiales, ya que "los valores nacionales y de la comunidad constituyen precisamente el módulo superior ante el cual han de justificar su legitimidad todos los simples intereses" (Larenz: 1942, 45). En este caso, la operación de maquillaje de la Jurisprudencia de intereses es aún más evidente: "El derecho estatal salvaguarda los intereses de la comunidad; y los intereses de los individuos sólo en la medida en que son al mismo tiempo intereses de la comunidad" (Heck: 1936b, 9). Sólo cuando los intereses particulares coinciden con los intereses generales compartidos tienen cabida en el derecho,

---

[28] Seguramente anticipándose a las críticas, y casi de pasada, Heck explica en 1932 (51) que ha renunciado a sustituir el término *Interesse*, que es una palabra extranjera, por el término *Belange*, que sería su equivalente en alemán, entre otras razones porque la teoría de los intereses –*Interessentheorie*– es, gracias a Ihering, conocida más allá de las fronteras alemanas, "incluso en el extranjero es conocida la *Interessenjurisprudenz*".

de forma que sería impensable un conflicto entre intereses privados e intereses públicos, dice Heck en 1936. Sin embargo, sólo unos años antes, Heck advertía que los intereses a los que nos referimos, no son sólo los intereses privados, como erróneamente ha entendido, entre otros, Kantorowicz, sino también, y al mismo nivel, los intereses de la comunidad jurídica, que en otros ámbitos del derecho distintos al del derecho privado son incluso los más importantes (1932, 39), y señalaba como único requisito para que un interés sea relevante para el derecho, que tenga alguna relevancia pública, es decir, tiene que existir un "mínimo interés público". Ahora bien, "tener relevancia pública o jurídica" no es lo mismo que "ser un interés de la comunidad", en esta equiparación radica el engañoso juego de palabras, la petición de principio con que Heck pretende afrontar la crítica nazi, una crítica realmente demoledora ya que, como ha sabido ver Schoppmeyer, la absoluta desaparición de los intereses individuales supondría el fin de la teoría del conflicto de Heck porque la haría superflua: sin los intereses individuales, incluso como intereses contrarios, sería suficiente el puro pensamiento finalista, algo que Heck había rechazado una y otra vez (Schoppmeyer: 2001, 217-218).

Si bien Heck no renunció al uso del término interés y siguió defendiendo su conveniencia, lo cierto es que en los trabajos de la época nazi parece preferir referirse a su método como corriente teleológica, obviando la palabra interés (Forsthoff: 1937, 371; Heck: 1936a, 315).

Si el concepto de interés es problemático, el de conflicto de intereses como origen de las normas y como criterio hermenéutico determinante, no podía dejar de serlo. Para la Jurisprudencia de intereses el origen de las normas era la lucha política, el conflicto se planteaba y se resolvía en disputa política, y ese conflicto existía siempre. No siempre se apreciaba con la misma intensidad, pero siempre estaba presente (1914, 17 ss.). En el nacionalsocialismo la legislación ya no se presenta como el resultado de la lucha política: en ese frente la oposición de intereses está superada[29].

---

[29] Por eso, según Frommel, no basta que Heck haga hincapié desde 1936 en que el parámetro para valorar los intereses es la cosmovisión nacionalsocialista, para librarse de las críticas de Larenz, ya que antes como ahora, Heck sigue viendo en la sociedad conflictos de intereses y en la legislación y la jurisdicción las herramientas para resolverlos. Esto le hace acreedor de la crítica de Larenz de limitarse a la realidad empírico-sociológica y del calificativo de positivista, entendido como se entendió por los nazis en la época: como cualquier concepción del mundo que convierte al egoísmo

A la crítica nazi de que la teoría del conflicto es propia de una concepción del Estado, ya superada, que considera que las tareas fundamentales del derecho son evitar perturbaciones en la vida social, proteger los intereses que deben ser protegidos y solucionar los conflictos que se produzcan, Heck responde nuevamente maquillando su teoría, diciendo que él nunca mantuvo que el fin de todas y cada una de las leyes fuese solucionar disputas sociales y que también él está de acuerdo en que el fin último de todo el derecho estatal es el servicio de la comunidad. Nuevamente se observa el juego de palabras con la comunidad y con los intereses.

B3. La pureza metodológica sin cosmovisión

Heck teme, con razón, que el nacionalsocialismo apele a la *Weltanschauung* para argumentar que no necesita un método de interpretación y aplicación de normas (y de integración de lagunas), que eso es cosa del pasado. Por eso se empeña en explicar que ni siquiera el nacionalsocialismo puede terminar con las lagunas y, nueva muestra de ingenuidad de Heck, si hay lagunas hace falta un método –el de la Jurisprudencia de intereses–. Si el juez sigue estando al servicio de la comunidad y si, pese a existir esa Weltanschauung compartida, sigue habiendo lagunas y "ley, costumbre, y convicciones jurídicas compartidas son insuficientes", subsiste entonces el problema de la obtención del derecho por parte del juez (1936b, 14). Es más, para Heck el nacionalsocialismo tampoco cultiva la ilusión de que *Weltanschauung* y *Volksüberzeugung* generen un sistema normativo sin lagunas, ya que si así fuese, para llevar a cabo la renovación jurídica hubiese bastado con una instrucción que ordenase al juez extraer de ese sistema de normas la solución para cada caso concreto, y no ha sido suficiente para llevar a cabo la renovación jurídica con esa simple remisión (1936b, 15). La afirmación de Heck no sólo es de una ingenuidad difícil de creer, sino que además es falaz y muestra nuevamente lo lejos que estaba Heck de comprender qué significaba la re-

---

de los individuos en palanca del desarrollo económico y reduce al Estado a la función de un equilibrador de intereses. Por esta razón, para Frommel, la Jurisprudencia de intereses de Heck, que presupone la existencia de conflictos de intereses y su conciliación (y no como Larenz su "superación" en el pensamiento colectivo), fue designada con la etiqueta de positivista, pese a todos sus esfuerzos por mostrar que compartía la *Weltanschauung* del nuevo Estado (Frommel: 1981, 184-185).

novación jurídica para el nacionalsocialismo y cuál era la concepción del derecho de este movimiento. Lo cierto es que aunque el nacionalsocialismo no formulase, negro sobre blanco, una remisión al juez de ese tipo, de hecho, como hemos visto, consiguió el mismo efecto que si la hubiera formulado[30], ya que al situar por encima de la ley al derecho suprapositivo (una amalgama de normas, declaraciones del Führer y del partido, convicciones compartidas, sentimientos populares, superioridad de la raza, etc.) el derecho, y no la ley, pasa a ser la fuente suprema del Ordenamiento Jurídico (Schoppmeyer: 2001, 184)[31]; y lo que se pide al juez (que ya no es visto como un poder que haya de ser controlado o sometido, sino como parte integrante de esa comunidad jurídica de cuya cosmovisión participa y que todo lo envuelve) es que resuelva los casos que se le presenten aplicando ese derecho –el orden concreto, que dirá Larenz– y pasando las leyes concretas por el tamiz de los nuevos principios nacionalsocialistas[32].

Igual que hiciera en 1914, Heck mantiene en 1932 que la disputa metodológica es una pura disputa jurídica, una cuestión técnica, que no debe vincularse con ninguna corriente de filosófica o con ninguna concepción del mundo particular (1914, 309; 1932, 25). Y en 1936 sigue afirmando que es un grave error de sus críticos decir que su método se basa en concepciones filosóficas del pasado o en una concepción liberal del Estado (1936b, 8; 1936a, 325 y ss.). Y aunque admite la existencia de una cosmovisión inherente al nazismo, distinta de la anterior y que además él comparte, la afirmación de que la Jurisprudencia de intereses no pretende suministrar ni una filosofía del derecho ni tampoco una teoría de la *Weltanschauung* es una constante en su obra: "no-

---

30 Y sí llegó a formularla (o, al menos, a proyectarla): el apartado 20 del proyecto de código popular alemán establecía que "en sus decisiones el Juez no estará sometido a indicaciones de ninguna clase. El juez dictará sentencia según su libre convicción formada sobre la base de la situación procesal en la plenitud de sus aspectos y apoyando la interpretación jurídica en la concepción nacionalista del mundo. Con igual espíritu habrán de prestar su asistencia jurídica el Notario y el Abogado en todo el ámbito de su actividad". Y el apartado 21 añadía: "La interpretación de la ley no se sujetará a su tenor literal, sino que siempre habrá de tomar en cuenta los fines jurídicos que persigue. Todos los conceptos y prescripciones habrán de ser interpretados y empleados de modo que reporten el más alto valor vital posible para la comunidad del Pueblo alemán" (versión de Eustaquio Galán: 1943, 608).

31 "Es ley suprema el bien del pueblo alemán", dice el primero de los principios fundamentales de la vida de la comunidad del pueblo, del proyecto de código popular alemán, según versión de Eustaquio Galán (1943, 606).

32 Vid, al respecto, García Amado (1991, 354).

sotros guiamos –acompañamos– al juez hasta que interviene una cosmovisión, sin suministrársela. No le proporcionamos un fin, sino sólo los medios para alcanzar sus fines" (1936a, 326). Con otras palabras: no le decimos al juez qué tiene que perseguir, simplemente le aleccionamos respecto a cómo debe perseguir aquello que quiere. Ahora bien, si como el propio Heck reconocía en sus primeras obras, el método está siempre en función de los fines que se persiguen –y la Jurisprudencia de intereses es un método sólo para la ciencia jurídica práctica, cuyo fin es conseguir normas más correctas para la vida–, ¿cómo puede existir un método idóneo para lograr cualquier fin? A costa de sacrificar el método y hacerlo desaparecer, a costa de decir, como hace Heck en sus últimas obras, que el método teleológico, con el que termina identificando, con pequeños matices, la Jurisprudencia de intereses, es el más adecuado para alcanzar los fines que se pretenden, algo obvio si se piensa que el método teleológico consiste precisamente en guiarse por los fines. Lo peculiar de la Jurisprudencia de intereses, la investigación histórica de los intereses, el valor hermenéutico del interés despreciado, etc. se diluye por completo cuando se identifica Jurisprudencia de intereses y método teleológico.

Conclusion

A modo de conclusión cabe que nos preguntemos si habría podido tener razón Heck. Es decir, si había algún modo de conciliar nacionalsocialismo y Jurisprudencia de intereses, sin desvirtuar la última hasta casi hacerla desaparecer. En mi opinión no era posible ya que ambos movimientos mantienen posturas irreconciliables y sus puntos de partida y sus concepciones de la sociedad y del derecho son diametralmente opuestas. El nacionalsocialismo mantiene una concepción armonicista de la sociedad, mientras que la Jurisprudencia de intereses es hija del conflictualismo, aunque no sea en sentido marxista. La batalla de Heck estaba, por tanto, perdida de antemano, y además tuvo consecuencias fatales para la pervivencia de su teoría, ya que no es descartable que haya sido precisamente su empeño en vincular su método con el nacionalsocialismo, lo que haya hecho que la Jurisprudencia de intereses desaparezca, al menos nominalmente, del panorama jurídico-metodológico de la posguerra, aunque su herencia aún se pueda rastrear, con ese u otro nombre, en concepciones de la interpretación actuales.

Bibliografía

BEHRENDS, Okko (1989): "Von der Freirechtsbewegung zum konkreten Ordnungs- und Gestaltungsdenken" en Dreier/Sellert 1989, pp. 34-80.

DUBISCHAR, Roland (1977): „Philipp Heck" en F. Elsener (ed.) *Lebensbilder zur Geschichte der Tübinger Juristenfakultät*, Tübingen: J.C.B.Mohr (Paul Siebeck), pp. 101-119.

EISSER, Georg (1935): *Rasse und Familie. Die Durchführung des Rassengedankens im bürgerlichen Recht*, Tübingen: J.C.B. Mohr (Paul Siebeck).

FERNÁNDEZ-CREHUET LÓPEZ, Federico (2011): *Jueces bajo el franquismo. Once historias (y una nota sobre la depuración de los funcionarios judiciales)*, Granada: Comares.

FORSTHOFF, Ernst (1937): "Philipp Heck, Rechtserneuerung und juristische Methodenlehre" en *Zeitschrift für die gesamte Staatswissenschaft*, (ZStW) 97, pp. 371-372.

FROMMEL, Monika (1981): *Die Rezeption der Hermeneutik bei Karl Larenz und Josef Esser*, Ebelsbach: Verlag Rolf Gremer.

GALÁN, Eustaquio (1943): "El libro I del proyectado Código Popular alemán", en *RGLJ*, diciembre 1943, p. 606.

GARCÍA AMADO, Juan Antonio (1991): "Nazismo, Derecho y Filosofía del Derecho", en *Anuario de Filosofía del Derecho* VIII, pp. 341-364.

—, (1994): "Cómo se escribe la historia de la Filosofía del Derecho del nazismo. Paralelismos y diferencias con la historiografía de la filosofía del derecho bajo el franquismo", en Francisco Puy, Mª Carolina Rovira, Milagros Otero (ed.), *Problemática actual de la historia de la Filosofía del Derecho española. XIV Jornadas de Filosofía Jurídica y Social*, volumen II, Universidad de Santiago de Compostela, pp. 19-44.

GARCÍA SALGADO, María José (2011): *La Jurisprudencia de intereses de Philipp Heck*, Granada: Comares.

HECK, Philipp (1905): "Interessenjurisprudenz und Gesetzestreue" en *DJZ* num. 24, columna 1140-1142.

—, (1911): "Diskussionsbeitrag" en *Verhandlungen des Ersten Deutschen Soziologentages vom 19.-22. Oktober 1910 in Frankfurt a. M.* (Schriften der Deutschen Gesellschaft für Soziologie).

—, (1912): *Das Problem der Rechtsgewinnung. Rektoratsrede.* Tübingen, J.C.B.Mohr (Paul Siebeck), 1932, 2ª edición no modificada, 52 páginas. La primera edición es de 1912. Hay traducción al español a partir de la 2ª edición, *El problema de la creación del Derecho*, Barcelona, Ariel 1961, 93 páginas, reimpresión en 1999. El traductor es Manuel Enteza, pseudónimo de Sacristán. Hay una edición de 1999 de la editorial Comares (Granada).

—, (1914): "Gesetzesauslegung und Interessenjurisprudenz" en *AcP* 112, pp. 1-318.

—, (1932): *Begriffsbildung und Interessenjurisprudenz*, Tübingen, J.C.B.Mohr (Paul Siebeck).

—, (1936a): "Die Interessenjurisprudenz und ihre neuen Gegner" en *AcP* 142, N.F.22, pp. 129-202 y 297-332.

—, (1936b): "Rechtserneuerung und juristische Methodenlehre" en *Recht und Staat in Geschichte und Gegenwart*" n. 118, Tübingen, J.C.B.Mohr (Paul Siebeck).

—, (1937): "Rechtsphilosophie und Interessenjurisprudenz" en *AcP* 143, N.F.23, pp. 129-196.

Koch, Hans-Joachin (1977): *Seminar: Die juristische Methode im Staatsrecht. Über Grenzen von Verfassungs- und Gesetzesbindung*, Frankfurt am Main: Suhrkamp Taschenbuch.

Larenz, Karl (1938): *Über Gegenstand und Methode des völkischen Rechtsdenkens*, Berlín: Junker und Dünnhaupt.

—, (1942): *La Filosofía contemporánea del Derecho y del Estado*, Madrid: editorial Revista de derecho privado, serie C, vol. XXII. Traducción de E. Galán Gutiérrez y A. Truyol Serra, con prólogo de L. Legaz Lacambra.

Ogorek, Regina (1986): *Richterkönig oder Subsumtionsautomat? Zur Justiztheorie im 19.Jahrhundert*, Frankfurt am Main, Vittorio Klostermann, 425 pag.

Rivaya, Benjamín (1998): "La reacción contra el fascismo. (La recepción en España del pensamiento jurídico nazi), en *Revista de estudios políticos*, num. 100, abril-junio 1998, pp. 153-177.

—, (2002): "La revolución jurídica del fascismo alemán", en *Boletín de la Facultad de Derecho de la UNED*, num. 19, pp. 409-424.

Rüthers, Bernd (1987): *Wir denken die Rechtsbegriffe um... Weltanschauung als Auslegungsprinzip*, Zürich/Osnabrück: Interfrom.

—, (2001): *Geschönte Geschichten – Geschonte Biographien. Sozialisationskohorten in Wendeliteraturen. Ein Essay*, Tübingen: Mohr Siebeck.

—, (2009): "Entfesselte Jurisprudenz? Zur Wirkung Carl Schmitts", en Joachim Lege (ed.), *Greifswald – Spiegel der deutschen Rechtswissenschaft 1815 bis 1945*, Tübingen: Mohr Siebeck, pp. 401-416.

Schoppmeyer, Heinrich (2001): *Juristische Methode als Lebensaufgabe. Leben, Werk und Wirkungsgeschichte Philipp Hecks*, Tübingen: Mohr Siebeck.

EN EL VIENTRE DE LA BALLENA: CARL SCHMITT Y EL NACIONALSOCIALISMO[1]

FILIPPO RUSCHI [2]

Quienes creían que tras tomar el poder el nacionalsocialismo se "institucionalizaría" de forma progresiva, moderando sus pretensiones radicales, estaba abocado a una dramática decepción. La 'Noche de los cuchillos largos' –en realidad, una matanza prolongada desde el 30 de junio hasta el 2 de julio de 1934– ya había mostrado lo despiadado que era Hitler. Bajo los golpes de las *Schutzstaffeln* (*SS*) no solo habían caído los mandos del *Sturmabteilung* (*SA*). También personalidades eminentes de la galaxia conservadora alemana habían experimentado las violencias nazis: el católico Edgar Julius Jung –en un sentido político el *alter ego de Carl Schmitt*– fue hallado cadáver en la campiña de Brandeburgo[3]. Kurt von Schleicher, que como

[1] Traducción de Roger Campione, Profesor de Filosofía del Derecho de la Universidad Pública de Navarra y María José García Salgado, Profesora de Filosofía del Derecho de la Universidad de Oviedo.

[2] Deseo agradecer a Paolo Cappellini, Vincenzo Durante, Carlo Fantappiè, Stefano Pietropaoli y Danilo Zolo sus valiosos consejos. Un sincero agradecimiento va además a Roger Campione, primero por haberme animado a profundizar en la relación entre Schmitt y el nacionalsocialismo y luego por haber llevado a cabo con Maria Jose García Salgado la traducción del texto.

[3] El manifiesto político de Jung, uno de los protagonistas de la *Konservative Revolution*, está en E. J. Jung, *Die Herrschaft der Minderwertigen: Ihr Zerfall und ihre Ablösung durch ein neues Reich*, Berlin, Deutsche Rundschau, 1930 (pero la primera edición es de 1927). La figura de Jung es objeto de estudios detallados desde hace tiempo, al menos a partir de B. Jenschke, *Zur Kritik der konservativ-revolutionären Ideologie in der Weimarer Republik. Weltanschauung und Politik bei Edgar Julius Jung*, München, Beck, 1971. Véase además E. Forschbach, *Edgar J. Jung: Ein konservativer Revolutionär - 30.*

Canciller intentó parar sin éxito el ascenso de Hitler, fue asesinado en el salón de su casa junto a su mujer[4]. Herbert von Bose, hombre de confianza y portavoz del *Reichsvizekanzler* Franz von Papen, que en 1931 había sido uno de los impulsores del 'Frente de Harzburg' –un confuso intento de coaligar las fuerzas de la derecha alemana, incluido obviamente el *NSDAP*– fue liquidado en los despachos de la Vice-Cancillería. El mismo *Reichsvizekanzler* se libró de la muerte gracias a la protección de Göring, pero permaneció encerrado durante unos días en su casa, bajo estrecha vigilancia y sin posibilidad de comunicarse con el exterior.

Tan solo era el comienzo. La sanguinaria eliminación de los dirigentes de las *SA* no provocó ninguna reubicación del partido: el papel de vanguardia política y militar del *NSDAP* fue asignado a las *SS* de Himmler que obtuvieron el control de todos los órganos de seguridad del *Reich*, excluyendo a los aparatos militares. El giro determinó un endurecimiento ulterior de la caza al enemigo interno y externo, un perfeccionamiento de los dispositivos de control y una trágica huida hacia el mito de la pureza ideológica y racial. «El terror totalitario», tal como ha observado Hannah Arendt, «se instaura solo cuando al régimen ya no le quedan enemigos para detener o torturar hasta la muerte y cuando también han sido eliminados los diversos grupos de sospechosos que ya no pueden ser sometidos 'a una custodia preventiva'»[5].

La situación del que al cabo de poco tiempo sería señalado como el *Kronjurist* del régimen nacionalsocialista era cuanto menos deli-

---

Juni 1934, Pfullingen, Neske, 1984, interesante también por el hecho de que el autor fue un destacado exponente del *Deutschnationale Volkspartei* y mantuvo relaciones con el mismo Jung. Más recientemente y con especial atención al Jung politólogo y jurista cfr. Sebastian Maass, *Die andere deutsche Revolution: Edgar Julius Jung und die metaphysischen Grundlagen der Konservativen Revolution*, Kiel, Regin, 2009. Para una útil contextualización histórica cfr. S. Breuer, *Anatomie der konservativen Revolution*, Darmstadt, Wissenschaftliche Buchgesellschaft, 1993.

[4] Sobre la figura de von Schleicher véase recientemente I. Strenge, *Kurt von Schleicher: Politik im Reichswehrministerium am Ende der Weimarer Republik*, Berlin, Duncker & Humblot, 2006. Sobre el papel de los aparatos militares –de los que von Schleicher fue de algún modo la expresión– en las dinámicas políticas y constitucionales de la Alemania de Weimar un buen punto de partida es C. Jahr, "La 'Reichswehr' come agente politico nella Repubblica di Weimar", *Memoria e Ricerca*, 28 (2008), pp.73-88.

[5] Cfr. H. Arendt, "Mankind and Terror", en Ead., *Essays in Understanding. 1930-1954. Uncollected and Unpublished Works by Hannah Arendt*, New York, Harcourt Brace, 1994, trad. it. "Umanità e terrore", en Ead., *Antologia. Pensiero, azione e critica nell'epoca dei totalitarismi*, Milán, Feltrinelli, pp. 97-106 y en particular p. 98.

cada. Desde finales de los veinte Carl Schmitt se había acercado a los ambientes conservadores que se remitían a von Schleicher y Johannes Popitz, el primero destinado –como se ha visto– a ser asesinado durante la "Noche de los cuchillos largos" y el segundo a ser ahorcado en febrero de 1945 por haber colaborado con Claus von Stauffenberg en el atentado contra Hitler del 20 de julio de 1944[6]. Por parte de Schmitt se trataba de una adhesión política consciente, sellada con la publicación del brillante *Der Hüter der Verfassung* que le había afianzado en la órbita de los asesores más notables del gobierno del *Reich* aunque, como ha apuntado Carlo Galli «desde el punto de vista teórico, la postura de Schmitt es más radical que la de los conservadores»[7]. En efecto, su concepción del «Estado total en el sentido cualitativo y de la energía» superaba en intensidad "política" las nostálgicas invocaciones de la monarquía Guillermina que resonaban con insistencia en los círculos cercanos al *Reichspräsident* Paul von Hindenburg. Sin embargo, más allá de este corte no cabe dudar de la buena fe de Schmitt. Prueba de ello es *Legalität und Legitimität*, uno de sus trabajos más conocidos, destinado desde que se publicó a generar un acalorado debate que aún está lejos de aplacarse[8]. No cabe aquí detenerse en las argumentaciones de Schmitt, desarrolladas –como ha destacado Pier Paolo Portinaro– a partir de la antítesis entre «un concepto *formal* y un concepto *político* de ley» y dirigidas a

---

6 Sobre el contexto histórico-político en el que brotó la relación de amistad entre el *grand commis de l'État* y el entonces docente de la *Handelshochschule* de Berlín –fueron incluso vecinos– véase la vívida reconstrucción incluida en J. W. Bendersky, *Carl Schmitt Theorist for the Reich*, Princeton (N. J.), Princeton University Press, 1983; trad. it. *Carl Schmitt teorico del Reich*, Bolonia, il Mulino, 1989, pp. 145-159. Para una reconstrucción atenta a la dimensión intelectual de la relación entre ambos véase L.-A. Benthin, *Johannes Popitz und Carl Schmitt: zur wirtschaftlichen Theorie des totalen Staates in Deutschland*, München, Beck, 1972 y también E. Kennedy, *Constitutional Failure. Carl Schmitt in Weimar*, Durham-London, Duke University Press, 2004.

7 Cfr. C. Schmitt, *Der Hüter der Verfassung*, Tübingen, Mohr, 1931 (pero la primera edición, más reducida, está en *Archiv des öffentlichen Rechts*, 16 (1929), 2, pp. 161-237). No es un detalle secundario que el texto se encuentre también en *Verfassungsrechtliche Aufsätze aus den Jahren 1924-1954*, acompañado por el comentario de Popitz publicado en su día en el diario de inspiración católica *Germania*: cfr. J. Popitz, "Wer ist Hüter der Verfassung?", en C. Schmitt, *Verfassungsrechtliche Aufsätze aus den Jahren 1924-1954*, cit., pp. 101-105. Cfr. además C. Galli, *Genealogia della politica. Carl Schmitt e la crisi del pensiero politico moderno*, Bolonia, il Mulino, 1996, p. 672.

8 Cfr. C. Schmitt, *Legalität und Legitimität*, München-Leipzig, Duncker & Humblot, 1932; trad. it. parcial en *Le categorie del 'politico'. Saggi di teoria politica*, Bolonia, il Mulino, 1972, pp. 209-244.

librar un golpe mortal contra toda pretensión formalista ligada a la experiencia del estado liberal. Más bien, es necesario precisar que en su drástica crítica hacia el Estado legislativo no se sobreentiende de ningún modo cierto *favor* hacia una hipotética dictadura. Si releemos *Legalität und Legitimität* manteniendo el trasfondo de los convulsionados eventos que marcaron el ocaso de la república de Weimar, emerge con claridad la apasionada defensa del orden jurídico y político basado en la *Verfassung* de 1919. Se trataba de un llamamiento a la salvaguardia de los fundamentos materiales del dispositivo constitucional contra el «hueco funcionalismo de una matemática puramente aritmética de la mayoría y la minoría»[9]. Esta petición iba dirigida en primer lugar al presidente del *Reich*, llamado a preservar los principios constitucionales no solo frente al peligro de revoluciones subversivas, sino también contra una amenaza más sutil pero no por ello menos destructiva: el derribo de la constitución consumado en las aulas parlamentarias. Según Schmitt, esta tutela podía incluso llegar a la suspensión de partes significativas del texto con tal de salvaguardar los principios fundamentales del ordenamiento. Si tan solo tenemos en cuenta que justamente en julio de 1932 el *NSDAP* estaba destinado a cosechar un extraordinario éxito electoral, al obtener en las elecciones federales más del 37% de los votos convirtiéndose así en el primer partido de la república de Weimar, no es difícil intuir qué color tenía para Schmitt la mayoría que podía hacer peligrar la *Verfassung*[10].

Las tesis de Schmitt no habían sido ignoradas. En el verano de 1932 von Papen, tras haber intervenido las instituciones políticas prusianas e impuesto la ley marcial, se vio obligado a defender su actuación ante el Tribunal Supremo. Schmitt, junto con Carl Bilfinger y Erwin Jacobi, fue llamado por el gobierno del *Reich* para que defendiera tal actuación: un reconocimiento que certifica más allá de toda duda razonable el crédito y la confianza de la que Schmitt gozaba en

---

9 Ivi, p. 238. Para un sintético pero exhaustivo cuadro de las críticas de Schmitt cfr. S. Pietropaoli, *Schmitt*, cit., pp. 99-104.

10 Además, en las páginas del filogubernamental *Die Tägliche Rundschau*, Schmitt se había referido explícitamente a los importantes riesgos para la vigencia de la Constitución en caso de que el *NSDAP* obtuviera la mayoría absoluta; cfr. C. Schmitt, "Der Mißbrauch der Legalität", *Die Tägliche Rundschau*, 19 de julio de 1932. El artículo era sustancialmente una anticipación de *Legalität und Legitimität*. Cfr. al respecto la reconstrucción incluida en J. W. Bendersky, *Carl Schmitt teorico del Reich*, cit., p. 191-192.

los círculos gubernamentales[11]. En efecto, el golpe de mano de von Papen estaba basado en una interpretación bastante 'radical' del primer apartado del art. 48 de la constitución de Weimar. Esta jugada parecía estar inspirada en las tesis de Schmitt, ya que el gobierno había decidido suspender una parte significativa del dictado constitucional –la relativa a la autonomía del *Land* prusiano– con el fin de salvaguardar su núcleo fundamental. De hecho, el objetivo de von Papen había sido el de estabilizar la situación interna prusiana impidiendo, de este modo, que los alborotos favorecieran al *Kommunistische Arbeiterpartei Deutschlands*, pero sobre todo al *NSDAP*.

Como se sabe, la sentencia del Tribunal Supremo de octubre de 1933 fue todo menos resolutiva: en el caso específico el gobierno federal había actuado de forma inconstitucional, pero no había duda de que *ex* art. 48 tenía la facultad de nombrar un comisario extraordinario para administrar un *Land*. Más allá de los resultados, Gopal Balakrishnan ha destacado que en todo caso «the trial provided the opportunity for Schmitt to establish himself as the foremost constitutional legal scholar in the country»[12]. Si el prestigio personal fue notable también lo fueron las polémicas: a los ojos de los intelectuales de filiación liberal y socialdemócrata, Schmitt representaba el rostro culto y racional de la reacción, el padrino de un régimen autoritario destinado a barrer cualquier garantía constitucional[13]. En un clima político exacerbado, en una Alemania asomada a una guerra civil, se consideró que sus tesis iban dirigidas a aniquilar el ya débil régimen weimariano más que a revalidar su estabilidad[14]. Con toda seguridad, contribuyó a alimentar este estigma el hecho de que las propuestas de

---

[11] Entre Schmitt y Jacobi –destinado al poco tiempo a tener que abandonar la Universidad de Leipzig a causa de las medidas antisemitas queridas por Hitler– existía una fuerte identificación de puntos de vista ya desde la mitad de los años veinte, sellada por la publicación de C. Schmitt, E. Jacobi, "Diktatur des Reichspräsidenten nach Art. 48 der Reichsverfassung", *Veröffentlichungen der Vereinigung der Deutschen Staatsrechtslehrer*, 1 (1924), p. 63 ss. e p. 105 ss. Respectivamente; se trataba del texto de sus intervenciones en el congreso de los constitucionalistas alemanes celebrado en Jena en 1924.

[12] Cfr. G. Balakrishnan, *The Enemy. An Intellectual Portrait of Carl Schmitt*, London-New York, Verso, 2000, p. 169.

[13] Acerca de las críticas a Schmitt y su origen diverso cfr. por todos J. W. Bendersky, *Carl Schmitt teórico del Reich*, cit., pp. 203-208.

[14] Un malentendido destinado a durar, véase por todos C. Koonz, *The Nazi Conscience*, Cambridge (Mass.), Harvard University Press, 2003, p. 58.

Schmitt fueran ampliamente apreciadas por eses sector de la cultura alemana que se acercaba cada vez más al movimiento de Hitler[15].

En el ocaso de Weimar las reflexiones de Schmitt parecen el perspicaz diagnóstico de una patología funesta. La controversia entre Prusia y *Reich* había puesto de rodillas al gabinete von Papen. En una situación cada vez más febril, la cancillería fue confiada al general Scleicher, el gran protector de Schmitt. Podemos interrogarnos sobre el papel de Schmitt durante las pocas semanas que duró este ejecutivo. Es cierto, desde luego, que cuando Schleicher, invocando un *pouvoir neutre* capaz de pacificar a la sociedad alemana, planteó la necesidad de medidas excepcionales para salvaguardar el *Reich* –la disolución del Parlamento, la ilegalización del partido nacionalsocialista y del partido comunista, la constitución de un gobierno de emergencia– debía tener bien presentes las tesis de Schmitt[16]. La tajante oposición de Hindenburg, cada vez más senescente, tuvo como consecuencia la dimisión de Schleicher. Hitler fue llamado a sustituirle: Weimar se había suicidado. Como ha destacado Bendersky, el régimen de Hitler no se había impuesto gracias al art. 48, «sino precisamente porque este artículo no fue utilizado en contra de él»[17]. El atrevimiento mostrado desde el principio por el nuevo Canciller confirmó los temores de Schmitt: el progresivo vaciamiento de las prerrogativas del *Reichstag* mediante decretos de emergencia, el control cada vez más estricto de la prensa y del aparato policial y, finalmente, la prohibición de los partidos comunistas y el otorgamiento de plenos poderes al Canciller conforme al art. 76, representaban las grietas que anunciaban el derrumbamiento del régimen de Weimar.

---

[15] En este sentido resulta ejemplar A. E. Günther (ed.), *Was wir vom Nationalsozialismus erwarten. Zwanzig Antworten*, Heilbronn, 1932 sobre el que J. W. Bendersky, *Carl Schmitt teorico del Reich*, cit., p. 205 y, más en general, acerca de las relaciones entre Schmitt y la galaxia conservadora pp. 167-179.

[16] Una vez más resulta difícil prescindir de la reconstrucción de J. W. Bendersky, *Carl Schmitt teorico del Reich*, cit., pp. 209-225. Véase también S. Pietropaoli, *Schmitt*, cit. con bibliografía actualizada.

[17] Véase J. W. Bendersky, *Carl Schmitt teorico del Reich*, cit., pp. 222-223. En este sentido, no me parece convincente la lectura de quienes, como Franz Neumann, han hecho de Schmitt el portavoz de este cambio de régimen: cfr. F. Neumann, *Behemoth. The Structure and Practice of National Socialism*, Oxford, Oxford University Press, 1942; trad. it. *Behemoth. Struttura e pratica del nazionalsocialismo*, Turín, Bruno Mondadori, 2007, pp. 56-60.

Para Schmitt, el vuelco se produjo en la primavera de 1933, después del *Gesetz zur Behebung der Not und Volk* con el que Hitler había desautorizado el *Reichstag*. Su repentino acercamiento al *NSDAP* puede tener connotaciones distintas: el oportunismo, la ambición personal, incluso el miedo son factores que pueden explicar este giro. Sin embargo, no se debe subestimar su marcado realismo político, tal vez el rasgo más auténtico de su perfil intelectual: en toda la producción schmittiana se aprecia la voluntad persistente de dialogar con el poder, la aspiración a actuar como 'consejero del príncipe' en virtud de su propia *auctoritas* intelectual. Por otro lado, como ha subrayado Berdersky, esta peculiar disposición intelectual se soldaba perfectamente con el componente hobbesiano de su pensamiento. De un Hobbes tomado absolutamente 'en serio', para quien la resistencia frente al poder resultaba ser una hipótesis totalmente extrema y cualquier alternativa podía desembocar en la anarquía, en el feroz estado de naturaleza[18]. La hipótesis menos convincente para explicar el repentino giro de Schmitt, la que podemos razonablemente poner en tela de juicio, es la de un inopinado deslumbramiento por el nacionalsocialismo: «a pesar de todo» –ha puntualizado Berdersky– «nunca se ha convertido ideológicamente al nazismo»[19].

El carnet 2.098.860 del *NSDAP* expedido el 1 de mayo de 1933 a nombre de Carl Schmitt, por tanto, sellaba un recorrido nada lineal. Por otro lado, los primeros meses de militancia en el partido, le depararon cuanto menos muchas satisfacciones personales. Ya a primeros de abril de 1933, gracias a los buenos oficios de Popitz, Schmitt había sido nombrado miembro del Consejo de Estado de Prusia, un cargo privado de cualquier poder real pero indudablemente de alto perfil. Además había llegado a la cátedra de derecho constitucional en Berlín –«el nombramiento más prestigiosos de toda su carrera»[20]–, la asociación a la *Akademie für Deutsches Recht* dirigida por Hans Frank, la coordinación de los profesores universitarios pertenecientes a la *Nationalsozialistische Rechtswahrerbund*, la Liga de los juristas nacionalsocialistas y, finalmente –ya en 1934– la dirección de la prestigiosa *Deutsche Juristen-Zeitung*.

---

[18] No es casualidad que precisamente durante estos años agitados llegará a la imprenta C. Schmitt, *Der Leviathan in der Staatslehre des Thomas Hobbes. Sinn und Fehlschlag eines politischen Symbols*, Hamburg, Hanseatische Verlagsanstalt, 1938.

[19] Cfr. J. W. Bendersky, *Carl Schmitt teorico del Reich*, cit., p. 247.

[20] Ivi, p. 245.

También es la época de algunos de sus trabajos más 'militantes': «cultivando el sueño de una afirmación personal hasta ese momento inimaginable», como ha apuntado recientemente Stefano Pietropaoli, «Schmitt busca compatibilizar sus teorías con la doctrina nacionalsocialista»[21]. Trabajos como *Staat, Bewegung, Volk*, y *Über die drei Arten des rechtswissenschaftlichen Denkens* o también la tercera edición de *Der Begriff des Politischen* perteneces a este período[22]. Se trata de textos depurados de cualquier referencia a los autores no gratos para el régimen, en los que se advierte un fuerte *self-restraint* y, al mismo tiempo, la voluntad de incorporar el léxico nazista y ser un interlocutor para los nuevos detentadores del poder. Se colocan precisamente en este marco las primeras referencias antisemitas[23]. Está claro que estamos muy lejos de la delirante dogmática nazista: su matriz hay que buscarla, más bien, en ciertos recovecos de la cultura alemana, en aquellas colinas que, al menos a partir de Lutero, surcan de forma a menudo insospechada su superficie. Schmitt queda ajeno a la retórica de la pureza de la sangre, al determinismo biológico, al mito de la *Herrenrasse*. Aún más teniendo en cuenta que su mujer Duska Todorović, de origen serbio, se hubiera colocado en un nivel ínfimo de la jerarquía racial teorizada en *Mein Kampf*. Por lo demás, sería infructuoso intentar solapar la noción hitleriana de *Lebensraum* con la schmittiana de *Grossraum*, que justo a mitad de los años treinta empieza a cobrar forma de manera embrionaria y que será definida completamente en el *opus magnum* de Schmitt, *Der Nomos der Erde*[24]. Y sin embargo, sin entrar a profundizar en un tema muy complejo, estos trazos antisemitas manchan de modo indeleble su historia intelectual y humana.

Durante este primer tramo de régimen, por tanto, Schmitt intentó hacerse notar por su activismo y fiabilidad. Se trataba de una

---

[21] Cfr. S. Pietropaoli, *Schmitt*, cit., p. 105.

[22] Cfr. C. Schmitt, *Staat, Bewegung, Volk. Die Dreigliederung der politischen Einheit*, Hamburg, Hanseatische Verlagsanstalt, 1935.

[23] George Schwab ya había subrayado que antes de 1933 no hay huellas de antisemitismo en las páginas de Schmitt, cfr. G. Schwab, *The Challenge of the Exception*, Berlin, Duncker & Humblot, 1974; trad. it. *La sfida dell'eccezione*, Roma-Bari, Laterza, 1986, p. 197. Más problemática es la interpretación de R. Gross, *Carl Schmitt und die Juden - Eine deutsche Rechtslehre*, Frankfurt am Main, Suhrkamp, 2000. En cambio, puede ser soslayado el panfletista Y. C. Zarka, *Un détail nazi dans la pensée de Carl Schmitt: la justification des lois de Nuremberg du 15 septembre 1935* Paris, PUF, 2005.

[24] Me permito remitir sobre el tema a F. Ruschi, *El Nomos del mar. Espacio, derecho y hegemonía en Carl Schmitt*, Buenos Aires, AD-HOC, 2012.

aspiración destinada a verse frustrada pronto por la frialdad de los mandos del *NSDAP* y por la malevolencia de los intelectuales 'militantes'. Una hostilidad que parece incluso obvia. En efecto, hay que redimensionar la contribución de Schmitt a la fundación de la jurisprudencia nacionalsocialista. Si se vuelven a leer sus trabajos a tenor de los ciertamente odiosos homenajes al nuevo régimen, no se puede evitar destacar una clara continuidad respecto a su producción anterior. Una permanencia que no se justifica mediante un Schmitt 'protonazista', pues se trata de una hipótesis a rechazar decididamente. Son más bien otras las justificaciones de esta coherencia: la voluntad de seguir siendo fiel a la estructura conservadora de su doctrina, el intento de 'domesticar' el régimen limitando su empuje revolucionario, la íntima conciencia de su superioridad intelectual respecto de los intelectuales más orgánicos al *NSDAP*. En este sentido *Staat, Bewegung, Volk*, considerado por muchos el fruto más auténtico de la conversión de Schmitt al nacionalsocialismo, tal como ha destacado Portinaro, en realidad «es tan solo la reformulación y explicación, en términos más congeniales a la ideología de la dictadura de Hitler, de las ideas básicas de la doctrina del Estado total fuerte»[25].

Este también fue el motivo del escaso éxito que las ideas de Schmitt tuvieron en los ambientes nacionalsocialistas, un desinterés que entre los guardianes de la ortodoxia del régimen no tardó en convertirse en una auténtica sospecha[26]. Aún a propósito de *Staat, Bewegung, Volk*, fue Otto Koellreutter quien denunció la matriz hegeliana –y por tanto conservadora– del pensamiento de Schmitt, su carácter *unvölkisch* y la ausencia de referencias a la dimensión biológica[27]. La tripartición entre estado, movimiento y pueblo propuesta por Schmitt, además, chocaba con la doctrina nacionalsocialista según la cual era al contrario el *volk* –entendido como comunidad orgánica en el pla-

[25] Cfr. P. P. Portinaro, *La crisi dello jus publicum europaeum. Saggio su Carl Schmitt*, Milán, Comunità, 1982, p. 145.

[26] Sobre el atrevimiento con el que el aparato nazi se sirvió de Schmitt, véase por todos J. W. Bendersky, *Carl Schmitt teorico del Reich*, cit., pp. 250-251.

[27] Véase al respecto O. Koellreutter, *Der deutsche Führerstaat*, Tübingen, Mohr, 1934. Sobre los ataques de Koellreutter a Schmitt, cfr. J. W. Bendersky, *Carl Schmitt teorico del Reich*, cit., pp. 261-263. Para ubicar los términos del debate véase P. Costa, "Lo stato di diritto: un'introduzione storica", en P. Costa, D. Zolo, *Lo Stato di diritto. Storia, teoria, critica*, Milán, Feltrinelli, 2002, pp. 143-151, con amplia bibliografía. Sobre Koellreutter véase al menos J. Schmidt, *Otto Koellreutter, 1883–1972: sein Leben, sein Werk, seine Zeit*, Frankfurt am Main, Peter Lang, 1994.

no cultural y racial– el principio supremo de racionalidad política, la única fuerza constituyente.

Así, tras la 'Noche de los cuchillos largos' su posición era delicada: no solo Schmitt había sido uno de los colaboradores del ex Canciller Schleicher, la víctima más prestigiosa de la sanguinaria purga nazista, sino que su producción intelectual permanecía ambigüa. En los ambientes cercanos a Himmler se murmuraba incluso que Schmitt mantenía relaciones sospechosas con los círculos militares más desconfiados hacia el *NSDAP*[28]. Como recuerda Berdersky, Schmitt «pensó seriamente que estaba en peligro y durante el resto de su vida creyó que solo le salvó la intervención de Göring que dirigía las depuraciones en Berlín»[29].

Der Führer schützt das Recht fue el precio pagado por Schmitt para conservar su incolumidad personal y su posición en lo alto de la jurisprudencia alemana[30]. «Se trata del texto de Schmitt», ha observado un lector atento como Antonio Caracciolo, «más comprometido con el régimen»[31]. *Der Führer schützt das Recht* era, desde un punto de vista sustancial, un especie de dictamen legal –en realidad, escrito de forma bastante apresurada y sin la habitual lucidez analítica y elegancia estilística– en el que Schmitt se empeñaba en demostrar la corrección de la actuación del *Führer* durante los dramáticos días pasados entre finales de junio y comienzos de julio de 1934[32]. Se puede pensar que

---

[28] Véase al respecto J. Freund, "Les lignes de force de la pensée politique de Carl Schmitt", *Nouvelle École*, 19 (1987), 44; trad. it. "Le linee chiave del pensiero politico di Carl Schmitt", en Id., *La crisi dello Stato tra decisione e norma*, Nápoles, Guida, 2008, pp. 195-234 y en particular p. 221. Todavía en enero de 1935 se sucedían los rumores de coloquios reservados entre Schmitt y el influyente general Werner von Fritsch, jefe del *Oberkommando des Heeres*, cfr. G. Schwab, *Carl Schmitt. La sfida dell'eccezione*, cit., pp. 199-200 e J. W. Bendersky, *Carl Schmitt teorico del Reich*, cit., p. 253. Respecto de la hipótesis, bastante fantasiosa, de un Schmitt asesor jurídico de un *putsch* militar cfr. también C. Galli, *Genealogia della politica*, cit., p. 902.

[29] Cfr. J. W. Bendersky, *Carl Schmitt teorico del Reich*, cit., p. 253.

[30] Cfr. C. Schmitt, "Der Führer schützt das Recht. Zur Reichstagsrede Adolf Hitlers vom 13 Juli 1934", *Deutsche Juristen-Zeitung*, 39 (1934), 15, pp. 945-50, después en Id., *Positionen und Begriffe im Kampf mit Weimar - Genf - Versailles, 1923-1939*, Berlin, Duncker & Humblot, 1988, pp. 199-203, trad. it. "Il Führer protegge il diritto", en Id., *Posizione e concetti in lotta con Weimar-Ginevra-Versailles, 1923-1939*, Milán, Giuffrè, 2007, pp. 326-335.

[31] Cfr. A Caracciolo, "Presentazione", en C. Schmitt, *Posizione e concetti. In lotta con Weimar-Ginevra-Versailles, 1923-1939*, Milán, Giuffrè, 2007, pp. v-xxxi y especialmente p. xxiv.

[32] Sobre las carencias del texto cfr. por todos D. Vagts, "Carl Schmitt's Ultimate Emergency: The Night of the Long Knives", *The Germanic Review*, 87 (2012), 2, pp.

se tratara de un artículo fuertemente esperado por los mandos del partido en dificultad debido a la ofensiva mediática que venía de la prensa extranjera, indignada por los sangrientos acontecimientos, pero también por el decreto del 3 de julio con el que Hitler había justificado la legalidad de la matanza como medida de autodefensa del Estado.

A primera vista, las tesis de Schmitt parecen incluso toscas. El *Führer*, se lee en lo que es poco más que un panfleto, «protege el derecho del peor abuso, cuando en el instante del peligro, en virtud de su dictadura, crea el derecho como juez supremo»[33]. Así pues, el dictador plasmaba la justicia discriminando netamente entre amigo y enemigo. Solo su intervención permitía llenar el vacío que separaba el "derecho legal" del "material", garantizando la coherencia interna de la sociedad y preservando la unidad del estado. En esta perspectiva el escrito de Schmitt era tan apodíctico como un comunicado de partido: evidentemente su autor estaba más interesado en ganarse los favores de Hitler que no en proporcionar una defensa realmente eficaz de la actuación del *Führer*. Sin embargo, si se analiza el trabajo schmittiano a contraluz el texto se enriquece con significados nada obvios y se abre a distintas lecturas posibles. En efecto, Schmitt no había tenido ninguna dificultad en admitir que la acción de Hitler contra los jefes de las *SA* estaba absolutamente justificada: se trataba de criminales que habían atentado contra el régimen y el *Führer* había actuado con la plenitud de poderes que la situación de emergencia ponía a su disposición[34]. Además, las *SA* representaban aquel componente revolucionario del nacionalsocialismo al que Schmitt, en los años anteriores, más se había opuesto. En este sentido, la eliminación de personajes peligrosos como Röhm y Stasser constituía una especie de proceso de palingenesia institucional con el que el *Reich* se depuraba de toda toxina sediciosa. Ahora, sin embargo, tal como Hitler había reconocido públicamente, habían sido cometidos abu-

---

203-209 y particularmente p. 205, se trata de la premisa a la traducción inglesa de "Der Führer schützt das Recht".

[33] Cfr. C. Schmitt, "Il Führer protegge il diritto", cit., p. 329.

[34] Schmitt estaba convencido de que las *SA* estaban preparando un *putsch*, cfr. G. Schwab, *Carl Schmitt. La sfida dell'eccezione*, cit., p. 190. Además la conducta de Hitler, como se sabe, respondía a los *desiderata* del Ministro de Defensa Werner von Blomberg, que había amenazado con hacer intervenir directamente a la *Reichswher* si Hitler no hubiera tomado medidas contra las *SA*.

sos. Hechos ilícitos que él mismo había prometido perseguir en un apasionado discurso al *Reichstag* el 13 de julio. Se trataba de «acciones especiales» que, carentes de cualquier autorización, constituían «una injusticia tanto más grave como más alto y puro es el derecho del *Führer*»[35]. Es fácilmente comprensible a qué estaba aludiendo Schmitt y quienes eran las víctimas que habían mancillado con su sangre la pureza de la justicia nacionalsocialista. Las palabras pronunciadas ante el *Reichstag* habían sido tomadas en serio y Schmitt, con la lógica férrea del jurista, pedía que tales declaraciones tuvieran efecto: si la matanza de las *SA* había sido un acto legítimo porque se fundaba en el principio general según el cual *necessitas non habet legem*, el asesinato de Schleicher no podía tener ninguna justificación de este tipo y, por tanto, debía ser perseguido con los instrumentos que el ordenamiento ponía a disposición. ¿Y quiénes podían ser los autores de estas «'acciones especiales'» criminales sino las *SS* de Himmler? Por otro lado, en el mismo discurso ante el *Reichstag*, Hitler había mencionado de pasada el hecho de que en la larga lista de los condenados a muerte estaban también tres miembros de este cuerpo de seguridad, «culpables de vejaciones a los prisioneros»[36]: ¿Acaso no era esta una alusión implícita a la culpabilidad de las *SS*?

Evidentemente, esta interpretación de *Der Führer schützt das Recht* se basa en lo no dicho, por así decirlo, en un plano discursivo implícito en el texto. Tampoco cabría esperar mucho más de Schmitt, visto el contexto político y su situación personal: un contexto cada vez más agobiante y una situación personal cada vez menos segura. Si esta lectura del texto de Schmitt puede ser aceptada, el suyo queda como un llamamiento a la legalidad contra toda conducta subversiva, aún más si viene del interior del *NSDAP*. Se trata de una interpretación de la historia humana e intelectual de Schmitt claramente *in bonam partem* que, sin embargo, se basa en una serie de elementos concretos y que en la literatura, si bien con matices diferentes, encuentra un buen número de sostenedores[37]. De hecho, por parcial que sea, no se pue-

---

[35] Cfr. C. Schmitt, "Il Führer protegge il diritto", cit., p. 332.

[36] Me refiero a la edición parcial del discurso de Hitler incluida en M. Gallo, *La Nuit des Longs Couteaux*, Paris, Robert Laffont, 1970; trad. it. *La notte dei lunghi coltelli*, Milán, Mondadori, 1999, pp. 359-367 especialmente pp. 366-367.

[37] Cfr. G. Schwab, *Carl Schmitt. La sfida dell'eccezione*, cit., pp. 188-192, J. W. Bendersky, *Carl Schmitt teorico del Reich*, cit., pp. 251-257 y A. Caracciolo, "Presentazione", en C. Schmitt, *Posizione e concetti*, cit., xxiv-xxvi. Finalmente cfr. S. Pietropaoli, *Schmitt*,

de considerar irrelevante en el plano historiográfico el testimonio de Günter Krauss –que como discípulo de Schmitt estuvo muy cerca de él mediados los años treinta–, según el cual precisamente *Der Führer schützt das Recht* representó una toma de posición muy clara sobre la oportunidad de revocar el estado de emergencia y la necesidad de castigar a los culpables de las acciones delictivas. Y también fue Krauss quien apuntó que, de este modo, Schmitt iba mucho más allá del espacio que el régimen quiso asignarle: un atrevimiento al que sus adversarios no tardarán en oponerse[38].

Por otra parte, el llamamiento de Schmitt era todo menos ingenuo. Hitler hubiera podido deslindar sin mucha dificultad su propia responsabilidad respecto de los ejecutores materiales de los asesinatos, ordenar su detención, para luego presentarse ante la opinión pública libre de toda sospecha, conforme a un *modus operandi* ya experimentado con éxito por Mussolini tras el asesinato de Giacomo Matteotti[39]: por tanto, se puede pensar que *Der Führer schützt das Recht* haya causado cierto malestar, por utilizar un eufemismo, en los pasillos del número 8 de Prinz-Albrecht-Strasse, sede de la Gestapo, a la que había que imputar muchos de los asesinatos de los opositores. En realidad, es probable que Schmitt ignorara, o al menos subestimara, las responsabilidades de la dirección del partido y del mismo Hitler en la matanza. Estas eran, al contrario, múltiples y extendidas: incluso Hermann Göring, al que Schmitt estaba unido, había tomado parte activa en los acontecimientos de la *Nacht der langen Messer*. Las posibilidades de que el *Führer* se tomara en serio la invocación de Schmitt, por tanto, eran realmente escasas: el hecho de que el 20 de julio de 1934 Hitler hubiera definitivamente dispuesto la independencia de las *SS* –hasta entonces una extremidad de las *SA*– era un reconocimiento de la fiabilidad de Himmler que, de hecho, fue confirmado como *Reichsführer-SS* y, a la vez, una severa advertencia a sus adversarios.

---

cit., pp. 106-107. Es interesante apuntar que el propio Schmitt ha avalado indirectamente esta interpretación en la entrevista concedida a Fulco Lanchester y publicada primero en F. Lanchester, "Un giurista davanti a sé stesso, intervista a Carl Schmitt", *Quaderni costituzionali*, (1983), 1, pp. 5-34, y después en C. Schmitt, *Un giurista davanti a se stesso*, cit., pp. 151-183 especialmente p. 160.

[38] Cfr. G. Krauss, "I miei ricordi di Carl Schmitt", *Behemoth. Trimestrale di cultura politica*, 4 (1988), 1, p. 11-15.

[39] En este sentido véase también A. Caracciolo, "Presentazione", en C. Schmitt, *Posizione e concetti*, cit., p. xxv.

La muerte del *Reichspräsident* Hindenburg, el 2 de agosto de 1934 –el día siguiente a la publicación de *Der Führer schützt das Recht*– y el hecho de que Hitler se hubiera asegurado la fidelidad de las fuerzas armadas, sellada por el *Führereid* al que estaba obligado todo militar empezando por el Ministro von Blomberg, fueron los factores que determinaron la afirmación definitiva del régimen nazista. Schmitt no había tenido mucha suerte con sus esfuerzos para hacer méritos ante el nuevo señor. Es más, como se ha visto no habían faltado ciertos *faux passes*. Desde este momento, sin embargo, Schmitt se verá obligado a jugar cada vez más a la defensiva.

Su aparente fortuna en los ambientes nazistas no había pasado inadvertida entre los adversarios del régimen. Fue Waldemar Gurian el que acuño la degradante etiqueta de *Kronjurist*, una malévola investidura destinada a tener un éxito imperecedero[40]. Desde Suiza, donde había tenido que refugiarse, Gurian, antes íntimo de Schmitt y estrecho colaborador suyo, había desencadenado una auténtica ofensiva anti-schmittiana en las páginas de la resistencia antinazista[41]. Recordando sus lazos del pasado con intelectuales judíos, su interés por el pensamiento de Marx, su frialdad hacia las teorías raciales y, sobre todo, su fuerte matriz católica, a Gurian le había resultado fácil tachar a Schmitt de oportunista.

Una vez más fue Kroellreutter quien se preocupó de difundir en los ambientes del *NSDAP* los artículos de Gurian y ya en el otoño de 1934 circulaban rumores acerca de las próximas dimisiones de Schmitt de todos los cargos institucionales[42]. Un empeño abso-

---

[40] Sobre Gurian véase H. Hürten, *Waldemar Gurian: ein Zeuge der Krise unserer Welt in der ersten Hälfte des 20. Jahrhunderts*, Mainz, Matthias-Grünewald-Verlag, 1972, y el sentido recuerdo de H. Arendt que le conoció en Estados Unidos donde impartía *Politics* a la Notre Dame University, en H. Arendt, "The Personality of Waldemar Gurian", *The Review of Politics*, 17 (1955), 1, pp. 33-42

[41] Gurian, que publicaba con el seudónimo de Paul Müller, hacía escarnio público del oportunismo de Schmitt: cfr. Paul Müller (W. Gurian), "Entscheidung und Ordnung. Zu den Schriften von Carl Schmitt", *Schweizerische Rundschau. Monatschrift für Geistesleben und Kultur*, 34 (1 de octubre de 1934), 7, pp. 566-576. Después Gurian fundó la revista de inspiración católica *Deutsche Briefe* junto con Otto Knab perseverando en sus ataques a Schmitt, entre los cuales está el afortunado Id., "Carl Schmitt. Der Kronjurist des III Reiches", *Deutsche Briefe*, I (1934), pp. 52-54. Bendersky ha contado no menos de seis artículos publicados por Gurian en *Deutsche Briefe* que tenían a Schmitt como blanco, cfr. J. W. Bendersky, *Carl Schmitt teorico del Reich*, cit., p. 270.

[42] Cfr. J. W. Bendersky, *Carl Schmitt teorico del Reich*, cit., pp. 265-266.

lutamente fuera de lugar, ya que estos textos habían atraído inmediatamente la atención del *Sicherheitdienst*[43].La situación personal de Schmitt empezaba a ser realmente delicada: sin duda gozaba de la protección del influyente Hans Frank, pero al mismo tiempo se hacía necesario confirmar su fidelidad al régimen. Es por ello que, entre 1934 y 1936, Schmitt se dedica en numerosos artículos –ninguno de ellos memorable– a celebrar el Ordenamiento Jurídico nacionalsocialista[44]. Como ha puesto de manifiesto Luciano Albanese, para tratar de defenderse de los ataques y para demostrar al régimen su absoluta ortodoxia, Schmitt estaba obligado a adoptar tintes cada vez más radicales, "manifestando un entusiasmo y una rigidez que seguramente no eran propias de su carácter, mucho más inclinado al escepticismo"[45].

Intervenciones como el tristemente famoso *Die deutsche Rechtswissenschaft im Kampf gegen den jüdischen Geist* pertenecen precisamente a esta compleja fase de la biografía de Schmitt[46]. Se trata de un breve artículo, cuyo origen es el acto de clausura del encuentro anual del *Fachgruppe Hochschullehrer der NS-Juristenbund* celebrado a primeros de octubre de 1936, en el que sin ninguna originalidad Schmitt invocaba una cultura jurídica liberada finalmente de la desbordante presencia judía[47]. Una influencia quizá imperceptible porque había

---

[43] Cfr. G. Maschke, "L'ufficio di Rosenberg contro Carl Schmitt. Un documento del 1937", *Behemoth*, 5 (1989), pp. 29-30, especialmente p. 29, y J. W. Bendersky, *Carl Schmitt teorico del Reich*, cit., pp. 259-273.

[44] Cfr. M. H. Wiegandt, "The Alleged Unaccountability of the Academic: A Biographical Sketch of Carl Schmitt", *Cardozo Law Review*, 16 (1995), pp. 1569-1598, especialmente p. 1588. El total de cuarenta trabajos, indicado por el autor, resulta de todos modos excesivo.

[45] Cfr. L. Albanese, *Schmitt*, Roma-Bari, Laterza, 1996, p. 71.

[46] Como por lo demás reconoce también Mark Lilla, normalmente severo hacia Schmitt, cfr. M Lilla, *The Reckless Mind. Intellectuals in Politics*, New York, New York Review of Books, 2001, trad. it. *Il genio avventato. Heidegger, Schmitt, Benjamin, Kojève, Foucault, Derrida e i tiranni moderni*, Milán, Dalai, 2010, p. 63. El texto había sido anticipado el año anterior por C. Schmitt, "Die Verfassung der Freiheit", *Deutsche Juristen-Zeitung*, 40 (1935), 19, pp. 1133-1135, un breve comentario a las leyes de Núremberg, consideradas el acto de fundación de un nuevo concepto de libertad enclavado en la unidad espiritual del pueblo alemán. Para una rápida panorámica cfr. J. W. Bendersky, *Carl Schmitt teorico del Reich*, cit., p. 269.

[47] El texto fue publicado en C. Schmitt, "Die deutsche Rechtswissenschaft im Kampf gegen den jüdischen Geist", *Deutsche Juristen-Zeitung*, 41 (1936), 20, pp. 1193-1199, y también en las actas del congreso: cfr. Id., "Schlußwort", in *Das Judentum in der Rechtswissenschaft. Ansprachen, Vorträge und Ergebnisse der Tagung der Reichsgruppe*

sido camuflada con astucia, pero que era capaz de corromper la pureza y la cohesión de la tradición alemana. En este sentido, escribe Schmitt, un primer paso decisivo era reunir las contribuciones de los estudiosos judíos en repertorios bibliográficos *ad hoc*, así como citar las obras de tal modo que fuese inmediatamente evidente la identidad racial del autor. La intervención concluía con un llamamiento al *Führer* que aún hoy llama la atención por su tosquedad: "Reivindico cada vez más la insoslayable necesidad de leer cada frase del *Mein Kampf* de Adolf Hitler relativa a la cuestión judía"[48].

Pero a pesar de sus esfuerzos, la situación de Schmitt se volvía cada vez más precaria[49]. Como ha señalado Bendersky, en el verano de 1936 Schmitt era sometido a vigilancia activa: se inspeccionaba su correspondencia, muchos de sus colaboradores habían sido interrogados, en sus conferencias participaban habitualmente informadores de las *SS*[50]. «Es ciertamente penoso», ha lamentado Schwab, «que un pensador dotado de cualidades no comunes, como Schmitt, se haya dejado involucrar en la campaña antijudía, sobre todo en el momento en que gozaba del respeto en muchos ambientes»[51]. La dolida angustia de Schwab merece sin duda ser compartida; sin embargo, en esta fase de consolidación del régimen nacionalsocialista, Schmitt se hallaba mucho más lejos de los centros de poder de lo que había podido encontrarse en los últimos instantes de la república de Weimar. El trágico personaje de Benito Cereno –el protagonista del relato homónimo de Melville– con el que a Schmitt le gustará identificarse, es sin duda adecuado para describir su situación[52]. Schmitt era cada vez más rehén de los acontecimientos de los que, por otra parte, su

Hochschullehrer des NSRB am 3. und 4. Oktober 1936. Band I. *Die deutsche Rechtswissenschaft im Kampf gegen den jüdischen Geist*, Berlin, Deutsche Recht Verlag, (1936), pp. 28-34.

48 Cfr. J. W. Bendersky, *Carl Schmitt teórico del Reich*, cit., pp. 276-277.

49 Cfr. A. Koenen, *Der Fall Carl Schmitt. Sein Aufstieg zum 'Kronjuristen des Dritten Reiches'*, Darmstadt, Wissenschaftliche Buchgesellschaft, 1995, p. 709, recogido también en R. Gross, *Carl Schmitt and the Jews*, cit., p. 272. Probablemente, en este punto, la reconstrucción de Berdersky es menos precisa de lo habitual, cfr. J. W. Bendersky, *Carl Schmitt teorico del Reich*, cit., p. 276.

50 Cfr. J. W. Bendersky, *Carl Schmitt teorico del Reich*, cit., p. 274.

51 Cfr. G. Schwab, *Carl Schmitt. La sfida dell'eccezione*, cit., p. 198.

52 Véase por ejemplo el dolido C. Schmitt. *Glossarium. Aufzeichnungen der Jahre 1947-1951*, Berlin, Duncker & Humblot, 1991; trad. it., *Glossario*, Milán, Giuffrè, 2001, p. 79, nota relativa al 30 de noviembre de 1947. Sobre Schmitt como lector del *Benito Cereno* de Melville véase T. O. Beebee, "Carl Schmitt's Myth of Benito Cereno", *Seminar: A Journal of Germanic Studies*, 42 (2006), 2, pp. 114-134. Acerca de otros *loci* de

heterodoxia terminaba siendo sólo una de las causas concomitantes. En la línea de Arendt, hay que tener presente esa combinación de miedo y ambiciones personales en la que se basaba la hegemonía de Hitler en el *NSDAP* y en toda Alemania. El encargado de la investigación del "disidente" Schmitt era el entonces *Sturmbannführer* de las *SS* Reinhard Höhn. No era un anónimo burócrata del terror: Höhn era un ambicioso profesor de Derecho Constitucional, cuya precoz carrera académica debía mucho al partido, y también –como recuerda Ingo Hueck–, «a decisive co-founder of *völkisch* constitutional legal theory»[53]. A principios de los años treinta Höhn había mantenido estrechos contactos con Schmitt, sucumbiendo a su fascinación intelectual[54]. En cuanto el astro schmittiano comenzó a apagarse, Höhn se apresuró a distanciarse: evidentemente preveía las oportunidades que se podrían presentar una vez defenestrado el *Kronjurist*. Y si Schmitt consideraba que su participación en el congreso sobre hebraísmo en octubre de 1936 había acallado en cierto modo las sospechas que suscitaba, se equivocaba: «la 'cacería' al 'jurista de la Corona'», continuaba sin interrupción[55].

La situación se precipitó después de la publicación de un artículo de Krauss, que apareció el 10 de noviembre en las páginas de *Jugend und Recht*, la revista de la sección juvenil de la *Nationalsozialistische Rechtswahrerbund*. Se titulaba *Zum Neubau deutscher Staatslehre*, y según la intención de su autor quería ser una apasionada defensa de la obra de Schmitt: sus estudios habían contribuido de forma decisiva al nacimiento de la jurisprudencia nacionalsocialista, su trayectoria inte-

---

la producción de Schmitt en los que es tangible la atracción ejercida por Melville me permito remitir a mi F. Ruschi, *El nomos del mar*, pp. 29-36 y relativa bibliografía.

[53] Cfr. I. J. Hueck, "'Spheres of Influence and "Völkisch" Legal Thought: Reinhard Höhn's Notion of Europe", en C. Joerges, N. S. Ghaleigh (eds.), *Darker Legacies of Law in Europe: The Shadow of National Socialism and Fascism Over Europe and Its Legal Traditions*, Oxford, Hart, 2003, pp. 71-85 y especialmente p. 71.

[54] En 1935 a Schmitt se le había pedido una evaluación de la *Habilitation* de Höhn, que a lo largo del año desplazaría a Rudolf Smend de la cátedra berlinesa. Véase J. W. Bendersky, *Carl Schmitt teorico del Reich*, cit., p. 273 y, a propósito de su llegada al ateneo berlinés, cfr. R. Mehring, "The Decline of Theory", en A. Jacobson, B. Schlink (eds.), *Weimar: A Jurisprudence of Crisis*, Berkeley (Ca.), University of California Press, 2000, pp. 313-320 y especialmente p. 314.

[55] Véase G. Maschke, "L'ufficio di Rosenberg contro Carl Schmitt", cit., p. 29. Según David Cumin, la investigación del *SD* fue querida y coordinada directa y personalmente por Himmler, cfr. D. Cumin, *Carl Schmitt. Biographie politique et intellectuelle*, Editions du Cerf, Paris, 2005, pp. 169-171.

lectual era absolutamente coherente y su fidelidad al régimen estaba fuera de toda duda. Nada podía imputarse a Schmitt de su pasado: ¿Acaso no había transitado el mismo *Führer* desde la Iglesia, a través del Estado, hasta el *Reich*?[56]

La reacción de las *SS* fue inmediata, si bien no está claro el papel que ha jugado Höhn en esta fase de la ofensiva anti-schmittiana. Menos de un mes después de la publicación de *Jugend und Recht*, en las páginas de *Das Schwarze Korps* aparecen sucesivamente dos artículos que, criticando a Schmitt, ponían de manifiesto la ambigüedad intelectual, el oportunismo, la excentricidad de su producción intelectual respecto a los dogmas de la doctrina nacionalsocialista[57]. *Das Schwarze Korps*, además, no dudaba en evocar los antiguos vínculos de Schmitt con intelectuales judíos –vínculos en absoluto ocultos, como muestra la dedicatoria de la *Verfassungslehre* a la memoria del amigo Fritz Eisler–[58], para citar después pérfidamente al propio Schmitt, que en *Römischer Katholizismus und Politische Form* había escrito: «con cada cambio de la situación política parecen cambiar todos los principios excepto uno, el poder del catolicismo»[59]. Una cita, esta última, que parecía el epitafio sobre la lápida de las aspiraciones del *Kronjurist*. El hecho de que los artículos no estuviesen firmados ha llevado a Maschke ad suponer que el autor fuese el propio Gunter D'Alquen, redactor jefe de la revista, llamado a convertirse en uno de los ejes principales de la maquinaria propagandista nazi[60]. Más allá

---

[56] Cfr. G. Krauss, "Zum Neubau deutscher Staatslehre. Die Forschungen Carl Schmitts", *Jugend und Recht*, 10, 1936, pp. 252-253, al respecto J. W. Bendersky, *Carl Schmitt teorico del Reich*, cit., p. 278 y G. Maschke, "L'ufficio di Rosenberg contro Carl Schmitt", cit., p. 29.

[57] Se trataba de *Eine peinliche Ehrenrettung*, fechado 3 de diciembre de 1936 y de *Es wird immer noch peinlicher*, publicado a la semana siguiente; al respecto, una vez más, J. W. Bendersky, *Carl Schmitt teorico del Reich*, cit., p. 278 y G. Maschke, "L'ufficio di Rosenberg contro Carl Schmitt", cit., p. 29.

[58] Cfr. C. Schmitt, *Verfassungslehre*, Berlin, Duncker & Humblot, 1928. En 1913 Schmitt y Eisler habían publicado, con el seudónimo de *Johannes Negelinus, mox doctor*, un virulento librito satírico. El 27 de septiembre del año siguiente Eisler caería luchando en el frente occidental. En la literatura se ha recordado ampliamente el nexo entre Schmitt y Eisler: cfr. recientemente S. Pietropaoli, *Schmitt*, cit., pp. 26-27.

[59] Me he referido a la traducción de partes significativas de los artículos recogida en G. Schwab, *Carl Schmitt. La sfida dell'eccezione*, cit., pp. 200-203, especialmente p. 201.

[60] Cfr. G. Maschke, "L'ufficio di Rosenberg contro Carl Schmitt", cit., p. 29. Durante el nazismo *Das Schwarze Korps* era una de las revistas de mayor difusión, véase al respecto W. L. Combs, *The Voice of the SS: A History of the SS Journal 'Das*

de la importancia del autor anónimo, lo cierto es que las duras censuras de *Das Schwarze Korps* tuvieron un notable eco. Como recuerda Bendersky, pocos días después de la publicación de los artículos, el politólogo Gottfried Neese –uno de los máximos teóricos del organicismo nazi– se siente obligado a comunicar a Schmitt que los artículos habían causado un gran clamor en los ambientes del partido[61]. La burocracia ministerial tampoco perdió tiempo, dando muestra de un celo incluso sospechoso: el 20 de diciembre el presidente del *Reichs-Justizprüfungsamt (RJPrA)* Otto Palandt comunicó a Schmitt que había sido exonerado de participar en los trabajos de la comisión ministerial prevista dentro de este importante órgano[62].

La última fase del ataque a Schmitt tuvo que ver con la publicación de un *dossier* redactado en el ámbito de las comunicaciones reservadas de la oficina dirigida por Alfred Rosenberg que, como *Beauftragter des Führers für die Überwachung der gesamten geistigen und weltanschaulichen Erziehung der NSDAP* (*DBFU*), era uno de los máximos responsables de las políticas culturales del partido nacionalsocialista[63]. Se trata de un articulado informe fechado 8 de enero de 1937 –había pasado poco más de un mes desde el primer artículo aparecido en *Schwarze Korps*– que, destinado a las oficinas políticas y sobriamente titulado *Der Staatrechtslehrer Prof. Dr. Carl Schmitt*, llama la atención por la vehemencia del lenguaje, aún más sorprendente teniendo en cuenta el contexto, y por el detalle con el que reconstruye la trayectoria cultural de Schmitt[64]. Se ha planteado que el autor haya sido

Schwarze Korps', Frankfurt am Main, Peter Lang, 1986 y más recientemente M. Zeck, *Das Schwarze Korps: Geschichte und Gestalt des Organs der Reichsführung SS*, Tübingen, Niemeyer, 2002 y especialmente pp. 246-248 sobre el 'caso Schmitt'.

61 Cfr. J. W. Bendersky, *Carl Schmitt teórico del Reich*, cit., p. 280.

62 Se trataba de la oficina encargada de la regulación de las profesiones legales, sobre la cual M. Stolleis, *Geschichte des öffentlichen Rechts in Deutschland: Weimarer Republik und Nationalsozialismus*, München, Beck, 2002, pp. 341-342.

63 Respecto a la actuación de Rosenberg y su *Dienstelle* véase H. P. Rothferder, "Amt Schrifttumspflege: A Study in Literary Control", en *German Studies Review*, IV (1981), 1, pp. 63-78, y más ampliamente R. Bollmus, S. Lehnstaedt, *Das Amt Rosenberg und seine Gegner: Studien zum Machtkampf im nationalsozialistischen Herrschaftssystem*, München, Oldenbourg, 2006.

64 Cfr. la traducción al cuidado de Antonio Caracciolo, "Il docente di diritto pubblico Prof. Dr. Carl Schmitt. Documento riservato proveniente dall'Ufficio di Rosenberg", *Behemoth*, 5 (1989), pp. 31-38. Véase la valiosa contextualización incluida en G. Maschke, "L'ufficio di Rosenberg contro Carl Schmitt", cit., pp. 29-30. Bendersky habla de dos dosieres distintos, cfr. J. W. Bendersky, *Carl Schmitt teorico del Reich*, cit., p. 281.

Matthes Ziegler, singular teólogo evangélico que, tras entrar en el *Sicherheitsdienst* –donde se había reafirmado como experto en cuestiones confesionales– se había convertido en uno de los lugartenientes de Rosenberg[65]. Si esta hipótesis se confirmase, es muy probable que Ziegler actuase de *trait d'union* entre Höhn y Rosenberg: un vínculo que deja sobrentender una estrategia compartida y que devuelve a la agresión a Schmitt toda su virulencia.

El *dossier* insistía en la matriz 'romana' del pensamiento schmittiano, algo que no sorprende desde el momento en que Rosenberg, vehemente anticatólico, consideraba al catolicismo mucho más peligroso que el propio judaísmo, hasta el punto de identificarlo con el mal absoluto[66]. El texto incidía en cómo Schmitt había tenido un único punto de referencia durante toda su carrera intelectual: Roma. La «absoluta ausencia de carácter político» de sus escritos era sólo una apariencia. En el fondo, de hecho, persistía el vínculo con la Iglesia Católica, a la que «Schmitt se adhiere apasionadamente»[67]. Y ¿qué decir de sus estrechos ligámenes con la Compañía de Jesús y, sobre todo, con el padre Erich Przywara? Las confirmaciones de los «apreciados servicios de Schmitt a favor del poder del catolicismo» no faltaban, pero quizá –la alusión restaba implícita auque no por ello era menos neta– también se podía pensar en la existencia de canales más directos y menos visibles entre Schmitt y la jerarquía vaticana[68].

---

[65] Formula la hipótesis G. Maschke, "L'ufficio di Rosenberg contro Carl Schmitt", cit., p. 30. Sobre Ziegler estudioso del folclore, además de teólogo, cfr. H. Lixfeld, "Matthes Ziegler und die Erzählforschung des Amtes Rosenberg. Ein Beitrag zur Ideologie der nationalsozialistischen Volkskunde", *Rheinisches Jahrbuch für Volkskunde*, 26 (1985), pp. 37-59. Sobre el papel de Ziegler en el *Amt-Rosenberg* cfr. R. Steigmann-Gall, *The Holy Reich: Nazi Conceptions of Christianity, 1919-1945*, Cambridge, Cambridge University Press, 2003, p. 111. Acerca de Ziegler y el *SD* cfr. W. Dierker, *Himmlers Glaubenskrieger. Der Sicherheitsdienst der SS und seine Religionspolitik 1933–1941*, Paderborn, Schöningh, 2002, p. 167.

[66] Cfr. A. Rosenberg, *Der Mythus des 20. Jahrhunderts. Eine Wertung der seelisch-geistigen Gestaltenkämpfe unserer Zeit*, München, Hoeheneichen, 1930; trad. it. *Il mito del XX secolo*, Génova, Il Basilisco, 1981.

[67] Cfr. la traducción al cuidado de Antonio Caracciolo, "Il docente di diritto pubblico Prof. Dr. Carl Schmitt", cit., pp. 31-38 y especialmente p. 34. La cursiva está en el texto citado.

[68] *Ibidem*. Como es sabido, en el período comprendido entre las dos Guerras Mundiales, el padre Przywara fue el pensador católico más influyente en los países de lengua alemana. Para contextualizar las acusaciones a Schmitt, puede ser útil referirse a P. Tommissen, "Carl Schmitt - metajuristisch betrachtet. Seine Sonderstellung im katholischen Renouveau des Deutschlands der Zwanziger Jahre", *Criticon*, 30 (1975),

Rosenberg, o alguien por él, como ha señalado Maschke, no hacía más que desempolvar el *topos* de la 'conjura de los jesuitas', seguro de «obtener el efecto deseado en los ánimos de los más simples compañeros de partido»[69]. La conclusión del texto era menos original: después de haber dado a entender la existencia de lazos oscuros entre Schmitt y el Vaticano, el anónimo autor retomaba el habitual arsenal polémico que la dogmática nazi había utilizado ya con distinto éxito en relación a Schmitt: desde la crítica a la noción de orden concreto, hasta la aversión por su presidencialismo, considerado desde el punto de vista conceptual el último bastión de Weimar. Todo se apoyaba en el trasfondo del acostumbrado *refrain* anticatólico[70].

El informe de la Oficina de Rosenberg, releído hoy, puede parecer incluso *naive*, pero eso no quita que cuando empezó a circular representase un golpe terrible para Schmitt, que podía incluso poner en peligro su incolumidad personal. Pero su eficacia fue limitada, desde el momento en que ya a finales de diciembre de 1936, Schmitt había dimitido de todo encargo institucional, conservando únicamente el cargo de miembro del Consejo de Estado prusiano –ya meramente honorífico puesto que este órgano había dejado de reunirse– y la cátedra universitaria[71]. Fue una decisión tempestiva, aunque dolorosa. Frank, que habría tenido que protegerlo, había roto rápidamente, sin embargo, todo vínculo con Schmitt: el anuncio con el que el editor de la *Deutsche Juristen-Zeitung* informaba de la dimisión de su director, parecía una necrológica[72]. También en este caso Schmitt había sido víctima de la combinación letal de miedo y *voluptas potestatis*[73]: viendo caer a su *protégé* Frank había comprendido inmediatamente que Schmitt podía arrastrarlo con él fácilmente.

---

pp. 177-184; trad. it. "Carl Schmitt e il 'renouveau' cattolico nella Germania degli anni Venti", *Storia e politica*, 14 (1975), 4, pp. 481-500.

69 Cfr. G. Maschke, "L'ufficio di Rosenberg contro Carl Schmitt", cit., p. 30. Sobre la persistencia del *topos* mencionado en el dosier cfr. R. Healy, *The Jesuit Specter in Imperial Germany*, Leiden, Brill, 2003.

70 Cfr. "Il docente di diritto pubblico Prof. Dr. Carl Schmitt", cit., pp. 35-38.

71 Cfr. S. Pietropaoli, *Schmitt*, cit., p. 109.

72 El texto está parcialmente disponible en G. Maschke, "L'ufficio di Rosenberg contro Carl Schmitt", cit., p. 29.

73 Sobre el hecho de que estas son las coordenadas de Schmitt como *Kronjurist* insiste Lanchester, releyendo a Bendersky: cfr. F. Lanchester, "Carl Schmitt: un giurista scomodo (a proposito di un volume di Joseph Bendersky)", *Rivista trimestrale di diritto pubblico*, (1980), 1, pp. 154-170 luego en Id., *Momenti e figure del diritto costituzionale in Italia e Germania*, Milán, Giuffrè, 1994, pp. 221-241.

Sobre todo porque precisamente en aquel momento el ministro de Justicia Franz Gürtner parecía próximo a dimitir y Frank, que hacía tiempo que aspiraba a sustituirlo, necesitaba absolutamente el apoyo de Himmler[74]. Fue sobre todo la intervención de Göring, preocupado por el extraordinario poder de las *SS* dentro del partido, lo que silenció las acusaciones[75]. Pero el precio fue la definitiva dimisión de Schmitt de todo organismo institucional. Desde Lucerna, donde la rápida caída del *Kronjurist* se había seguido con comprensible satisfacción, la *Deutsche Briefe*, citando al Schiller de *Die Verschwörung des Fiesco zu Genua*, comentó con mofa: «Der Mohr hat seine Arbeit getan, der Mohr kann gehen!»[76].

Realmente no faltaron las secuelas: el *Nationalsozialistischer Deutscher Studentenbund* –la liga de los estudiantes nacionalsocialistas–, no contento con su dimisión pidió que Schmitt dejase también la cátedra universitaria[77]. En septiembre de 1937 el *Amt-Rosenberg* hizo publicar en la revista *Bücherkunde* un desquiciado ataque a Schmitt, firmado por el iuspublicista Hellmut Merzdorf. Y todavía dos años después era Gustav Berger quien, si bien de un modo menos fervoroso, denunciaba la orientación católica de Schmitt[78]. Pero entonces ya se había hecho lo que había que hacer. A Schmitt sólo le quedaba la vía del 'exilio interno', el retorno a los clásicos – en primer lugar Hobbes, y no por casualidad– y comprometerse con campos del saber hasta entonces poco sondeados, como la filosofía del derecho internacional[79].

---

[74] Se trata de un punto generalmente minusvalorado sobre el que, en cambio, se insiste en P. Noack, *Carl Schmitt. Eine Biographie*, Berlin, Propyläen, 1993, p. 201. Por lo demás, Bendersky también destaca que las reacciones de Frank, limitadas a una carta privada enviada a D'Alquen e Himmler, no fueron nada impetuosas: cfr. J. W. Bendersky, *Carl Schmitt teorico del Reich*, cit., pp. 280-281.

[75] Bendersky se refiere a una carta enviada a D'Alquen y fechada 21 de diciembre de 1936. Cfr. J. W. Bendersky, *Carl Schmitt teorico del Reich*, cit., p. 283.

[76] Extraído de F. Schiller, *Die Verschwörung des Fiesco zu Genua*, acto tercero, escena cuarta.

[77] Véase D. Cumin, *Carl Schmitt*, cit., p. 180.

[78] Al respecto cfr. G. Maschke, *L'ufficio di Rosenberg contro Carl Schmitt*, cit., p. 30.

[79] Sobre esto véase por todos D. Zolo, "La profezia della guerra globale", en C. Schmitt, *Il concetto discriminatorio di guerra*, Roma-Bari, Laterza, 2008, pp. v-xxxii.

HANNAH ARENDT: HACIA UNA FENOMENOLOGÍA DEL TOTALITARISMO

CRISTINA SÁNCHEZ MUÑOZ
Profesora Titular de Filosofía del Derecho
Universidad Autónoma de Madrid

Sumario: 1. Introducción.- 2. ¿Orígenes o elementos del totalitarismo?.- 3. Novedad y singularidad del totalitarismo: terror y fábricas de la muerte.- 4. La sociedad totalitaria: la extensión del mal banal.

1 Introducción

En 1951, Hannah Arendt publica en Estados Unidos *Los orígenes del totalitarismo,* casi una década después de que comenzara a escribirlo. A lo largo de esos años, la elaboración de la obra y su contenido cambió varias veces[1]. En su redacción se fueron sumando la documentación que iba apareciendo a propósito de funcionamiento real del régimen totalitario alemán, y muy especialmente, del funcionamiento de los campos de concentración. El resultado final es

---

[1] Este trabajo se realiza dentro del marco del Proyecto de Investigación I+D FFI2012-31635 "Los residuos del mal en las sociedades postotalitarias: respuestas desde una política democrática", financiado por el Ministerio de Economía y Competitividad (2013-2015). Agradezco a Evaristo Prieto y a Wolfgang Heuer sus comentarios a este artículo, que han enriquecido la versión final del mismo. Tal y como nos cuenta su biógrafa, Elisabeth Young-Bruehl, en *Hannah Arendt,* Ed. Alfóns el Mágnanim, Valencia, 1993, pp. 265 y ss.

una obra monumental, compleja, no lineal en su argumentación, y en donde la autora exhibe una extensa erudición de la historia social del siglo XIX así como un trabajo ingente de documentación de la etapa nacionalsocialista. Como señala Jerome Kohn, parte de la dificultad de esta obra se debe a la superposición de un intento normativo de ofrecer un *concepto* de totalitarismo por un lado y una descripción *histórica* del régimen totalitario nazi y estalinista[2]. Su análisis abre una serie de perspectivas sobre el totalitarismo que van más allá de señalar las características de un tipo de régimen concreto. Así, en esta obra aparecen dibujadas cuestiones que no han dejado de plantearse hasta nuestros días y en donde el pensamiento arendtiano ha servido de estímulo para el análisis y para la comprensión del mismo: temas como la explicación del mal político extremo, la posibilidad de cambiar la naturaleza humana, la complicidad y participación de la población en la violencia o la cesura histórica frente a la violencia genocida expresan lo que Simona Forti ha denominado "los espectros contemporáneos del totalitarismo", mostrándonos la pertinencia de seguir analizando estas cuestiones desde nuestro presente.[3]

Cuando Arendt publica su libro, éste se suma ya a un incipiente debate acerca del significado del término "totalitarismo"[4]. Recordemos

---

[2] Jerome Kohn, "Arendt´s Concept and Description of Totalitarianism", *Social Research*, vol. 69, n.2, verano 2002. Como se ha señalado numerosas veces, Arendt se concentró en el análisis del nazismo, pero no del estalinismo, debido a la mayor accesibilidad a las fuentes documentales alemanas y a que el fenómeno totalitario alemán, como acontecimiento histórico había finalizado en el momento de la publicación del libro, pero no así el estalinismo, fenómeno que intentó estudiar posteriormente, en su proyecto de investigación "Totalitarian Elements in Maxism", que no llegaría a realizarse finalmente. (véase la introducción de Jerome Kohn al número especial de *Social Research* dedicado al libro, bajo el título "The Origins of Totalitarianism: Fifty Yeras Later", vol. 69, n. 2, verano 2002. Hay traducción de estos manuscritos de Arendt, en edición de Agustín Serrano de Haro: *Karl Marx y la tradición del pensamiento político occidental*, Ed. Encuentro, Madrid, 2007).

[3] Simona Forti, *El totalitarismo: Trayectoria de una idea límite*, Herder, Barcelona, 2008.

[4] Acerca de la aparición del término –como neologismo– tanto Enzo Traverso como Simona Forti señalan su origen en los antifascistas italianos. Giovanni Amendola, en este sentido, lo utilizaría para describir el régimen de Mussolini, indicando con este término un nuevo rumbo del régimen y de la vida pública. Posteriormente, es el mismo Mussolini el que adopta la palabra, en 1925, para indicar los objetivos del fascismo: "Esa meta se define como nuestra de feroz voluntad totalitaria". Para Giovanni Gentile, el Estado totalitario fascista se define como un régimen en el que "Todo está en el Estado, y no hay nada humano y espiritual que tenga valor fuera del Estado". (Vid. Simona

en este punto algunas de las obras que ya habían aparecido: en 1942, Franz Neumann había publicado su *Behemoth. Structure and Practice of National-Socialism,* en donde definía el nacionalsocialismo como un "no-Estado"; en París, en 1938, Raymond Aron comenzaba a analizar las características del régimen totalitario, que culminaría años después, en su obra *Democratie et Totalitarisme* (1958)[5]. En una línea parecida a la de Neumann, en el sentido de poner en cuestión la racionalidad y el orden del estado nacionalsocialista, Ernst Fraenkel publicaría en 1941 *Der Doppelstaat,* y en 1942, Sigmund Neumann publica *Permanent Revolution,* incidiendo en el carácter de perpetuo movimiento del régimen totalitario, cuestión también tratada por Arendt.

Por consiguiente, *Los orígenes del Totalitarismo* viene a profundizar en algunas cuestiones que ya habían sido planteadas, y a descubrir y problematizar otras nuevas. Una de ellas, que marca en gran medida el debate de los años cuarenta, es la continuidad o disrupción del régimen totalitario respecto a la democracia liberal. Para Arendt, como veremos, no hay una relación de causalidad entre los elementos precedentes en el siglo XIX y principios del XX y la irrupción del régimen totalitario. Pero es cierto que todos estos autores, incluida la propia Arendt, intentan responder a las perplejidades que les planteaba un régimen que parecía ser diferente al autoritarismo prusiano o a otras formas de autoritarismo precedentes. ¿Cómo explicar un régimen que logra el apoyo entusiasta de las masas pero que al mismo tiempo implanta el terror como forma de gobierno? ¿Se puede explicar sólo atendiendo a la figura de un líder carismático? ¿Podemos caracterizarlo por la privación de derechos? ¿Hay una racionalidad en todo el proceso de implantación del régimen totalitario, o por el contrario, como indica Franz Neumann es el Behemoth, la descomposición de todo orden? Lo que perciben todos estos autores es que están ante algo distinto –sino nuevo, como en el caso de Arendt– y que no se trata de una cuestión de graduación: no es un autoritarismo exacerbado o más violento, sino que implica cambios más profun-

---

Forti, *El totalitarismo: trayectoria de una idea límite,* op. cit. pp. 35-51) y Enzo Traverso, *El totalitarismo,* Eudeba, Buenos Aires, 2001, pp. 29-45).

5 Raymond Aron haría la reseña de *Los orígenes del Totalitarismo* en 1954, para la revista *Critique.* Encontramos un minucioso análisis comparativo entre Arendt y Aron en la obra de Peter Baehr *Hannah Arendt, Totalitarianism and the Social Sciences,* Standford University Press, Standford, 2010.

dos y complejos, no sólo en nuestra manera de entender la política, sino en nuestra manera de entender la condición humana. Mientras que algunos autores presentan el totalitarismo como la antítesis del liberalismo, Arendt caracteriza este régimen por un cambio más profundo y más radical: como un régimen que pretendió –y consiguió– eliminar la pluralidad inherente a la condición humana

La polisemia del término hace que en el debate acerca del totalitarismo se entrecrucen a lo largo de las décadas (de los 40 al final de la Guerra Fría) tanto una discusión acerca de los orígenes de ese tipo de régimen en términos de continuidades o rupturas de lo político, como un interés por determinar los elementos constitutivos del régimen totalitario, a fin de poder reconocer y comparar distintos regímenes totalitarios entre sí, fundamentalmente nazismo y estalinismo[6]. En ese camino, de la historia a los sistemas, cobra una relevancia particular la obra de Carl Friedrich y Zbigniew Brzezinski en su clásico *Totalitarian Dictatorship and Autocracy* (1956), que tendría una influencia decisiva en las escuelas posteriores, y en donde se presentan los elementos constitutivos del totalitarismo dentro de un esquema estático. Para estos autores, este esquema comprendía 1) una ideología oficial compulsiva para los ciudadanos. 2) Un partido único, burocrático y jerárquico, conducido por un líder. 3) Una policía terrorista. 4) Monopolio de las comunicaciones. 5) Monopolio de las armas. 6) Una economía centralizada. Este esquema –denominado también como "el síndrome de los seis puntos"– fascinaría a la Ciencia Política norteamericana de los 50 y 60s que debatiría ampliamente la pertinencia de esta tipología. Confrontado con este esquema, el propósito de Arendt se revela más ambicioso: no se trataría sólo de describir las características del sistema político –cuestión que ella también aborda– sino de analizar los cambios, rupturas o continuidades que el totalitarismo ha provocado en la sociedad, en nuestra manera de concebir la política y las relaciones entre los individuos.

---

[6] Traverso señala cómo a partir de los 50, el concepto de totalitarismo se convirtió en una ideología apologética del orden occidental, identificado con EEUU. El concepto reflejaría así un arduo debate ideológico impregnado de las consecuencias políticas de la Guerra Fría. "Antitotalitarismo" pasó a identificarse con "anticomunismo", al tiempo que se dejaba libre de toda crítica a los sistemas occidentales como defensores de la libertad (Vid. Enzo Traverso, op. cit, pp. 75-95)

2. ¿Orígenes o elementos del totalitarismo?

El término "orígenes" presente en el título del libro dio lugar a interpretaciones que situaban la obra dentro del marco de un análisis histórico (del antisemitismo, del imperialismo y del totalitarismo alemán)[7]. Sin embargo, Arendt no pretendió escribir una historia del totalitarismo, sino que, como ella misma señala en una réplica a Eric Voegelin:

> "Escribí un análisis (del totalitarismo) en términos de historia (...) El libro no trata realmente los "orígenes" del totalitarismo –como el título desafortunadamente parece anunciar– sino que proporciona un relato histórico de los *elementos que cristalizan* en el totalitarismo, este relato es seguido de un análisis de la *estructura elemental* de los movimientos totalitarios y de la dominación totalitaria"[8].

En ese relato, Arendt analiza lo que a su juicio constituyen los problemas políticos no resueltos de la Modernidad. No hay unos "orígenes" en términos de inevitabilidad histórica o determinismo, tema en el que Arendt pone especial énfasis en aclarar, diferenciándose con ello de otros tipos de análisis como los mantenidos por Adorno y Horkheimer en *La dialéctica de la Ilustración*. La confluencia de una serie de elementos, que no son en sí mismos totalitarios –como el imperialismo– pero que fueron usados como base del totalitarismo, es lo que hace posible su emergencia. Esos elementos, presentes en el mundo moderno, constituyen las corrientes subterráneas de la Historia occidental, y emergen conjuntamente en el vacío político y social creado por la Primera Guerra Mundial. El totalitarismo no es por tanto un producto propio únicamente de la cultura alemana, no hay para Arendt en este sentido, un *Sonderweg* alemán. El peso de los elementos que contribuyen a la aparición del totalitarismo se inclina más en su análisis hacia el lado del capitalismo imperialista y sus prácticas genocidas en la colonización africana, unido al despojamiento de derechos de grandes masas de población en Europa con los tratados de minorías, antes que al Romanticismo alemán o a

---

[7] Así por ejemplo, en la reseña que realiza Eric Voegelin del libro (*Review of Politics*, vol. 15, 1, Enero de 1953).

[8] Réplica de Arendt a Voegelin, contenida en *Review of Politics*, vol. 15, 1, Enero de 1953, p. 78 (cursivas añadidas).

algunos rasgos de la cultura alemana[9]. Ya en 1945, en un artículo titulado "el problema alemán", Arendt cuestionaba la existencia de tal "problema", que identifica la patología del totalitarismo como una patología alemana: "se engaña a la gente a creer que el aplastamiento de Alemania es sinónimo de la erradicación del fascismo. De esta forma se posibilita el cerrar los ojos ante la crisis europea, que en modo alguno se ha superado y que es lo que hizo posible la conquista del continente". De igual manera, tampoco podemos recurrir a una supuesta responsabilidad de la tradición filosófica alemana en la victoria del nazismo[10]. En este sentido, apunta:

> "El nazismo no debe nada a ninguna parte de la tradición occidental, sea germana o no lo sea, sea católica o protestante, sea cristina, griega o romana. Ya prefiramos a Tomás de Aquino, Maquiavelo, Lutero, Kant, Hegel o Nietzsche (...) el caso es que ninguno de ellos tiene la más mínima responsabilidad por lo que está ocurriendo en los campos de concentración. En términos ideológicos, el nazismo empieza sin ninguna base en la tradición en absoluto, y sería mejor percatarse del peligro que entraña esta radical negación de toda tradición, que fue el rasgo principal del nazismo desde su comienzo"[11].

Como señala Margaret Canovan, Arendt se aparta en este punto de las tesis de una continuidad cultural, social y política entre la so-

---

[9] Véase, en este sentido, Margaret Canovan, *Hannah Arendt. A Reinterpretation of her Political Thought*, Cambridge University Press, Cambridge, 1992, pp. 17-23.

[10] Tema tratado por Agustín Serrano de Haro en "Totalitarismo y filosofía", *Isegoría*, 23, 2000.

[11] Hannah Arendt, "Aproximaciones al ´problema alemán´", originalmente publicado en *Partisan Review*, XII, 1, Invierno 1945. Reimpreso en Hannah Arendt, *Ensayos de comprensión, 1930-1954*, Caparrós editores, Madrid, 2005, p. 137. Sin embargo, lo que sí reprocha Arendt, en este artículo y en otros, es la implicación y complicidad de algunos intelectuales con el régimen: "Más de dos y más de tres de esos académicos sobresalientes hicieron todo lo que estaba en sus manos para proveer a los nazis de ideas y técnicas: de entre estos fueron prominentes el jurista Carl Schmitt, el teólogo Gerhard Kittel, el sociólogo Hans Freyer, el historiados Walter Frank y el filósofo Martin Heidegger (...) Así, mientras que es totalmente cierto que más de dos y de tres respetables profesores alemanes ofrecieron voluntariamente sus servicios a los nazis, es igualmente cierto que los nazis no hicieron uso de sus "ideas" –lo que para estos caballeros fue más bien un *schock*–. Los nazis tenían sus propias ideas, y lo que necesitaban eran técnicas y técnicos sin ideas en absoluto, o educados desde un principio sólo en las ideas nazis", en Hannah Arendt, "La imagen del Infierno" (1946), publicado originalmente en *Commentary*, II, 3, y editada en Hannah Arendt, *Ensayos de comprensión, 1930-1954*, op. cit. pp. 249.

ciedad alemana previa al totalitarismo y su emergencia[12]. El rechazo de Arendt a la categoría de causalidad histórica le hace ser especialmente cautelosa respecto a cualquier atisbo de justificación *ex post* del totalitarismo: "La causalidad –nos dice– es una categoría enteramente extraña y falseadora en las ciencias históricas. No sólo el verdadero significado de todo acontecimiento trasciende siempre cualquier conjunto de "causas" pasadas que podamos asignarle (...), sino que el pasado mismo sólo viene a existir con el acontecimiento mismo (...) el acontecimiento ilumina su propio pasado; nunca puede deducirse de éste"[13]. Es por tanto el totalitarismo –a juicio de Simona Forti– el que nos hace mirar atrás, y reconocer el potencial totalitario de los acontecimientos –de las prácticas políticas y sociales– de finales del XIX y principios de XX[14].

Los *elementos* del totalitarismo componen entonces su "estructura oculta"[15], unos elementos que juegan el papel de ser los laboratorios en los que se ensayarán las soluciones totalitarias –muy claramente en el caso del racismo y el imperialismo–. Esos elementos son: antisemitismo, decadencia del estado-nación, racismo, expansión imperialista, alianza entre el capital y el populacho[16]. El antisemitismo, a su juicio, no jugó un papel esencial, en el totalitarismo alemán, sino instrumental. No podemos trazar una línea de continuidad entre el antisemitismo moderno y el antisemitismo premoderno teñido del odio religioso a los judíos[17]. El antisemitismo moderno cumple el papel de ser un elemento amalgamador de los otros elementos que ella identifica: la alianza entre capital y populacho, la decadencia del estado-nación, el racismo y el imperialismo. Pero, sobre todo, cabe destacar en su análisis del antisemitismo moderno la pérdida de las

---

12 Margaret Canovan, *Hannah Arendt. A Reinterpretation of her Political Thought*, op. cit., p. 23.

13 Hannah Arendt, "Comprensión y política", publicado en 1953, en *Partisan Review*, XX, 4, y editado en los *Ensayos de comprensión, 1930-1954*, op. cit. p. 386. En este mismo texto, posterior a *Los orígenes del Totalitarismo*, señala "Los elementos del totalitarismo encierran en sí sus orígenes si por "orígenes" no entendemos "causas": los elementos por sí solos no causan nada". (p. 387, *infra*)

14 Simona Forti, *Totalitarismo: Trayectoria de una idea límite*, op. cit. p. 77.

15 Hannah Arendt, Réplica a Voegelin, op. cit. p. 78.

16 Las tres partes en las que está dividido el libro *Los orígenes del Totalitarismo* son: Antisemitismo, Imperialismo y Totalitarismo. Se cita por la edición de Alianza Editorial, tres volúmenes, Madrid, 1982. (En adelante citada como OT)

17 Véase en este sentido, el análisis de Margaret Canovan en *Hannah Arendt. A Reinterpretation of her Political Thought*, op. cit, en gran medida seguido en estas líneas.

condiciones sociales de los judíos en el siglo XIX, y las consecuencias políticas de las situaciones de exclusión social, verdaderos precursores del totalitarismo posterior. En ese análisis, Arendt destaca cómo la asimilación de los judíos se logró al precio de ser admitidos no como iguales, sino como excepciones, como los "judíos excepcionales", diferenciados del pueblo judío "ordinario"[18]. Esto posibilitó el que los judíos tuviesen que elegir entre ser advenedizos –*parvenus*– o parias sociales[19]. Es precisamente esa figura del paria, esto es, de personas apartadas del mundo común compartido, despojadas de los vínculos sociales y políticos de la comunidad, la que se muestra en los pasos previos a la instauración del totalitarismo en el poder. La creación de grandes masas de personas parias –sin sociedad que les proteja, y sin derechos, sin pertenencia a ningún estado-nación– por medio de las políticas de los tratados de minorías de principios del S. XX, supone, en este sentido, la antesala del triunfo del régimen totalitario. Es en este sentido en el que podemos hablar de unos elementos, presentes en las sociedades democráticas, que cristalizan en el régimen totalitario.

Sin duda, el imperialismo –con todas sus características– es el elemento en el que Arendt observa una suerte de "laboratorio" para el genocidio posterior[20]. El elemento fundamental del imperialismo –que Arendt diferencia del nacionalismo– es la "expansión por la expansión", esto es, un nuevo tipo de política orientada al dominio de nuevos territorios y poblaciones, guiada por un interés económico de la burguesía capitalista[21]. Se trata por tanto, de un fenómeno econó-

---

[18] Esto creaba la paradoja de que se les exigía ser y no ser judíos. En palabras de Arendt, "Lo que la sociedad no judía requería era que el recién llegado estuviese "educado" como elle misma y que, aunque no se comportara como un "judío ordinario", fuese y produjese algo fuera de lo ordinario, dado que, al fin y al cabo era un judío". (Arendt, *OT*, op. cit., vol. 1, p. 83)

[19] Analizo las implicaciones políticas de la figura del paria y del advenedizo en Cristina Sánchez Muñoz, *Hannah Arendt. El espacio de la política*, Centro de Estudios Políticos y Constitucionales, Madrid, 2003. pp. 231-241.

[20] El interés temprano de Arendt en las consecuencias políticas del imperialismo para el triunfo del totalitarismo lo encontramos ya en artículos de 1946, como "Imperialism: Road to Suicide", *Commentary*, 1, 4. (Vid. Roy T. Tsao, "The Three Phases of Arendt´s Theory of Totalitarianism", *Social Research*, vol. 69, n. 2, 2002, pp. 582 y ss.)

[21] "Evitó a la burguesía las consecuencias de la mala distribución y revitalizó su concepto de la propiedad en una época en que la riqueza ya no podía ser utilizada como un factor en la producción dentro del marco nacional y en la que había llega-

mico de consecuencias políticas. Las prácticas políticas de la expansión imperialista en África legitimaban ya los rasgos que aparecerían muy visiblemente en el totalitarismo: uso de la violencia sobre grandes masas de población, deshumanización del otro, superfluidad y eliminación física de la población "sobrante" y papel relevante de la burocracia administrativa en las masacres[22]. En la lucha imperialista por África en el S XIX, el racismo, como ideología dominante del imperialismo, se alía con la burocracia en su carrera por la expansión. Así, aparecen tanto la figura del burócrata imperialista, en la India como en África, como la del agente secreto a cargo de los Servicios Secretos británicos. En los rasgos principales de sus actuaciones encontramos ya elementos proto totalitarios: el secretismo de sus actuaciones, sin publicidad, y la consideración de la población nativa como meros instrumentos para otros fines.

Las experiencias políticas de la expansión en África están pues ya teñidas de consecuencias nefastas, que pueden ser resumidas de la siguiente manera: en primer lugar, el encuentro con pueblos diferentes se realiza bajo condiciones de explotación; por medio de la violencia se crea un grupo deshumanizado y despojado de derechos y, en segundo lugar, se quiebra el principio moderno de universalidad de la ley, al no reconocer la administración colonial como ciudadanos a una gran parte de la población, y crear distintos tipos de sujetos jurídicos. Las "matanzas administrativas" –término utilizado por Arendt[23]– se utilizaron como medio de pacificación: el exterminio de los hotentotes por los Boers o las masacres de Leopoldo II en el Congo normalizaron el exterminio como instrumento político[24]. Al mismo tiempo, los nativos también serían utilizados como materia

---

do a chocar con el ideal de producción de la comunidad en su conjunto". Hannah Arendt, *OT*, vol. 2, p. 211

[22] Arendt señala, en este sentido, cómo los campos de concentración no son privativos del totalitarismo, sino que ya existían antes, concretamente, hicieron su primera aparición durante la guerra de los Boers. (Vid. "Las técnicas de las ciencias sociales y el estudio de los campos de concentración", en Hannah Arendt, *Ensayos de comprensión, 1930-1954*, op. cit. p. 289)

[23] En OT, vol. 2, p. 193.

[24] Resultan significativas, las palabras de T. E. Lawrence, en 1920, recogidas por Arendt, al referirse a la pacificación en Oriente Próximo "El bombardeo de las viviendas es un medio poco eficaz de alcanzar a las mujeres y a los niños...Mediantes ataques con gas, toda la población de los distritos en rebeldía quedaría barrida; y cómo método de gobierno no sería más inmoral que el sistema presente". Citado en Arendt,, OT, vol. 2, p. 193.

prima, viviendo los Boers de ellos "como se puede vivir de los frutos de los árboles silvestres"[25], no hay rastro pues de humanidad en una población sobre la que ya no se reconoce el freno moral del reconocimiento de lo humano[26].

Además de este imperialismo colonial, Arendt también analiza el imperialismo al interior de Europa, plasmado en los panmovimientos continentales –germano y eslavo– apoyados en un racismo tribal o étnico. En estos casos, la expansión no era por motivos económicos, sino por la unidad tribal. En ellos se destaca la idea de un "alma innata" de origen pseudo místico en los habitantes de un territorio, la afirmación de una comunidad rodeada y amenazada por enemigos, y la hostilidad al sistema de partidos[27]. El crecimiento de estos panmovimientos se producía al tiempo que también tenía lugar la decadencia del Estado-Nación, produciéndose una confluencia desastrosa: la rápida desintegración de este último después de la Primera Guerra Mundial llevaba aparejada la pérdida de la estructura formal del Estado como garante de los derechos. Pero sobre todo, se produce la pérdida de la protección de los derechos humanos, de tal manera que los únicos derechos reconocidos pasarán a ser los derechos de ciudadanía, derechos cada vez más restringidos a los nacionales, identificados en gran medida con mayorías étnicas. La Nación, en este caso, ganaba la partida al Estado, "el interés nacional tenía prioridad sobre la ley mucho tiempo antes de que Hitler pudiera declarar "justo es lo que resulta bueno para el pueblo alemán"[28].

La situación creada por los tratados de minorías después de la Primera Guerra Mundial expone claramente esa nueva situación de ingentes masas de personas sin estado y sin derechos. De nuevo, nos encontramos aquí con uno de los primeros pasos que conducen a la instauración y triunfo del régimen totalitario, en ese sentido de "elementos" en los que cristaliza o que amalgaman el totalitarismo. Los tratados de paz crearon dos grupos de personas al margen del

---

[25] Arendt, OT, vol. II, p. 261

[26] El análisis de Arendt del imperialismo ha despertado recientemente un nuevo interés académico, que extiende su argumentación a las políticas actuales en el marco de la globalización. Como ejemplo de estas interpretaciones, véase Richard King y Dan Stone (Eds.) *Hannah Arendt and the Uses of History. Imperialism, Nation, race and Genocide*, Berghahn Books, Nueva York, 2007.

[27] Arendt, OT,vol. II, op. cit. pp. 293-341.

[28] Arendt, OT, vol. II, p. 352.

derecho: las minorías y los apátridas, obligados a vivir o bien bajo una ley de excepción de los tratados para minorías, o bien bajo la más absoluta ilegalidad. "Aquellos –señala Arendt– a quienes el perseguidor había singularizado como la escoria de la Tierra –judíos, trotskista, etc.– fueron recibidos en todas partes como escoria; aquellos a quienes la persecución había calificado de indeseables se convirtieron en los *indeserables* de Europa"[29]. La situación de los apátridas, en ese marco, nos muestra más ferozmente que el caso de las minorías, las consecuencias políticas de esos elementos del totalitarismo. Mayoritariamente se encontraban en esa situación personas desnacionalizadas. La práctica de la desnacionalización era moneda habitual en las democracias de los años 30[30]. La desnacionalización en masa, señala Arendt, "Presuponía una estructura estatal que, si todavía no era totalitaria, al menos no toleraba oposición alguna y prefería perder a sus ciudadanos que albergar a personas con diferentes puntos de vista"[31]. La presencia de millones de "personas desplazadas", como pasó a denominárseles, constituía un problema político de primer orden, pero en vez de procurar una solución política, la mayoría de los Estados optaron por convertirlo en un problema policial: "Esta fue la primera vez que la policía de Europa occidental recibió autoridad para actuar por su cuenta, para gobernar directamente a las personas (...) Cuanto mayor era la proporción de apátridas efectivos y de apátridas en potencia con respecto a la población en general –en la Francia de la preguerra había alcanzado un 10 por ciento del total–, mayor era el peligro de una transformación gradual en un Estado policía"[32].

Por tanto, esas masas de personas privadas de un reconocimiento social, político y jurídico, se mostraban como superfluas y prescindibles para los Estados. ¿Qué hacer con ellas? En los estados democráticos "el único sustitutivo práctico de una patria inexistente era un campo de internamiento. Desde luego, en fecha tan temprana como la década de los años 30, éste era el único "país" que el mundo po-

---

[29] Arendt, OT, vol. II, p. 345.

[30] Arendt pone aquí como ejemplo Francia, en 1915, Portugal en 1916, Italia, en 1926, Austria en 1933 y, finalmente, Alemania en 1933 (Vid. OT,vol. II, p. 356, infra).

[31] Arendt, OT, vol. II, p. 355.

[32] Arendt, OT, vol. II, p. 365.

día ofrecer al apátrida"[33]. En los regímenes totalitarios, los campos de exterminio ofrecerían la "solución" a las masas superfluas: "Antes de hacer funcionar las cámaras de gas –señala Arendt– los nazis habían estudiado atentamente el problema y descubierto con gran satisfacción que ningún país había reclamado a aquella gente"[34]. Por ello, como apunta irónicamente, comentando su propia condición de apátrida en Francia y posteriormente en Estados Unidos, "al parecer nadie quiere saber que la historia contemporánea ha creado una nueva clase de seres humanos: la clase que es confinada en campos de concentración por sus enemigos y en campos de internamiento por los amigos"[35].

Todos estos elementos analizados arrastran por tanto, problemas no resueltos, a los que se les dará una solución totalitaria. En sí misma, la superfluidad no es –no tiene porqué ser– necesariamente totalitaria, ni los movimientos nacionalistas tribales o la expansión imperialista económica. Pero esos elementos gestaron "soluciones" que portaban ya características totalitarias, como la violencia ejercida contra grandes masas de población o la deprivación masiva de derechos. El legado del siglo XIX en términos de "corrientes subterráneas de la historia" afloró cuando un partido totalitario en el poder entendió que, en realidad, las condiciones para hacer efectiva la máxima totalitaria "todo es posible" ya estaban dadas y aceptadas por la sociedad.

3. Novedad y singularidad del totalitarismo: terror y fábricas de la muerte

A lo largo de sus ensayos sobre el totalitarismo, Arendt repite incesantemente la tesis de la radical novedad del totalitarismo. Esa novedad se plasma en un nuevo tipo de Gobierno y en lo que podríamos denominar, siguiendo a algunos autores, una "ruptura antropológica", esto es, la transformación de la especie humana en los campos de exterminio[36]. Desde este punto de vista, la singularidad del totalitaris-

---

33 Arendt, OT, vol. II, p. 362.

34 Arendt, OT, vol. II, p. 374.

35 Hannah Arendt, "Nosotros los refugiados" (1943), Publicado en Hannah Arendt, *Tiempos presentes*, Gedisa, Barcelona, 2002, p. 11.

36 Vid. Enzo Traverso, op. cit.

mo[37] radicaría en la aniquilación no sólo de las personas a una escala masiva, sino en la aniquilación de aquello que constituye la propia condición humana: la singularidad del individuo, su capacidad para la acción espontánea y el reconocimiento en una pluralidad. Por consiguiente, su novedad no se plasma en una comparación cuantitativa –por otro lado odiosa e indeseable– respecto a otras víctimas de violencias, ni en una jerarquización y olvido de las violencias del pasado. No hay lo que se ha denominado "la rivalidad de las víctimas"[38].

La cuestión de la singularidad del Holocausto, tesis que Arendt anticipa[39], ocupa buena parte del debate de los historiadores del mundo contemporáneo[40]. Para autores como Saul Friedländer, el régimen nazi alcanzó un límite respecto a otras violencias cuando decidió que había grupos que no podían vivir[41]. En el mismo sentido, Eberhard Jäckel señala que la singularidad radica en que un estado decidiese que un grupo humano debiera ser eliminado en su totalidad, allá donde se encontrase, incluso fuera de las fronteras del propio estado, y que aplicase para ello todos los medios a su alcance. Para Enzo Traverso, se trata de definir una especificidad que puede resumirse de la siguiente manera: "El genocidio judío es el único de la historia que ha sido perpetrado con el fin de remodelar biológicamente a la humanidad, el único completamente desprovisto de naturaleza instrumental, el único en el que el exterminio de las víctimas no fue un medio, sino un fin en sí"[42]. Por consiguiente, un biopoder –en términos foucaultianos– decide elaborar una nueva humanidad,

---

37 El uso del término "Holocausto" es posterior a la publicación de *Los orígenes del Totalitarismo.* Se populariza en los sesenta. Arendt no lo utilizó tampoco en *Eichmann en Jerusalén.* El término empleado por ella a lo largo de su obra es "solución final".

38 Vid. Jean-Michael Chaumont, *La concurrence des victims,* La Découverte, París, 1997. Citado por Enzo Traverso en "La singularidad de Auschwitz. Un debate sobre el uso público de la historia", *Revista Cuicuilco. Escuela Nacional de Antropología e Historia,* Mayo-Agosto, vol. 11, n. 31, 2004.

39 Tal y como lo señala Hans Mommsen en "Hannah Arendt´s Interpretation of the Holocaust as a Challenge to Human Existence: The Intellectual Background", en Steven E. Aschheim, *Hannah Arendt in Jerusalem,* University of California Press, Los Ángeles, 2001, p. 227.

40 Véase un buen resumen y comentario de este debate en Reyes Mate, *Por los campos de exterminio,* Ed. Anthropos, Madrid, 2003.

41 Saul Friedländer, *¿Por qué el Holocausto?* Gedisa, Barcelona, 2004.

42 Traverso, "La singularidad de Auschwitz. Un debate sobre el uso público de la Historia", op. cit. p. 2.

ejecutando la ley de la naturaleza o la ley de la historia[43]. Como señala Arendt, "la política totalitaria afirma transformar a la especie humana en portadora activa e infalible de una ley, a la que de otra manera, los seres humanos sólo estarían sometidos pasivamente y de mala gana"[44]. La radical novedad del totalitarismo descansa entonces en la máxima "todo es posible"[45]: la transformación de la realidad, la transformación de la misma naturaleza humana sin ningún propósito ulterior de corte instrumental, sino entendido como la finalidad misma del gobierno totalitario. Si esta ruptura antropológica –la transformación de lo humano, la erradicación de la pluralidad– supone la novedad y el rasgo diferenciador respecto a otras formas de gobierno violentas –la tiranía, la dictadura, el régimen autoritario– la singularidad se plasma en los campos de concentración y en su función antiutilitaria. Por ello, por esta radical singularidad, Arendt señala años más tarde, en el juicio a Adolf Eichmann, que los crímenes cometidos iban más allá de ser crímenes contra el pueblo judío. Constituían un nuevo tipo de crimen que el tribunal no fue capaz de vislumbrar: el crimen contra la humanidad, pues lo que estaba en juego era la humanidad misma. Eichmann era por tanto, a juicio de Arendt, no el enemigo de los judíos, sino *hostis humani generis*[46].

Lo que hace del régimen totalitario una nueva forma de gobierno es que el principio que mueve sus acciones es el terror total. No se trata de la irrupción de la violencia espontánea contra la población. La violencia, al fin y al cabo, está presente en otras formas de gobierno. El terror totalitario tiene una serie de características que le distinguen de otros tipos de violencia. En su análisis de lo distintivo –y novedoso– del totalitarismo, Arendt se apoya en la distinción que realiza Montesquieu entre los principios de la acción inherentes a las distintas formas de gobierno para dilucidar cuál sería en su caso ese principio en el totalitarismo. Para Montesquieu, en una

---

43 Véase Michael Foucault, *Historia de la sexualidad*, Vol. 1: *La voluntad de saber* (Siglo XXI, Buenos Aires, 2003), donde define el biopoder como "la explosión de técnicas diversas y numerosas para obtener el sometimiento [*assujettissement*] de los cuerpos y el control de las poblaciones. Se abre así la época del biopoder».

44 Arendt, OT, vol. III, p. 597.

45 Arendt toma esta máxima de David Rousset: "los hombres normales no saben que todo es posible", en Hannah Arendt, "Las técnicas de la ciencias sociales y el estudio de los campos de concentración" (1950), recogido en Ensayos de comprensión 1930-1954, op. cit. p. 296.

46 Arendt, *Eichmann en Jerusalem*, Ed. Lumen, Barcelona, 1999.

república el principio de acción es la virtud, en una monarquía es el honor, y en la tiranía el temor[47]. Virtud, honor y miedo "no son meramente motivos sicológicos, sino los propios criterios según los cuáles se dirige y juzga toda la vida pública"[48], reflejan, por tanto experiencias humanas primarias. El terror, como principio de la acción de gobierno, es algo nuevo en la historia de los diferentes regímenes políticos conocidos. Constituye la base del totalitarismo, supone "un modo de vida que da por descontada la completa impotencia del individuo y que, con total independencia de sus acciones o sus méritos, prevé para él, ora la victoria, ora la muerte, una carrera profesional o un fin en un campo de concentración"[49]. El terror totalitario es una forma de terror distinta del terror revolucionario o del terror tiránico. En primer lugar, es un terror que no se detiene en el tiempo. No hay un punto final, todo el sistema se mantiene en un movimiento permanente. En este sentido, el terror revolucionario, por ejemplo, finaliza cuando el nuevo poder constituyente toma efectivamente las riendas o, en el caso de otros tipos de terror, éste finaliza cuando la oposición política ha sido aniquilada. Sin embargo, el terror totalitario no acaba cuando el régimen totalitario ha alcanzado el poder. El ejercicio del mismo se lleva a cabo por organizaciones especializadas –las SS y la Gestapo– caracterizadas en un primer momento por el secretismo de sus actuaciones, por la especialización de sus funciones y por la rigurosa selección de sus miembros. Estas organizaciones ejercen y aumentan el terror aun cuando los enemigos políticos del régimen hayan sido eliminados. Es un terror, por consiguiente, "que no se dirige ni contra sospechosos ni contra enemigos del régimen; sólo puede volverse ya contra personas absolutamente inocentes"[50]. Pero sobre todo, y como segunda característica del terror totalitario, el que sea un terror que no tiene un final nos muestra que escapa a la categoría medios-fines: este tipo de terror no es un medio para alcanzar un fin ulterior –la toma del poder, la eliminación de los enemigos etc.– Por ello también, es un terror que contradice todo cálculo de

---

47 Arendt, "De la naturaleza del totalitarismo. Ensayo de comprensión" (1953), editado en Arendt, *Ensayos de comprensión, 1930-1954*, op. cit. pp. 397 y ss.

48 Arendt, "De la naturaleza del totalitarismo. Ensayo de comprensión", p. 399.

49 Arendt, "De la naturaleza del totalitarismo. Ensayo de comprensión", p. 429.

50 Arendt, "Los hombres y el terror" (1953) recogido en *Ensayos de comprensión* 193-1954, op. cit. p. 361.

utilidad. Como Arendt afirma repetidamente a lo largo de los ensayos de estos años, los campos de concentración tienen un carácter marcadamente anti utilitario[51], reflejado en el hecho "de no permitir que ni siquiera las emergencias militares máximas interfirieran en estas "políticas demográficas". Era como si los nazis estuviesen convencidos de que más importante que la guerra era administrar fábricas de exterminio"[52]. Por último, el terror totalitario se caracteriza por ser un terror que está "dentro de la ley". No es una violencia ejercida en los márgenes de la ley, en un estado de ilegalidad, sino que la ley misma es la expresión y el vehículo del terror. Arendt pone repetidamente como ejemplo la figura jurídica de la "custodia preventiva". Esta consistía en la detención *sine die* de individuos sospechosos o "antisociales", sin que hubiesen cometido una acción antijurídica. Con ello se establecía una de las características más importantes del derecho penal nacionalsocialista: el delito se definía no por una acción realizada, sino por lo que se era, o por el peligro de llegar a serlo, creando con ello identidades de por sí criminales, sin posibilidad de redención[53]. Otro ejemplo –este no mencionado por Arendt– es el llamado Decreto *Noche y niebla*, de 1941, por medio del cual se legitimaba la desaparición forzosa de personas que pusieran en riesgo la seguridad de Alemania en los territorios ocupados. Los prisioneros serían trasladados a Alemania, donde serían completamente aislados del mundo exterior, sin información sobre

[51] Así, por ejemplo, en "Las técnicas sociales y el estudio de los campos de concentración", op. cit. Su descripción de un terror no utilitario concuerda también con la que hace Primo Levi de la violencia en los campos de exterminio (Véase *Los hundidos y los salvados*, El Aleph, Barcelona, 1989, pp. 137 y ss). Hay que señalar aquí que Arendt en sus ensayos de los años cuarenta habla indistintamente de campos de concentración y exterminio, pero en los escritos posteriores, como este que estamos citando, de 1950, "Las técnicas sociales y el estudio de los campos de concentración", diferencia entre unos y otros.

[52] Ibidem, p. 284. Daniel Goldhagen, entre otros, también atribuye este carácter anti-utilitario no sólo a los campos, sino también a las "marchas de la muerte" de los últimos meses de la guerra, en las que se evacuaron los prisioneros de los campos cercanos al frente para hacerles marchar hacia campos situados en el interior de Alemania. Para Goldhagen las marchas estaban alimentadas por un motivo ideológico: el antisemitismo eliminacionista extendido a la población alemana. Para Arendt, sin embargo, se trataría del propio movimiento totalitario en sí mismo, más allá de una ideología concreta.

[53] Recordemos, además, que los primeros campos de concentración –no de exterminio- antes de la guerra, se ocuparon con esos detenidos mediante la custodia preventiva, como fue el caso de Buchenwald.

la marcha de su proceso ni a ellos ni a sus familiares. El propósito era pues, el terror total como principio de acción estatal, siendo el Estado, en este caso, la representación del poder absoluto del soberano sobre la vida y la muerte[54].

La máxima expresión de ese terror totalitario serán los campos de exterminio, denominándolos Arendt "fábricas de la muerte" para resaltar su carácter de producción de cuerpos. El universo concentracionario descrito por Arendt se apoya en los testimonios documentales de David Rousset (*Les jours de notre mort*, 1947), Eugen Kogon (*The Theory and practice of Hell*, 1956), Bruno Bettelheim, "On Dachau and Buchenwald", 1938), y la compilación de informes de supervivientes polacos *The Dark Side of the Moon*, 1947. Para ella son los laboratorios donde los internos "eran rebajados a su mínimo común denominador de la propia vida orgánica, sumidos en el más oscuro y hondo abismo de la igualdad primaria, como ganado, como materia, como cosas que no tuviesen cuerpo ni alma, siquiera una fisonomía en que la muerte pudiese estampar su sello"[55]. En términos muy parecidos encontramos análisis interpretativos del *Lager*, como los de Agamben, al hablarnos este autor de la figura del *homo sacer* como aquel cuya vida puede ser eliminada impunemente y reducida a nuda vida[56]. Efectivamente, y de acuerdo con Arendt, la "imagen del infierno" que nos devuelve el *Lager* es la de una marco de gestión y administración de la nuda vida, de aquella vida desnuda despojada de cualquier valor de lo humano, reducida a un mero haz de reacciones ante los estímulos más básicos. Por ello, "lo que está en juego en los campos de exterminio es la naturaleza humana como tal"[57]. En este sentido es en el que ella apunta lo siguiente:

> "La dominación totalitaria se alcanza cuando la persona humana, que de algún modo es siempre una mixtura particular de espontaneidad y condicionamiento, ha sido transformada en un ser total-

---

[54] Este decreto, una de las formas más efectivas de terror, inspiraría posteriormente a los regímenes dictatoriales en Chile y en Argentina en la desaparición forzada de personas, conocidos como "prisioneros noche y niebla".

[55] Arendt, "La imagen del infierno", op. cit. p. 246.

[56] Vid. Giorgio Agamben, *Lo que queda de Auschwitz. Homo sacer III*, Pretextos, Valencia, 2000.

[57] Arendt, OT, vol. III, p. 592.

mente condicionado, cuyas reacciones pueden calcularse incluso en el momento de ser llevada a una muerte segura"[58].

Las fábricas de la muerte, de esta manera, constituyeron un "crimen contra la Humanidad", en donde la ideología antisemita no juega el papel de ser el elemento clave, pues, recordemos, la eliminación física de personas no se extendía únicamente a los judíos, sino que comienza con el programa Action T4, ya en 1939, y la eliminación de enfermos incurables, niños con taras hereditarias o adultos improductivos, en un programa de auténtica biopolítica de control de la población. A decir de Arendt, "Ni el destino de la judería europea ni el establecimiento de fábricas de la muerte puede por entero explicarse y captarse en términos de antisemitismo. Ambos trascienden el modo de razonar antisemita, así como los motivos políticos, sociales y económicos que están detrás de la propaganda de los movimientos antisemitas. El antisemitismo se limitó a preparar el terreno para hacer más fácil el exterminio de pueblos al empezar por el pueblo judío"[59]. Desde este punto de vista, como señala Fina Birulés, lo que carece de precedentes en el totalitarismo no es su contenido ideológico, sino el mismo acontecimiento de la dominación total[60].

Los campos de exterminio aparecen desprovistos de un sentido utilitario, de acuerdo con la idea de "terror total" como un fin en sí mismo, y como el laboratorio en los que se experimenta la consecución de la dominación total. Esa dominación se alcanzó con éxito al lograr la destrucción de la individualidad misma, "organizando la pluralidad y diferenciación infinitas de los seres humanos como si al Humanidad fuese justamente un individuo (...) de tal manera que los individuos pudiesen intercambiarse entre sí al azar"[61]. Los prisioneros del *Lager* son reducidos a las reacciones más elementales –ante el frío, el calor, el dolor...–, y su comportamiento, a semejanza del perro de Pavlov, se hace previsible, controlable y moldeable. Y es la afirmación de esa ruptura antropológica, de ese cambio radical en la naturaleza humana plasmado en el lema totalitario "Todo es

---

[58] Arendt, "Las técnicas de las ciencias sociales y el estudio de los campos de concentración", op. cit. p. 295.

[59] Arendt, "Las técnicas de las ciencias sociales y el estudio de los campos de concentración", p. 287.

[60] Fina Birulés, *Una herencia sin testamento: Hannah Arendt*, Herder, Barcelona, 2007, p. 48.

[61] Arendt, OT, vol. III, p. 569.

posible", lo que, sin duda, diferencia la perspectiva arendtiana del totalitarismo sobre otras más centradas en rasgos sistemáticos del gobierno totalitario, a la vez que nos muestra la originalidad de su planteamiento.

La descripción que Arendt hace del universo concentracionario ha sido corroborada posteriormente con las narrativas de los supervivientes, destacando muchos de los aspectos que ella expone: la creación de un "antimundo" aislado del mundo exterior, que acrecienta el sentimiento de irrealidad, ese sentimiento que refleja tan bien Primo Levi al recordar las palabras de los SS a los prisioneros:

> "De cualquier manera que termine esta guerra, la guerra contra vosotros la hemos ganado; ninguno de vosotros quedará para dar testimonio de ella, pero incluso si alguno lograra escapar el mundo no lo creería. Tal vez haya sospechas, discusiones, investigaciones de los historiadores, pero no podrá haber ninguna certidumbre, porque con vosotros serán destruidas las pruebas. Aunque alguna prueba llegase a sobrevivir, la gente dirá que los hechos que contáis son demasiado monstruosos para ser creídos: dirá que son exageraciones de la propaganda aliada, y nos creerá a nosotros, que lo negamos todo, no a vosotros. La historia del *Lager*, seremos nosotros quien la dicte"[62].

Los campos son denominados por Arendt "pozos del olvido", un olvido organizado institucionalmente, en los que "están prohibidos el dolor y el recuerdo"[63]. En ellos, la muerte carece ya de significado: "arrebataron al individuo su propia muerte, demostrando por ello que nada le pertenecía y que él no pertenecía a nadie. Su muerte simplemente pone un sello sobre el hecho que en realidad nunca había existido"[64].

Toda esta realidad totalitaria conseguida finalmente en los campos de exterminio, borraba las habituales distinciones entre hacer el bien o hacer el mal, pues la única elección posible en el *Lager* era hacer el mal, quitar la gorra al amigo para salvar la propia vida a costa de la suya[65]; establecía una complicidad conscientemente organizada, extendida también a las víctimas, "hallándose constantemente

62 Primo Levi, *Los hundidos y los salvados*, op. cit. p. 9.
63 Arendt, OT, vol. III, pp. 584 y ss. y 593.
64 Arendt, OT, vol. III, p. 585.
65 Véase Primo Levi, *Si esto es un hombre*, El Aleph, 6ª edición, 2003

enturbiada la línea divisoria entre el perseguidor y el perseguido, entre el asesino y su víctima"[66].

Es esa etapa final del totalitarismo donde surge lo que Arendt identifica como "el mal radical". Este es un tipo de mal nuevo, "que ha emergido en relación con un sistema en el que todos los hombres se han tornado igualmente *superfluos*"[67]. Volver superfluos a los individuos supone eliminar en ellos cualquier rastro de impredecibilidad y espontaneidad. La superfluidad, como apunta Richard Bernstein, es uno de los temas recurrentes en *Los orígenes del Totalitarismo*, así como en los ensayos correspondientes a esa época[68]. Lo importante es destacar aquí como la experiencia de masas de personas superfluas ya era previa al dominio totalitario, tal y como hemos apuntado en páginas anteriores. Refugiados, apátridas y minorías formaban parte ya de esa población desplazada, tratada por los estados como superflua y prescindible. De nuevo, pues, el régimen totalitario se encontraba con un camino ya allanado para dar el paso siguiente: la eliminación física masiva.

El mal radical, por consiguiente, se identifica con ese propósito de transformar la naturaleza humana, eliminando la espontaneidad y la pluralidad, y haciendo que la superfluidad sea un hecho. En esto consiste esa terrible novedad del totalitarismo. Arendt, en este sentido, lleva su análisis a las experiencias totalitarias, a indagar qué es lo que nos muestran esas experiencias. Y sin duda, por el contrario de lo que sostienen otros intérpretes del totalitarismo, lo que se muestra es la aniquilación absoluta de la política, no su hipertrofia, la eliminación de la pluralidad como condición de toda vida política y de la capacidad de comenzar nuevas acciones –la natalidad política en términos arendtianos–. Su análisis, por tanto, explora una fenomenología del totalitarismo que examina cuestiones que trascienden la elaboración de una tipología del mismo, indicando con ello cómo el totalitarismo introduce en la sociedad experiencias inéditas de aniquilación de lo político y de la condición humana.

---

66 Arendt, OT, vol. III, p. 585. Sin duda, la referencia de Primo Levi a la "zona gris" resulta prácticamente igual a la descripción de Arendt. (Vid. Primo Levi, *Los hundidos y los salvados*, op. cit.)

67 Arendt, OT, vol. III, p. 593. Cursivas añadidas.

68 Richard Bernstein, *El mal radical*, Ed. Fineo, Buenos Aires, 2005, p. 307.

4. La sociedad totalitaria: la extensión del mal banal

La dominación total lograda en los campos de exterminio representa la última etapa de un proceso de exclusión social, política y jurídica de grupos masivos de personas. Tal y como señala Raul Hilberg, la destrucción de los judíos se produce mediante un proceso gradual de políticas eliminacionistas. Sin entrar ahora en el debate intencionalistas-funcionalistas en torno a si la Solución Final estaba ya planeada y decidida desde etapas tempranas del régimen, o si este se vió enfrentado a decisiones que le condujeron a un camino no lineal ante situaciones de cuello de botella[69], sí que quiero señalar no obstante cómo Arendt, en cualquier caso, sí establece una secuencia en el camino hacia la dominación total que desemboca en los campos de exterminio. Como por otro lado, también han señalado posteriormente otros estudiosos tanto del Holocausto como de otros genocidios, éstos no se producen espontáneamente –a la manera de un progromo–, sino que se desarrollan como un proceso acumulativo en el que intervienen diferentes factores: ideología, propaganda, estructura política, papel de las élites…y cómo en ese proceso de destrucción y eliminación, la actuación –o la inacción– de la población juega un papel importante

El primer paso que analiza Arendt en esa secuencia de aniquilación es la destrucción de la persona jurídica. En este supuesto, la privación de derechos no se produce únicamente con el totalitarismo en el poder. Como hemos visto, precisamente una de las antesalas de dominio sobre los individuos es situarlos fuera de la ley. Los procesos de desnacionalización en este sentido, cobran aquí una máxima relevancia, pues normalizan las situaciones de exclusiones de derechos: "Ello se logra, por un lado, colocando a ciertas categorías de personas fuera de la protección de la ley y obligando al mismo tiempo al mundo no totalitario, a través del instrumento de la desnacionalización, al reconocimiento de la ilegalidad"[70]. En segundo lugar, una vez que los individuos han dejado de tener un reconocimiento jurídico por parte del Estado y de las demás naciones[71], se elimina cualquier rasgo

---

[69] Para ello véase el trabajo de Evaristo Prieto contenido en esta obra.

[70] Arendt, OT, vol. III, p. 579.

[71] Recordemos en ese sentido cómo en la Conferencia de Evian (1938) la gran mayoría de los países allí reunidos decidieron no admitir a los judíos expulsados de Alemania dentro de sus fronteras.

de la personalidad moral del individuo: en circunstancias totalitarias, "la alternativa del individuo ya no se plantea entre el bien y el mal, sino entre el homicidio y el homicidio"[72]. El régimen totalitario hace extremadamente difícil la libre elección de acciones, presentando el mal como el único escenario posible. El último paso en esta escala de destrucción es, como hemos visto, la destrucción de la individualidad en los campos de exterminio, destrucción que supone el punto final en un proceso de deshumanización que comienza antes de que el régimen totalitario se alce con el poder.

Una de las cuestiones fundamentales que se plantea Arendt, y que diferencia su análisis del de otros autores que han estudiado el régimen totalitario, es el del papel de la sociedad en el mantenimiento del totalitarismo, en la aceptación de esos pasos hacia la destrucción. El totalitarismo, en este sentido no sólo supone una forma de gobierno inédita y con unas características concretas, sino que también produce un tipo de sociedad, la sociedad totalitaria, en la que la complicidad de la población y la aceptación de la violencia es la tónica general: "Desde luego, la población y los miembros del partido especialmente, conocen todos los hechos generales: que existen campos de concentración, que desaparecen personas, que son detenidas personas inocentes"[73]. Lo que es singular del totalitarismo es la expansión del ejercicio del terror a la población, el hecho de que se involucrase a las personas corrientes en la máquina de expulsión y exterminio de los judíos. La política totalitaria, en este sentido, "ha conseguido hacer depender la existencia de cada individuo de que o cometa crímenes, o sea cómplice de crímenes"[74]. Al analizar esa complicidad anónima, Arendt adelanta ya la tesis que mantendrá en escritos posteriores: no podemos sostener una *culpabilidad* colectiva del pueblo alemán, pero sí una *responsabilidad colectiva*. Para Arendt la culpabilidad es siempre individual, producto de acciones voluntarias e intencionales[75]. Como señala Enzo Traverso, sus importantes reflexiones

---

72 Arendt, OT, vol. III, p. 585.

73 Arendt, OT, vol. III, p. 566.

74 Arendt, "Culpa organizada y responsabilidad universal", en *Ensayos de comprensión 1930-1954*, op. cit. p. 156

75 En "Culpa organizada y responsabilidad individual". Esto es lo que señala la teoría del derecho penal acerca de la existencia de la culpa: la necesidad de que exista voluntariedad, intencionalidad y violación de una regla jurídica. Es por tanto, estrictamente personal y hace referencia a una acción u omisión

sobre la responsabilidad, escritas al final de la guerra, encuentran un reflejo en el conocido ensayo de Karl Jaspers *El problema de la culpa*, de 1946[76]. En él, Jaspers distingue cuatro tipos de culpa: criminal, política, moral y metafísica. La culpa política es la que da lugar a una "responsabilidad de todos los ciudadanos por las consecuencias de las acciones estatales"[77]. Por tanto, hay una responsabilidad vicaria, lo mismo que en Arendt, como responsabilidad colectiva. Sin embargo, el régimen totalitario intentó extender una culpabilidad colectiva sobre todo el pueblo alemán, haciéndole cómplice de sus crímenes. Y eso fue posible porque supieron aprovechar el derrumbe moral presente en la sociedad, la destrucción ya existente del espacio público, la situación de aislamiento de las personas, y una sociedad atomizada, de tal manera que, señala Arendt, "Himmler ha construido conscientemente toda su novísima organización de terror, que abarca todo el país, sobre la asunción de que la mayoría de las personas no son bohemios ni fanáticos, no son aventureros ni maníacos sexuales ni sádicos, sino que son, en primer lugar y ante todo, empleados y buenos cabezas de familia"[78]. Lo que resulta verdaderamente nuevo y pavoroso es la participación "de todo un pueblo en la vasta máquina de asesinato administrativo en masa"[79], haciendo que "todo el mundo es, o un verdugo, o una víctima o un autómata que avanza sobre los cadáveres de sus camaradas". El hacer partícipes y responsables como engranajes de una inmensa maquinaria de muerte a una gran mayoría, es lo que para Arendt constituye el triunfo del régimen totalitario y, en este sentido, lo que la élite nazi supo captar es que para lograr esa participación y responsabilidad no necesitaban ni asesinos natos, ni cómplices convencidos, ni tan siquiera nazis convencidos, tan sólo personas dispuestas a no pensar, a no "ponerse en el lugar de los otros", siguiendo la máxima kantiana, y a salvaguardar su mundo.

Ese aniquilamiento moral se introdujo en toda la sociedad, tanto en los verdugos como en las víctimas, en los testigos indiferentes de lo que ocurría y en los ejecutores complacientes. Posteriormente a los análisis de Arendt, historiadores como Eric Johnson, Robert

---

[76] Traverso, *La historia desgarrada. Ensayo sobre Auschwitz y los intelectuales*, Herder, Barcelona, 2000, p. 88.

[77] Jaspers, K., *El problema de la culpa*, Barcelona, Paidós, 1998, p. 54.

[78] Arendt, "Culpa organizada y responsabilidad universal" en *Ensayos de comprensión, 1930-1954*, op. cit. p. 161.

[79] Ibid.

Gellatelly o Christopher Browning han señalado también la importancia de la tolerancia y la colaboración de los alemanes corrientes, de los "hombres grises" en la persecución de los judíos: las delaciones fueron una práctica habitual, la aceptación de la propaganda antisemita fue un fenómeno ampliamente extendido, así como la aceptación moral del uso de la violencia[80]. En ello, sin duda, jugó un importante papel la ideología ya que, como señala Arendt, por medio de la ideología se rompen todas las relaciones con la realidad: "El objeto ideal de la dominación totalitaria no es el nazi convencido o el comunista convencido, sino las personas para quienes ya no existe la distinción entre el hecho y la ficción (es decir, la realidad de la experiencia) y la distinción entre lo verdadero y lo falso (es decir, las normas del pensamiento)"[81]. Lo que la ideología hace es sustituir el espacio común público en el que podemos validar nuestras experiencias e identidades intersubjetivamente, aniquilando, de esta manera, nuestro *sensus communis*, por un mundo ficticio tejido en torno a una ficción mantenida como la única realidad no contestable. En esa complicidad anónima se expresaba lo que bien podríamos denominar un *mal banal colectivo*. Este tipo de mal era posible gracias a algunos rasgos insertos en las sociedades modernas –aunque con mayor presencia en la sociedad alemana– que hicieron factible la deriva fatal hacia esa banalidad colectiva. Por consiguiente, podríamos decir –siguiendo a Arendt– que ciertas tendencias en las sociedades contemporáneas facilitan o vehiculan la aparición de ese mal banal colectivo[82]. Entre esas tendencias Arendt señala fundamentalmente la despreocupación del individualismo burgués por la vida pública y el aislamiento en sus intereses privados como uno de los principales móviles de la complicidad colectiva. En este sentido, Himmler sería,

---

80 Acerca de la cuestión de la extensión del conocimiento de los alemanes de los hechos que estaban ocurriendo, y su colaboración y complicidad con los mismos, véase, además del polémico libro de Goldhagen *Los verdugos voluntarios de Hitler*, los de Eric Johnson *El terror nazi: la Gestapo, los judíos y el pueblo alemán*, Barcelona, Paidós, 2002; Robert Gellatelly, *No sólo Hitler. La Alemania nazi entre la coacción y el consenso*, Crítica, Barcelona, 2002 y Christopher Browning, *Aquellos hombres grises*, Barcelona, Edhasa, 2002.

81 Arendt, OT, vol. III, p. 610.

82 En el mismo sentido se expresa Salvador Giner en "La primacía moral de la política", *Claves de la Razón Práctica*, n. 168, 2006. Aurelio Arteta extrae también de las tesis arendtianas sobre la responsabilidad de los espectadores importantes consecuencias para nuestro presente político en su libro *Mal consentido. La complicidad del espectador indiferente*, Alianza Editorial, Madrid, 2010.

según Arendt, el artífice de una vasta maquinaria administrativa de muerte que supo aprovechar ese "declive del hombre público", incorporando en ella las características de ese hombre burgués: la docilidad, el conformismo y su preocupación, como buen *paterfamilias*, por la seguridad de los suyos a cualquier precio: "un hombre así estaba listo a sacrificar sus creencias, su honor y su dignidad humana"[83]. El individuo burgués, para Arendt, es el hombre-masa contemporáneo, refugiado en la confortabilidad y seguridad de su propia esfera privada. En él y en su ignorancia y desapego de la virtud cívica y de la importancia del espacio público compartido, encontramos el fermento apropiado para un conformismo social y político propio de las sociedades de masa contemporáneas, como por otra parte ya habían denunciado otros autores de la época[84]. Unido a esa ausencia de un mundo común, otro de los factores que hacen posible la emergencia de esa banalidad colectiva es el aislamiento, contemplado por Arendt como uno de los síntomas de las sociedades actuales. El hombre-masa vive aislado en "la triste opacidad de su vida privada", inmerso en un solipsismo moral y político. El triunfo del totalitarismo en Europa fue posible en gran medida porque se encontró una sociedad compuesta por individuos aislados, sin vínculos sociales o políticos entre sí: "Sólo individuos aislados pueden ser dominados totalmente. Hitler fue capaz de construir su organización sobre el suelo firme de una sociedad ya atomizada, que él entonces atomizó artificialmente todavía más (...) Con los términos "sociedad atomizada" e "individuos aislados" significamos un estado de cosas en que las personas viven juntas sin tener nada en común, sin compartir ningún

[83] Arendt, OT, vol. III, p. 162. No debemos, sin embargo, confundir esta crítica a las condiciones en las que las sociedades modernas desarticulan los vínculos sociales y políticos entre los individuos, con una crítica al liberalismo y a la democracia liberal en este punto. A lo largo de su obra, Arendt apoya una versión republicana de la ciudadanía que enfatiza las virtudes cívicas y una ciudadanía que actúa en un espacio público (Vid. Fernando Vallespín, "Hannah Arendt y el republicanismo", en Manuel Cruz (ed.) *El siglo de Hannah Arendt*, E. Paidós, Barcelona, 2006.) De nuevo, hay que resaltar en este punto y en este sentido, que Arendt no establece causalidades directas, sino que apunta a las condiciones que hacen posible el triunfo del totalitarismo.

[84] No podemos saber si Arendt leyó a Ortega, pero sí a Heidegger y su crítica a la inautenticidad y a Jaspers y *El hombre en la época moderna* (1951) En este sentido, Arendt se alinea con la literatura de esos años sobre la sociedad masa. Pero en lo que sí que se diferencia de los exponentes existencialistas de esa literatura es que ella se centra en las consecuencias *políticas* del triunfo del individuo masa aislado, consecuencias que vienen de la mano de la eliminación de la pluralidad humana.

ámbito visible y tangible del mundo"[85]. Ese aislamiento, definido por ella como "la enfermedad de nuestro tiempo", que los regímenes totalitarios supieron aprovechar a su favor, facilitó la destrucción de la esfera pública y la ampliación de mecanismos de control sobre individuos que no tenían ahora más referencia del mundo que ellos mismos. Los individuos aislados y atomizados, pendientes de sus intereses vitales, son incapaces ya de pensar y de ejercer el juicio. Y esa incapacidad de pensar es precisamente, lo que ella denomina "mal banal", un tipo de mal "que no tiene raíces, ni profundidad"[86], un mal instalado y aceptado ya cotidianamente de una manera rutinaria, y que no requiere de grandes malhechores para ponerlo en marcha. Conformismo, obediencia e inacción serían, como señala Simona Forti, los nuevos atributos del mal[87].

Más de medio siglo después de la publicación de *Los orígenes del totalitarismo*, podemos decir que el alcance de su obra sigue teniendo una enorme actualidad y vigencia. El totalitarismo dejó al descubierto lo fácilmente que se podían cambiar las reglas morales y políticas de una sociedad por otras radicalmente opuestas, así como los elementos y los pasos previos para alcanzar la dominación total. Arendt, como hemos visto en estas páginas, nos presenta un cuadro en el que están implicadas no sólo las élites del partido, sino también la población. La manera en la que las sociedades –nuestras sociedades– y la cultura política afrontan cuestiones como la exclusión social, la destrucción del espacio público, la presencia de masas superfluas de población o el reconocimiento de derechos, constituyen esos elementos que no tienen por qué desembocar necesariamente en una salida totalitaria, pero que nos deben hacer estar alerta ante la advertencia arendtiana: "Las soluciones totalitarias pueden muy bien sobrevivir a la caída de los regímenes totalitarios bajo la forma de fuertes tentaciones, que surgirán allí donde parezca imposible aliviar la miseria política, social o económica en una forma valiosa para el hombre"[88].

---

[85] Arendt, "De la naturaleza del totalitarismo. Ensayo de comprensión", en *Ensayos sobre la comprensión*, op. cit. p. 429.

[86] Carta de Arendt a Gershom Scholem de 24 de Julio de 1963, recogido el intercambio epistolar a propósito de la publicacón de Eichman en Jerusalem, en Fina Birulés (ed.) *Hannah Arendt. Una revisión de la historia judía y otros ensayos*, Ed. Paidós, Barcelona, 2005.

[87] Simona Forti, *El totalitarismo: Trayectoria de una idea límite*, op. cit. p. 27.

[88] Arendt, OT, vol. III, p. 593.

Bibliografía

AGAMBEN, Giorgio, *Lo que queda de Auschwitz. Homo sacer III*, Pretextos, Valencia, 2000.

ARENDT, Hannah, "Culpa organizada y responsabilidad universal", en *Ensayos de comprensión, 1930-1954.*

ARENDT, Hannah, "De la naturaleza del totalitarismo. *Ensayo de comprensión", en Ensayos de comprensión, 1930-1954.*

ARENDT, Hannah, "Las técnicas sociales y el estudio de los campos de concentración", en *Ensayos de comprensión, 1930-1954.*

ARENDT, Hannah, "Los hombres y el terror", en *Ensayos de comprensión, 1930-1954.*

ARENDT, Hannah, "Nosotros los refugiados" (1943), Publicado en Hannah Arendt, *Tiempos presentes*, Gedisa, Barcelona, 2002.

ARENDT, Hannah., "Aproximaciones al problema alemán", en *Ensayos de comprensión, 1930-1954.*

ARENDT, Hannah., "La imagen del infierno", en *Ensayos de comprensión, 1930-1054.*

ARENDT, Hannah., *Ensayos de comprensión, 1930-1954*, Caparrós editores, Madrid, 2005.

ARENDT, Hannah, *Los orígenes del totalitarismo*, Alianza Editorial, 3 volúmenes, Madrid, 1982.

BAEHR, Peter, *Hannah Arendt, Totalitarianism and the Social Sciences*, Standford University Press, Standford, 2010.

BENHABIB, Seyla, *Politics in Dark Times. Encounters with Hannah Arendt*, Cambridge University Press, Cambridge, 2010.

BERNSTEIN, Richard, *El mal radical*, Ed. Fineo, Buenos Aires, 2005.

CANOVAN, Margaret,, *Hannah Arendt. A Reinterpretation of her Political Thought*, Cambridge University Press, Cambridge, 1992.

FORTI, Simona, *El totalitarismo: Trayectoria de una idea límite*, Herder, Barcelona, 2008.

JASPERS, Karl., *El problema de la culpa*, Barcelona, Paidós, 1999.

KING, Richard y STONE, Dan (Eds.) *Hannah Arendt and the Uses of History. Imperialism, Nation, Race and Genocide*, Berghahn Books, Nueva York, 2007.

KOHN, Jerome "Arendt´s Concept and Description of Totalitarianism", *Social Research*, vol. 69, n.2, verano 2002.

LEVI, Primo, *Los hundidos y los salvados*, El Aleph, Barcelona, 1989.

MOMMSEN, Hans, "Hannah Arendt´s Interpretation of the Holocaust as a Challenge to Human Existence: The Intellectual Background", en Steven E. Aschheim, *Hannah Arendt in Jerusalem*, University of California Press, Los Ángeles, 2001.

SÁNCHEZ MUÑOZ, Cristina, *Hannah Arendt. El espacio de la política*, Centro de Estudios Políticos y Constitucionales, Madrid, 2003.

SÁNCHEZ MUÑOZ, Cristina, "Responsabilidad política en la construcción de lo público. Reflexiones a partir de Hannah Arendt", en María Teresa Muñoz (Comp.) *Pensar el espacio público. Ensayos críticos desde el pensamiento arendtiano*, Ed. Universidad Intercontinental, México, 2011.

SERRANO DE HARO, Agustín, "Totalitarismo y filosofía", *Isegoria* 23, 2000.

TRAVERSO, Enzo, "La singularidad de Auschwitz. Un debate sobre el uso público de la historia", *Revista Cuicuilco. Escuela Nacional de Antropología e Historia*, Mayo-Agosto, vol. 11, n. 31, 2004.

TRAVERSO, Enzo, *El totalitarismo*, Eudeba, Buenos Aires, 2001.

TSAO, Roy, T., "The Three Phases of Arendt´s Theory of Totalitarianism", *Social Research*, vol. 69, n. 2, 2002.

VOEGELIN, Eric, "Review of The origins of Totalitarianism", *Review of Politics*, vol. 15, 1, Enero de 1953.

YOUNG-BRUEHL, Elizabeth, *Hannah Arendt*, Ed. Alfóns el Mágnanim, Valencia, 1993.

Made in the USA
Monee, IL
05 November 2026

67808932R10157